新闻传播研究书系

教育部人文社会科学研究项目 23YJC860025
西安交通大学人文社会科学学术著作出版基金
中央高校基本科研业务费专项资金资助
Supported by "the Fundamental Research Funds for the Central Universities"

新媒体传播模式研究

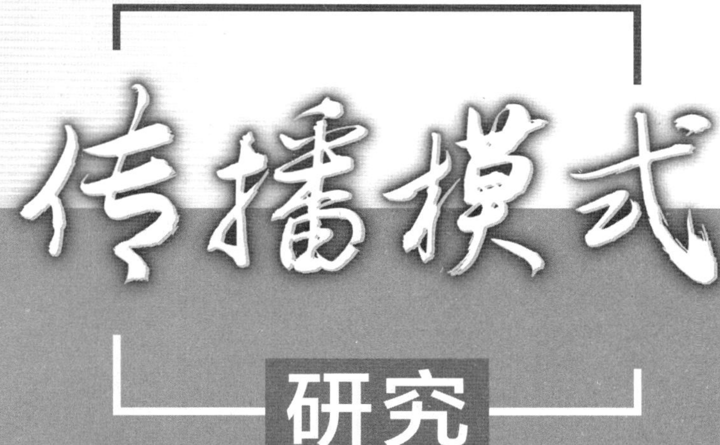

王含阳 著

图书在版编目(CIP)数据

新媒体传播模式研究 / 王含阳著. --西安 :西安交通大学出版社，2025.7 .-- ISBN 978-7-5693-4149-2
I. G206.2
中国国家版本馆 CIP 数据核字第 2025KZ6949 号

书　　名　新媒体传播模式研究
XINMEITI CHUANBO MOSHI YANJIU
著　　者　王含阳
责任编辑　赵怀瀛
责任校对　雒海宁
装帧设计　伍　胜

出版发行　西安交通大学出版社
（西安市兴庆南路 1 号　邮政编码 710048）
网　　址　http://www.xjtupress.com
电　　话　(029)82668357　82667874(市场营销中心)
(029)82668315(总编办)
传　　真　(029)82668280
印　　刷　西安五星印刷有限公司

开　　本　720mm×1000mm　1/16　**印张**　13.375　**字数**　210 千字
版次印次　2025 年 7 月第 1 版　2026 年 3 月第 1 次印刷
书　　号　ISBN 978-7-5693-4149-2
定　　价　70.00 元

如发现印装质量问题，请与本社市场营销中心联系。
订购热线：(029)82665248　(029)82667874
投稿热线：(029)82668133
读者信箱：326456868@qq.com

序言

Preface

在数字技术日益嵌入社会运行系统、信息传播格局不断被重塑的时代背景下，传播研究正在经历从研究对象到理论范式的深刻转变。信息传播的逻辑、结构与机制随着数字化与智能化进程的加速而持续演变，作为连接个体认知与社会系统的重要中介，新媒体传播模式不仅重构了信息的流动路径与表现形式，也对公共舆论的生成逻辑与社会认知的组织方式带来了显著影响。在理论层面，虽然传播模式长期作为研究传播过程的重要分析框架，但对其概念内涵、结构维度及历史演进路径缺乏系统性的界定与理论建构，这一现象影响了对复杂传播现象的解释深度与规范性。

在此背景下，《新媒体传播模式研究》的作者力图从历史唯物主义和辩证唯物主义的理论立场出发，对“传播模式”这一核心概念进行重新界定，揭示传播模式的实践性本质，并在此基础上构建起一个兼具理论解释力与现实针对性的分析框架。作者明确提出，新媒体传播模式并非技术发展之下的被动表征，而是信息传播作为社会存在构成要素之一的历史性演进结果。其分析框架由传播方式、传播过程与传播结构三大维度构成，三者共同作用，形成了主导当下信息传播的新媒体传播模式。

作者从学科交叉的角度进行了范式创新的探索，对传播模式的概念边界与结构内涵进行了系统厘清，提出了新媒体传播模式的三维分析框架。在这一理论框架下，作者以社会思潮的传播作为典型分析对象，揭示了新媒体传播模式在具体传播实践中的表现机制与作用路径。在传染病传播模型的启发下，作者进一步提出 G-SNIR 传播机制，分析社会思潮在新媒体平台中如何借助结构性力量实现扩散、变异与再建构，进而回应了当前意识形态传播治理中的若干现实问题。这种理论与实践并重、问题与方法互动的研究路径，充分体现出作者在新媒体与社会治理领域的独立思考能力与学术担当。

本书脱胎于作者参与的2018年教育部哲学社会科学研究重大课题攻关项目“改革开放40年来大众传媒与社会思潮传播研究”，其理论焦点已超越具体议题范畴，转向对传播学基础理论的再思考与再建构，展现出鲜明的问题意识与结构化的理论视野。作者作为一位学术道路上的年轻探索者，能在攻读博士阶段进行如此系统性的研究构想与理论工作实属难得。同时，本书相关成果已发表于国内高水平期刊并获得《新华文摘》全文转载，体现出其理论价值与学术潜力。

我相信，《新媒体传播模式研究》的出版将为传播学研究提供一项值得进一步讨论与深化的理论成果，也将为理解新媒体时代的信息传播逻辑与社会认知重构提供有力的分析工具。希望本书能引发更多理论上的回应与实践中的运用，成为作者继续拓展研究路径的重要起点。

谨此作序，以志鼓励。

李明德

西安交通大学新闻与新媒体学院二级教授、博士生导师

2025年6月10日

前言

Foreword

社会思潮是在传播过程中建构内涵并发挥作用的。新媒体的发展和介入,使社会思潮传播产生了新的特征和规律,因此,对这些特征和规律的研究成为科学有效引导社会思潮发展,发挥其积极作用的必要条件和应然选择。然而,长期以来,大多数学者倾向于将社会思潮所处的传播环境和舆论环境看作影响社会思潮的工具性因素,而将非支配性因素,以及新媒体及其传播特征看作同社会思潮一样,纯属于意识领域的力量,而非物质性力量。在这样的研究视角下得出的结论对解决当前意识形态领域的问题而言,显得阐释力和指导性不足。因此,以历史唯物主义视角看待社会思潮的传播,从整体性视角引入模式研究,建立新媒体传播模式的分析框架,将其作为支配社会思潮传播的物质性力量,就显得尤为重要。

笔者围绕“如何从综合性、整体性的视角把握新媒体环境对社会思潮传播的影响?”“新媒体环境下社会思潮的传播呈现出何种异于以前的关键特征,表现为何种机制?”“这种特征和机制对引导社会思潮提出了何种要求?”三个主要问题,以历史唯物主义思想为依据,以传播过程研究方法、模式研究方法为学术路线,参考社会学和哲学相关理论,借鉴传染病传播模型中的方法路径,论述新媒体传播模式支配下的社会思潮传播特征、态势、重要影响因素以及引导方略的构建。

笔者主要阐述了以下几个问题。

第一,讨论了传播模式的性质和特点及其历史演进的过程。首先,从性质上讲,传播模式可被理解为社会存在的组成要素,它制约着社会意识反作用的性质和水平，由此支配着社会思潮的传播。其次，从内涵上讲，传播模式作为给谁传播、传播什么、怎样传播的机制范式，由传播方式、传播过程和传播结构三个要素共同构成。再次，从演化过程上讲，新媒体传播模式集成了之前传播模式的特质与功能，在以往传播模式的基础上既有继承，也有发展。因此它具备在传播方式、传播过程和传播结构三个维度上的复杂性特征。这种以三个维度的有机统一为基础的复杂性机理能够解释新媒体环境中社会思潮传播的新特征，使新媒体传播模式成为有效分析社会思潮新媒体传播的框架。同时，作为社会存在的本质，新媒体传播模式能够支配新媒体环境中的社会思潮传播。

第二，分析了在新媒体传播模式的支配下社会舆论传播的新特点。在新媒体传播模式的支配下，社会思潮传播与网络舆论产生勾连，这种勾连表现为社会思潮传播的舆论化复杂性效果。社会公众在新媒体传播模式中得到主体性的彰显，因此带来社会思潮传播中的主体间性特征。主体间性特征使社会思潮在传播中以社会事件迎合大众诉求，传播内容中理论要素的精英性向大众性让步，最终使社会思潮呈现舆论化的传播效果特征。以舆论为表现形态的社会思潮传播呈现出议题的泛化与聚焦、内容的再建构化与通俗化和演化路径的上下对接特征。

第三，在理论层面建构了社会思潮传播机制，分析了新媒体传播模式支配下社会思潮传播机制的运行和展开特点。基于传染病传播模型在传播方式、传播过程和传播结构三方面的启发，关照社会思潮的现实传播状况，提出了新媒体传播模式支配下的 G-SNIR 社会思潮传播机制。通过对机制的阐述和分析得出，对于社会思潮传播而言，来自公众内部的引导者群体介入传播的时机和程度，以及网民对社会思潮传播核心群体的信任程度，构成了社会思潮能否影响群众思想和行为的关键因素。

第四，从新媒体传播模式的性质和作用出发，结合信息传播规律，提出了科学有效引导社会思潮必须遵循的基本原则，重点阐述了主流意识形态主导性原则、系统协同性原则以及以治理带动引导原则。社会思潮传播和引导的多重参与主体应在这些基本原则指导下调整引导方略。

同时，社会思潮引导方略的具体实现途径应该紧扣新媒体传播模式的三维复杂性特征以及G-SNIR传播机制中包含的关键要素。

本书以马克思主义立场、观点和方法为指导，构建新媒体传播模式作为信息传播的新研究范式与综合性分析框架，其核心观点凝结为期刊文章公开发表。例如，《新媒体传播模式及其对舆情治理的新要求》发表于《西北大学学报(哲学社会科学版)》(2021年第2期)，此文发表后截至2024年4月7日引用量达到44次，获得《新华文摘》(2021年第11期)全文转载并作为封面推介文章，其理论观点受到了学界的认可。笔者在本书中提出的研究范式与分析框架已应用于具体的科研项目与决策建言中，在网络思想动态和舆论引导相关领域发挥了实践指导作用。运用新媒体传播模式的有机统一性分析梳理中国互联网环境中民族主义思潮的传播态势及影响，形成题为"回应与批判：再度高涨的民族主义"的研究成果，被收录于《2019社会思潮传播研究报告》中，该书由中国社会科学出版社于2020年9月出版。同时，以新媒体传播模式的综合协同性为指导撰写的决策建言、以新媒体传播模式为分析框架撰写的舆情研究成果均被有关部门采用。

王含阳

2025年3月31日

目录

Contents

1

绪论:研究背景与研究范式

1.1 新媒体传播环境对维护意识形态安全的影响与挑战

1.1.1 社会思潮传播的舆论化现象

新媒体环境下我国社会思潮传播呈现复杂局面，意识形态安全面临严重挑战。我国正处于全面深化改革的关键时期，各个领域的社会矛盾时有出现，公众在各种利益诉求面前会寻求各类思想解惑之法。各类社会思潮涌入思想文化领域，借助新媒体在开放性和互动性方面的客观优势甚嚣尘上，使社会舆论环境日趋复杂。社会思潮的传播具备双重影响。一方面，其多元态势体现了社会思想文化的活跃；另一方面，其传播存在着削弱主流意识形态与民众思想的凝聚力和向心力的风险[1]50。在新媒体环境下，一些错误社会思潮和多元价值观念藏匿于对社会热点问题的讨论之中，以公众对自身利益的关心掩盖其错误本质，以世俗化、戏谑化和娱乐化的表达方式提高其在网络舆论中的渗透能力，消解主流意识形态的吸引力和感染力，以此弱化主流意识形态传播力。在此背景下，主流意识形态的主导地位受到冲击。

新媒体环境下个体网民传播权力和地位的提升和整体社会心态略欠平稳共同导致社会思潮传播的舆论化现象，舆论生态的稳定性受到影响。社会思潮的舆论化现象表现为在网络空间中，社会思潮以网络舆论的形式为掩护，在分众化的网民群体中进行隐蔽性传播。一方面，新媒体的不断发展重构了当前的媒介生态并释放出巨大的民间话语能量，变革了以往的传受关系，实现传播权力的下沉和传播资源的泛化。社会思潮发起者为了实现在网络空间掌握群众的目的，对网民群体的内容接受偏好和媒介使用习惯进行迎合，导致社会思潮在传播中不断由同质化、抽象化、系统化的理论阐述转变为差异化、具体化、碎片化的通俗话语。这种内容形式增加了社会思潮传播的隐蔽性，最终使社会思潮呈现为以网络舆论为主的表现形式。另一方面，当前国内社会结构和社会矛盾引发社会心态不平稳。国内的社会结构呈现复杂化特征,利益群体呈现多样化特征,多种社会问题与社会进步发展的态势交织,使人们的思想观念呈现层次化的特征。人们的利益诉求与社会总体发展状况呈现出总体一致但局部不协调的态势,这种局部不协调折射出社会心态的相对不平稳。社会思潮是对特定时期的社会心态的理论聚焦,动荡的社会心态必然会导致社会思潮以多变形态寻找到合适的利益诉求并与之匹配,以舆论的形式隐蔽化传播。新媒体环境下的传播格局更为开放,公众言论更加自由和多元化,舆论的生发和聚集的速度加快。因此,各类不良社会思潮借由新媒体平台以网络舆论为表现形态传播负面思想,同时,搭载突发舆情、企图激化现实矛盾冲突的事件也时有发生。

“西强我弱”的国际舆论格局在短期内还难以改变,西方国家利用新媒体渠道进行思想入侵,对我国网络意识形态安全造成威胁。境外敌对势力将互联网视为瓦解我国意识形态的重要渠道,以“网络自由”为名,宣扬西方价值观,鼓吹“中国威胁论”等论调,以污蔑、造谣等手段攻击党和政府,企图以互联网对中国实现“和平演变”[2]202。主流意识形态与多样化社会思潮在网络空间持续碰撞。自由主义思潮、人道主义思潮、消费主义思潮等社会思潮借助社交媒体展开与主流意识形态的博弈,价值取向迥异的舆论在线上线下相互交织,部分群众被动成为西方敌对势力的代言人,在网上发表煽动性言论。这对主流意识形态在网络和现实空间中的话语权产生了冲击,对我国创新和加强社会治理能力和体系建设造成了挑战,也不利于在全面深化改革的当下在公众中构建社会认同。

新媒体对社会思潮传播产生的影响说明在新媒体环境下,引导社会思潮的相关理论亟待更新,相应地,其应对方式也应得到创新发展。这要求研究者在新的社会条件下关注社会思潮传播过程中不同主体与其所处的社会文化语境之间的互动关系,剖析新媒体社会中社会思潮的传播规律,揭示在新媒体时代社会思潮传播的内在机制,这对于维护社会主义意识形态安全、创新社会治理方式方法具有重大意义。

1.1.2 意识形态安全的重要性

意识形态工作涉及任何国家和社会的发展道路和政治安全。因此，加强意识形态工作，是任何政党在生存、发展面前的基础性、战略性工作。社会思潮的应对工作作为其中的重要环节，得到了自改革开放后的历届领导人的重视。党和政府在不同时期针对不同的社会现实制定了应对不同社会思潮的相关政策。

1979 年 3 月 30 日，在党的理论工作务虚会上，邓小平同志发表了重要讲话《坚持四项基本原则》，该讲话第一次明确使用“思潮”一词。在拨乱反正时期，为了达到统一思想、有利于建设的目的，党和国家明确了对于历史虚无主义、新左派主义等社会思潮合理引导的基本原则和立场。在改革开放和建立市场经济体制时期，党和国家对于新自由主义、新权威主义等制定了“控制并减少”的基本方针。在 2000 年之后的改革矛盾凸显期，国家主要针对互联网空间中的各类社会思潮、不良行为和现象进行规范和引导。

2012 年之后，新媒体深刻变革着意识形态传播和舆论环境的固有生态，伴随各种思想文化在开放的新媒体平台中的交互，我国人民的思想价值取向也随之渐趋复杂、多元。对此，2013 年 8 月 19 日，习近平同志在全国宣传思想工作会议上作出了“经济建设是党的中心工作，意识形态工作是党的一项极端重要的工作”的重要指示[3]153。在 2018 年全国宣传思想工作会议上，习近平同志进一步指出：“必须把统一思想、凝聚力量作为宣传思想工作的中心环节。”[4]311在新的时代背景下，党的意识形态工作必须进一步科学化才能更富成效。党的新闻舆论工作座谈会、全国高校思想政治工作会议、网络安全和信息化工作座谈会等的相继召开都体现出党和国家在网络时代做好意识形态工作的决心。因此，如何在当前社会语境中打赢主流意识形态对阵多元化社会思潮传播的博弈战，维护主流意识形态安全成为当前值得高度关注的重大课题。

以上这些党和国家的举措以及领导人的重要论述表明在国家治理的大背景下，研究特定时代条件下应对社会思潮传播的方式是党和国家进行治国理政实践的需要,同时也为加强和改进新形势下社会思潮引导和意识形态安全工作提供了基本遵循原则和指导方向。

1.1.3 建立传播模式的整体性分析框架的重要性和必要性

在新媒体环境下对社会思潮传播规律进行研究是维护主流意识形态安全、提高舆情治理水平的理论前提。新媒体环境对社会思潮传播的影响机制还有待被进一步解析。应当重视对传播模式中物质性的认识,将传播模式作为主导社会思潮传播的物质性力量,而非将其作为对信息传播过程与结构的单纯归纳。当前对于新媒体环境对社会思潮传播的影响机制的研究中,倾向于将新媒体环境作为社会思潮传播过程中的一个技术性影响因素,以意识的范畴去看待和理解新媒体环境。在这种研究立场中,社会思潮传播是主体,而新媒体环境是外界施加到这个传播过程中的附加因素。由于这个附加因素的存在,社会思潮传播才呈现出不同于以往的表征和影响。但是,社会思潮的传播环境是由技术发展水平、社会文化、政治意识形态等客观存在所决定的,是不以人的主观意志为转移的。社会思潮之所以呈现出与以往不同的传播特征和社会影响,是因为它在传播过程中主动地适应了新媒体环境。因此,新媒体环境应该成为针对社会思潮传播的研究中分析对象的主体,并且要被置于历史唯物主义的视角和方法论下进行研究。所以,在理论研究方面,应当从影响社会思潮传播的客观存在的主体角度重新建立对新媒体环境的认识,建立全新的传播模式分析框架,从信息传播活动的演进过程,分析新媒体传播模式的产生和特征,从而进一步归纳出新媒体环境对社会思潮传播的影响机制,即新媒体传播模式对社会思潮传播的支配作用。

社会思潮舆论化现象要求进一步确立网络舆论与社会思潮之间的内在联系。在新媒体出现以前,社会思潮依托各类演讲、公开集会、报刊书籍进行传播,学界在对当时社会思潮进行研究时,往往会以体现和蕴含社会思潮核心理论的内容形式的文章、书籍等作为研究材料,剖析知识分子如何阐述相关理论以影响当时人们对社会问题的认知,或者对其中理论中的错误观点或错误立场进行批判。比如林泰在《问道:改革开放以来的社会思潮与青年思想政治教育研究》一书中通过对传播典型社会思潮理论的文章和书籍内容进行一一评析，考察了诸如民主社会主义思潮、西方多党制思潮等若干重大社会思潮在当代中国的传播状况、原因和影响[5]10-11。在新媒体出现之后，社会思潮传播载体的改变影响了社会思潮对人们认知态度的作用机制。在当前关于社会思潮新媒体传播的研究中，在分析社会思潮所呈现的传播表征、使用的话语方式和传播策略时，研究者倾向于以热点事件产生的网络舆论作为研究材料。比如郑雯等依托新浪微博 6 年间共计 2.75 亿条随机微博博文，解读人们对于改革开放的态度，对改革开放进行议题演化趋势方面的分析[6]。若研究者判定该网络舆论属于社会思潮舆论，那么说明该舆论的发出者已经在不同程度上对社会思潮产生认同，也就是社会思潮核心理论已经对发出者的认知产生影响。如果没有进一步说明网络舆论和社会思潮之间的联系，这会导致研究边界和研究对象的不明晰，混淆社会思潮研究与网络舆论研究。从网络舆论出发的这种范式对于透视社会思潮在网络媒介中的议题演进特征和趋势、剖析社会思潮抽象理论与具体现实之间的勾连关系而言具有重要作用。若希望研究最终指向通过剖析社会思潮传播特征的产生原因，对社会思潮传播态势进行规约与引导，那么就要对社会思潮的核心理论是通过何种环节、以何种方式影响人们的认知进行分析。由于其没有明确区分“关涉社会思潮的舆论”和“网络舆论”之间的区别和联系，这种基于网络舆论本身出发所产生的社会思潮引导研究也可能导致出现指向不明确和对象不清楚的引导措施。社会思潮作为社会意识形式之一，其传播也具有活跃思想文化和解答公众思想困惑的积极作用。对社会思潮舆论“围追堵截”式的引导方式可能会导致公众对以党和政府为主导的清朗网络空间的相关措施以及正面宣传产生反感，不利于提升国家的网络治理能力以及维护主流意识形态安全。因此，对于网络空间中的社会思潮传播开展研究，确立网络舆论和社会思潮传播之间的内在联系和区别是目前社会思潮研究亟待解决的理论问题。

新媒体环境中社会思潮引导方式的建立需要引入社会分层的理论。在当前我国全面深化改革的进程中，许多利益冲突浮出水面，网络赋权和互联网传播的匿名性释放了网民的话语表达和社会参与的积极性,但是囿于我国网民结构的低龄化和部分网民低学历化所导致的对事实的判断力不足的现状,加上不同地域、不同职业的网民在认知模式和行为倾向上的巨大差异,导致了对不同问题导向的社会思潮的共鸣度和认可度不一。不同社会思潮在传播中动员、组织和掌握群众的能力不同,主流意识形态引导效果也不同。这需要研究者在制定社会思潮引导路径和策略时,以社会分层视角进行研究,参考人群的身份特征、关系网络、社会地位、媒介素养等,以及社会思潮的传播演化规律,制定分人群和分阶段的引导方式。

1.1.4 问题提出

鉴于此,本研究的主要学术问题包括以下方面。

第一,如何正确理解传播模式的物质性?如何从历史唯物主义角度定义传播模式?传播模式在社会发展进程中和社会思潮传播中的地位和作用是什么?

第二,新媒体传播模式是如何形成的?它与其他传播模式相比,独特性在哪里?新媒体传播模式如何影响社会思潮的传播演化?

第三,新媒体传播模式支配下的社会思潮传播呈现出什么样的特征?

第四,面对新媒体传播模式的复杂性和其支配下社会思潮的传播特征,当前社会思潮的传播机制表现方式是为什么?

第五,鉴于对新媒体传播模式和其支配下社会思潮传播机制中关键人群、关键路径和关键环节的识别与分析,当前引导社会思潮的原则、内容和途径是什么?

1.2 研究意义

1.2.1 理论意义

(1)笔者期望从社会思潮传播的角度丰富社会存在与社会意识辩证关系的理论形式。笔者提出传播模式是社会存在的重要组成要素,以及社会意识对社会存在的反作用依赖于传播模式展开的观点，试图在传播日益成为社会建构的重要力量的当下，对唯物史观中社会存在与社会意识辩证关系的理论作出一些传播层面的阐释。

(2)笔者试图提出并描述新媒体环境下社会思潮传播过程的理论模型。笔者从新媒体传播模式中社会思潮的传播特征出发，具体刻画了社会思潮在新媒体环境中传播的基本过程、一般规律和作用机制。借鉴传染病传播模型及其演化模型的方法路径，构建新媒体传播模式支配下的社会思潮传播机制，对当前社会思潮传播样态作出了一定理论提炼。

(3)笔者坚持以马克思主义理论为指导，同时引入相关哲学社会科学研究方法，探索一种针对交叉学科的研究方法，对新媒体环境下的社会思潮传播、舆论引导和意识形态安全研究提供新的研究角度和理论依据。同时，从历史唯物主义的宏观视角和学科交叉的角度研究新媒体传播模式，努力从马克思主义哲学、传播学、社会学等学科交叉的角度，通过对新媒体传播模式的复杂性特征和新媒体环境中社会思潮的表征及两者之间相互作用过程进行研究，更加全面、深刻地认识与剖析当下社会思潮传播中存在的乱象与意识形态风险，进一步丰富新媒体环境下的社会思潮基本理论。

1.2.2 实践意义

(1)有利于积极应对意识形态建设中面临的新挑战。笔者通过对社会转型期和信息技术高速发展背景下新媒体社会中社会思潮传播的当前表征进行总结和分析，以整体性和动态化的视角来研究社会思潮在新媒体环境中的传播机制，探讨在现实社会和网络社会并存互构的关系下社会思潮引导方略的新发展，为应对新媒体发展给意识形态建设造成的挑战提供了理论依据。

(2)有利于维护网络传播秩序，提升正面宣传的效能与水平，确保网络空间内正能量充沛和主旋律高昂，为全面建设社会主义现代化国家营造健康舆论环境。笔者对新媒体传播模式的构建与分析，有利于深刻理解当前社会思潮传播所处的社会语境，促进社会治理方式的改进与创新。笔者对社会思潮传播机制的建立和分析,能够为舆情预警部门的相关工作提供一定分析依据,为社会治理部门、宣传部门在制定相关政策时提供一定理论指导。

(3)有利于进一步统一思想,建立社会共识,维护社会稳定并在国家层面上有效应对西方敌对势力的“和平演变”。就本质而言,社会思潮属于社会意识范畴,由社会存在的水平和状态所决定,并对社会存在具有能动的反作用。笔者试图通过对社会思潮传播问题的历时性和共时性梳理,科学判断我国社会思潮在新媒体环境下的发展态势,使人们更加清楚地认识各种社会思潮的实质,推进对于主流意识形态的社会认同,在思想文化领域实现用一元价值取向凝聚共识、多元社会思潮有序发展的辩证统一。笔者最终试图提出新媒体传播模式下社会思潮引导的宏观原则与具体策略,使各类社会思潮积极与主流意识形态相融合、相适应,为加强与改进新时代党的宣传思想工作提供实践参考,为全面提升党的执政能力、提升国家和社会治理能力贡献政策建议。

1.3 国内外研究状况

本研究是围绕着新媒体环境下社会思潮的传播状况展开的。笔者提出了“传播模式是社会存在的组成要素”这一理论前提,指出新媒体传播模式是从属于传播模式的,并在这个前提下分析了新媒体传播模式对社会思潮传播的支配作用,阐释当前社会思潮传播特征及其出现的原因,进而推导出新媒体环境下社会思潮的传播机制。由于“新媒体传播模式”是笔者提出的一个新概念,这个概念是立足于历史唯物主义并且基于传播模式的历史演进而提出的,指导了后续研究的开展。此外,由于社会思潮从属于社会意识范畴,并对意识形态安全有重大影响,因此,笔者主要从四个方面来梳理国内外研究现状:一是关于传播模式的研究;二是关于社会思潮传播的研究;三是关于社会意识形态的研究;四是在新媒体传播环境下关于社会思潮传播的研究。

1.3.1 关于传播模式的研究

目前学者对传播模式的研究主要分为两个方面。第一个方面是早期国外传播学者对传统传播模式的研究，主要可以分为三类①：第一是强调传播者地位的单向线性传播模式，第二是兼顾传播者与受传者的互动循环传播模式，第三是将传播模式置于社会系统中进行考察的宏观社会系统下的传播模式。第二个方面是中国学者在原有传统传播模式的基础上，结合网络媒介的影响，探讨网络环境下传播模式的特征与类别。

1)单向线性传播模式

1949 年，美国传播学者申农和韦弗将传播现象描述为一种单向、线性的过程，认为信息由信源出发，经过编码器处理为信号，沿着信道到达解码器，解码器将信号还原为信息并发送至信宿，即信息传播的目的地。这个过程会受到噪声的干扰，噪声是指不利于传播者原始意图表达的干扰因素。这是从机器之间的信号传递角度对传播模式做出的最早的定义，为后来的传播模式研究奠定了研究范围和研究路径的基础。

传播学者拉斯韦尔在《社会传播的结构与功能》一文中提出传播行为的五个要素，即传播者（who）、传播内容（says what）、传播媒介（in which channel）、传播对象（to whom）和传播效果（with what effect），这五个要素之间的线性关系构成了传播模式，即 5W 传播模式。这种单向的传播模式是建立在传播对象无法对传播信息和传播者进行反馈的前提下，麦奎尔指出这种假设否认了大多数传播过程的循环性（circularity）、协商性（negotiability）和开放性（openness）[7]3。即使忽略了传播环境因素的影响和传播活动的互动性，但该模式仍然是目前为止描述传播活动最为经典的模式之一，它界定了传播活动的研究内容和大致范围，为经验-功能主义传播研究提供了切入点和研究基础，并且是研究传播过程的一种综合性的便利方法。

① 申农-韦弗线性模式、拉斯韦尔提出的模式、施拉姆提出的模式和德弗勒提出的模式的相关表述均引用自英国学者丹尼斯·麦奎尔与瑞典学者斯文·温德尔的专著《大众传播模式论》，特此说明。

2)互动循环传播模式

1955年,美国传播学者施拉姆针对一般人际传播现象提出双向循环传播模式。他认为人际传播中传播者与受众没有主客体之分,信息始终呈现为传受双方间的循环流动状态,传受双方在信息流动过程中会不断对信息进行加工处理。因此,不论是信息传播者,还是接收者,在传播现象中都扮演了信息的编码者、释码者和译码者等多重角色。该模式强调了传播现象的互动性以及传受双方的主动性,但是这种模式只能存在于社会地位和文化背景相似的传受双方之间,如果两者之间异质性过大以至于无法准确破译对方传递的信息,传播过程就无法成立,传播模式自然也不会存在。

此外,施拉姆还提出"大众传播过程模式"用以描述大众传播现象,认为在信息传播过程中传递与反馈的关系存在于大众媒介与受众之间。这种关系一方面表现为大众媒介作为传播者与受众通过信源与可复制的信息相联系,另一方面,由不同个体和群体组成的受众亦对来自大众传媒的信息作出反馈[8]52。

同样,指出传播过程互动性特点的还有德弗勒。德弗勒在申农-韦弗线性模式的基础上,深化了噪声对传播过程的影响,提出"互动过程模式"。该模式突破申农-韦弗线性模式单向的特征,明确了反馈的要素、环节和通道,并且拓展了噪声在传播中的作用,认为噪声存在于传播过程的任何一个环节中,因此噪声具备对传播活动的控制能力[7]17。

S-C-R模式是英国信息学家 Brain C. Vickey 和 Alina Vickery 提出的关于信息交流的传递模式,其中S、C、R分别代表信息源(source)、交流渠道(channel)、信息接收方(recipient)[9]51。信息交流就是信息从信息源出发,经由各种渠道和媒介,而后到达信息接收方的过程。该模式强调由于信息传播渠道受到社会各个方面的影响,因此对信息传播过程的考察需要放置在社会背景下来进行。

3)中国学者对传播模式的研究

在西方传统传播模式研究的理论基础上,关照当下网络传播的现实情况,中国学者从微观层面上解析了网络环境中传播模式的不同表现。这些具有具体传播模式内涵的研究打破了西方传统传播模式研究中的媒介中心视角，更多地以个体或受众(某些研究中更倾向使用“用户”)为中心。

沈阳、冯杰通过对比微博、微信和今日头条平台中的重大事件的信息扩散模式，指出技术倾向和事件特性对传播模式的影响，并且具体分析了这些影响背后的逻辑和存在趋势，指出不同平台中有关重大事件扩散的共同特征、同一事件在不同平台中扩散的具体特征以及由重大事件特征引起的传播模式差异[10]。

针对微博，李明德等基于过程性视角，将传播模式定义为传播要素、由要素与要素之间的关系组成的具体结构在传播过程中的互动及其具体表现，并依据舆情发展演化的不同阶段特点总结了微博舆情演化过程的四种传播模式[11]。

也有学者分析不同媒介平台中政务信息的传播模式。罗贤春等将传统大众传媒环境中的政务信息传播模式归纳为控制型“漏斗”传播模式，将网络媒介环境中的政务信息传播模式归纳为由媒介支点、政府部门支点、网络大 V 支点和公众支点之间的弱互动牵制的“风筝型”传播模式，将自媒体环境中的政务信息传播模式归纳为由作为感染源的政府与个人信息发布者、作为感染者的网络围观公众、作为稳定剂的政府和网络大 V，以及作为催化剂的经验、价值、规范与环境因素在自媒体媒介生态圈中随机互动而组成的感染型“小世界”传播模式[12]。

还有学者以模式中的权力地位为切入点，提出传播模式的分析框架。博德维克和范 · 卡姆以“控制”思想为核心，从信息发布的控制权和信息的发布程序维度，将信息传播抽象概括为四种模式，即训示、咨询、注册和对话。在这个研究的基础上，韦路以新媒体环境中个体角色的变换为出发点，将吉登斯的控制辩证法思想与信息传播模式相结合，提出用“控制辩证模式”来展现媒介中心与个体之间的复杂关系。韦路的研究打破了传播模式研究中媒介中心对个体的控制，同步关照了个体在传播现象中的权力地位[13]。

以上国内学者有关传播模式的研究主要集中于以下维度：第一是模式中的构成要素，第二是要素之间的相互关系，第三是社会文化环境对传播模式演化过程的影响。我们可以发现,有关传播模式的研究,主要可以分为适用于所有传播现象的一般性研究和针对特定信息传播模式或者特定平台传播模式的特殊性研究。对于一般性研究而言,学者们基本上都以拉斯韦尔的单向线性传播模式或者施拉姆的互动循环传播模式为基础,研究多以检验并提高传播效率和传播效果为动机。对于特殊性研究而言,学者们着重探讨了传播模式在不同因素影响下的特征以及这些特征背后的逻辑。

早期西方传播学者研究传播模式的思路是,通过分析模式的要素和构成,探究如何通过影响要素或要素间的关系,使传播效果更符合传播者的意图或者更符合社会发展的需要。而被后来研究者广泛沿用的施拉姆的互动循环传播模式中,传播效果被看作构成传播模式的要素,这是由当时传播活动的状况和目的所决定的。但实际上将传播效果视作传播模式的要素之一只符合传播模式的过程性特点,不符合其结构性特点。因为传播效果作为传播过程的最后一环,是针对整个传播模式而言的,它是衡量传播活动是否达到预期的指标之一。传播效果与其他要素之间并不是并列关系,它的状态与水平受其他要素的影响。西方学者提出的传播模式基本都是基于大众传播过程或者人际传播过程而得出的,新媒体的出现改变了传播过程,使传播不再"大众化"。中国学者的研究成果在微观层面提供了一些具有启发意义的结论。

中西方有关传播模式的研究成果都为本研究奠定了坚实的方法论基础和充足的理论基础。但是,本研究所着眼的是社会思潮传播模式,是一种不同于普通信息传播模式的新的传播模式。这种传播模式的独特性是由处于其中的传播内容的性质所决定的。社会思潮是在这种新的传播模式之中的传播内容,作为社会意识,它一旦掌控群众,将转化为物质性力量对社会存在起能动的反作用。研究社会思潮传播的目的在于通过掌握其传播规律,找到抑制其传播效果的方法与手段,而非促进其传播。因此,在研究以新媒体为载体的社会思潮传播时,便不能单纯地将社会思潮所处的传播环境和舆论环境看作影响社会思潮的工具性因素,也不能将新媒体及其传播特征看作同社会思潮一样,属于意识领域的力量,而应该从支配性因素和物质实践力量的角度出发,考察社会思潮的传播模式,揭示信息传播的社会历史影响。从物质角度出发研究传播模式与社会思潮的传播实质，有助于深刻揭示传播模式的社会存在特点，并揭示传播模式在社会存在与社会意识相互作用过程中的中介作用，以进一步认识传播模式对社会思潮传播的作用。

1.3.2 关于社会思潮传播的研究

社会思潮是指在历史发展的特定时间区间内，以理论或思想的形式反映当前某一阶层或阶级的利益和要求，并在广泛传播后影响人们的社会认知、价值取向和行为准则的思想趋势或者思想倾向。作为社会意识，社会思潮对社会发展产生的影响有可能是积极的，也有可能是消极的。社会思潮发源于现实社会矛盾，当矛盾浮现时，无法立刻解决矛盾的人们往往期待以某种理论来解释或者解决问题。这种理论借助大众传媒等形式进行传播，通过影响群众的认知和行为实现其传播目的。社会思潮的传播影响人们的思想，促使人们将理论付诸行动，轻则造成社会动荡、社会秩序混乱，重则推翻政权[14]。通过对关涉社会思潮传播的文献进行梳理，发现关于社会思潮传播的研究，主要包括以下议题：界定社会思潮内涵、外延的基础性研究，针对社会思潮传播特点的描述性研究，以及有关如何引导社会思潮的对策性研究。

1）对社会思潮的界定

“社会思潮”首先是一个舶来词，它来源于日语，众多日语词典强调思潮是一定时代具有社会普遍性的或支配性的思想潮流。在英文语境中则缺乏对社会思潮整体性的研究，英文研究更偏向于考察具体社会思潮的理论渊源和演变脉络，如新自由主义思潮、全球化思潮、女性主义思潮等，故没有对社会思潮作明确的英文定义，并产生对应的英文单词。

近代以来，我国学者对“思潮”一词的解释，一般公认始于梁启超在《清代学术概论》中的定义：“因环境之变迁，与夫心理之感召，不期而思想之进路，同趋于一方向，于是相与呼应汹涌，如潮然……凡‘思’非皆能成潮；能成‘潮’者，则其‘思’必有相当之价值，而又适合于其时代之要求者也。”[15]1 梁启超的定义强调了社会思潮的两大本质特征：第一点是符合时代发展的要求，第二点是符合民众普遍的社会心理并能在群众中造成一定影响。

民间解释中被广泛采纳的有《辞海》中的释义,即“某一历史时期内反映一定阶级或阶层利益和要求的思想倾向”[16]3324。《中国大百科全书(哲学卷)》将其定义为:“反映特定环境中,人们的某种利益或要求并对社会生活有广泛影响的思想趋势或倾向。社会思潮有时表现为由一定理论形态的思想作主导,有时又表现为特定环境中人们的社会心理,是社会意识的综合表现形式。”[17]765第一种释义指明了社会思潮的时代性和群体性,第二种释义在第一种释义的基础上又指出了社会思潮的两种表现形式,即思想理论和普遍社会心理。

目前学界给社会思潮下定义的路径主要有以下几种。

第一种是偏向从社会思潮的表现形式来分析其内涵。具有代表性的定义是“综合说”和“中介说”。“综合说”沿袭了《中国大百科全书(哲学卷)》的观点,认为社会思潮是由具备理论形态的思想和特定环境中人们的社会心理两方面构成,是社会意识的综合表现形式。这种观点强调了社会思潮的复杂性和多样性。吴仁华认为这种观点强调了社会思潮构成中思想观点和社会心理的综合性、交融性和层次差异性,把握住了社会思潮主要和基本的心理和理论层面的内容,但还有待于进一步完善和补充[18]3。林泰则指出了“综合说”把社会思潮中的社会心理与理论要素置于同等地位,没有凸显理论要素在社会思潮中的地位和意义[5]6。佘双好在辨析社会思潮与社会心理的相互关系的基础上,指出了社会思潮与社会心理的本质区别,即社会思潮是以一定理论观点为内核的。他认为社会思潮作为一种思想潮流,已经脱离了感性层面,其内核是以系统、完整的理论体系为基础的,由此提出社会思潮虽然建立在大量、广泛的相同社会心理之上,但社会思潮不是社会心理,驳斥了“综合说”中将社会心理与社会思潮混为一谈的观点[19]。

支持“中介说”的学者认为社会意识可以由理论性的高低依次分为社会心理、社会思潮和思想体系三个层面,社会思潮在其中处于中介地位。这种立场把社会意识看作一个多层次的复杂结构,社会思潮在其中具备相对的独立性,在这个结构中处于承上启下的地位[20]57。王家忠指出社会思潮是在相应社会心理基础之上形成的,是处于普通意识与理论意识之间的一种中介意识层次。他认为社会思潮由社会心理因素、思想体系因素和思想运动因素构成，其中社会心理因素是社会思潮产生的前提和基础，思想体系因素是反映社会心理的理论代表，也是进行社会思潮研究所直接考察的对象[21]。王家忠的观点与佘双好的观点互为补充，都强调了理论要素对于社会思潮形成的重要作用，也指出了社会思潮不是感性层面的社会心理。

以上两种立场都将社会思潮置于整个社会意识系统中进行考察，都强调了社会思潮所必备的社会影响功能，但是对于社会思潮在整个社会意识系统中所处的地位存在争议。笔者倾向于使用“中介说”的立场。因为在“综合说”视角下，社会思潮囊括的对象太过庞杂，对于笔者来说，研究对象的不具体会给后续分析指标的选定造成困难。故笔者专注于对已经显现出的“思潮”本身进行分析，不会去考虑社会心理层面和社会主要意识形态层面的内容，但是会将社会心理因素纳入对社会思潮传播分析的范围内，因为社会心理是社会思潮形成的最初始状态。但是“中介说”也存在缺陷，即单纯指出了社会思潮的起源和在社会意识系统中所处的位置，并未清楚揭示其实质内涵。

第二种是通过辨析社会思潮的本质核心而对其内涵进行研究。邓卓明总结的“社会意识说”“思想倾向说”和“思想潮流说”极具代表性[22]2-9。其他学者沿着这一思路也在社会思潮内涵领域作出颇多贡献。

“社会意识说”主要从人类历史发展的角度，明确指出社会思潮的本质是社会意识的一种表现形式，明确强调社会思潮产生的现实基础。随着研究的推进，学者们开始强调社会思潮的社会影响力。何梓焜提出，揭示社会思潮的内涵要把握住两点：第一是社会思潮形成的现实根基、社会思潮作为意识的群体性以及社会思潮对其现实基础的反作用；第二是从社会意识内部结构的层次上说明社会思潮对心理与思想体系的勾连作用[23]。王炳权提出“社会思潮是以一定的社会心理为意识基础，以相关社会意识形式为理论核心，在一定历史阶段具有一定影响的社会意识的活动形态”[24]。

“思想倾向说”是在《中国大百科全书（哲学卷）》对社会思潮的定义的基础上发展而来的。持这一主张下的学者着重强调了社会思潮是反映当时特定群体的利益诉求，并具有一定理论形态和社会影响的一种思想倾向[25]。这种观点表现的是社会思潮的一种潜在状态，即在社会思潮发挥社会影响的传播阶段。虽然社会思潮此时仍处在初级状态,但是其内在的理论和观点在社会成员中开始传播并产生作用。“思想倾向说”更多地强调了社会思潮的时代性和动态性。

“思想潮流说”则在前两种学说的基础上更加完善。邓卓明认为:“社会思潮是在特定历史环境中,以某种思想理论为支撑,以动态形式反映一定阶级、阶层或社会群体的思想、愿望、利益和要求的思想潮流。”[26]其后,邓卓明进一步指出:“社会思潮是在一定历史环境中,以人们的社会心理为基础,以某种思想理论为支撑,以动态形式反映一定阶级、阶层或社会群体的思想、愿望、利益、要求并在社会产生较大影响的思想潮流。”[27]33 此观点明确了在社会思潮形成过程中社会心理的基础作用和社会影响的决定性作用。刘书林指出:“社会思潮是在一定的历史条件下产生的,反映一定的民族、阶级、阶层或社会团体的根本利益,并具有相当社会影响的思想潮流。”[28]邢贲思则从社会思潮的起源和发展过程具体阐述了其之所以成为“潮流”的原因,他指出社会思潮起源于群体的社会心理,由人们的社会心理自发孕育,经过思想家、理论家们的提炼、加工而形成。社会中的小部分精英群体先对某些观点加以理解、吸收并进行初期的理论传播,在小范围群体内引发讨论,人们的思想随之发生波动。当这种理论经由某个舆论领袖的再加工,或者依托某一社会事件迎合了部分群体的利益诉求,调动了部分群体的情绪之后,便产生了社会共鸣。这时该思潮才由“思想倾向”转化为“思想潮流”,在进一步传播,并获得了更广泛的共鸣和认可后,真正形成社会思潮[29]1-10。

综合以上三种说法,基于本研究所立足的“中介说”,“社会意识说”笼统地概括了社会思潮所反映的内容,点明了社会思潮的现实基础;然而这种观点将社会思潮的本质归纳为社会意识,对社会思潮的特征没有详细说明。这样的概括对于判断社会思潮的外延是可以的,但是对于界定社会思潮的内涵来说,还是过于抽象,尤其在网络时代,面对社交媒体端铺天盖地的情绪宣泄、观点输出,我们很难说这些都是社会思潮的表现。

“思想倾向说”弱化了传播对社会思潮形成的重要性,同时也忽视了社会思潮具备的对社会现实的作用效能。“倾向”只表现出了社会思潮产生初期在社会心理层面的状况，当它得到一定程度的认同并且开始在一定范围内传播后，应当已经脱离了“倾向”这种状态，开始具备了一定的影响力。朱士群也指出，社会思潮是社会变迁在人们思想观念上的一种反映，在特定时间内，它的流行和传播能够影响和改变某些具体的群体的社会行为[30]。

那么，可以综合“思想倾向说”和“思想潮流说”的立场来确定社会思潮的内涵。社会思潮是在传播过程中逐步形成、定型并且影响受众的。“思想倾向说”反映了社会思潮在形成初期时的一些表现和特征，更偏向社会心理层面，是一个自发的过程。“思想潮流说”反映了经过知识分子或者舆论领袖自觉提炼总结后，有了具体思想和理论支撑后的社会思潮是如何传播并且影响受众的。这种说法指出了社会思潮传播过程中的形态特征是由理论主导的，并且这个理论是符合特定人群的利益要求的，可以获得广泛的认同。

2)**社会思潮的传播**

关于社会思潮传播的研究，主要集中于传播对社会思潮的作用、社会思潮传播的过程两个方面。

针对传播对社会思潮的作用，学界有观点认为传播是社会思潮的基本存在方式，正是在传播过程中，社会思潮才得以发展[31][32]166。步德胜、邓卓明对社会思潮的传播作了如下定义：这是一个以社会思潮的理论观点作为传播内容，传播者借助媒介或者进行面对面交流，向接收者传递理论观点，接收者对理论观点作出反馈或延续传播的活动过程，这个过程能够影响社会意识形态的状态[33]。这个活动是一个传播者和接收者都有意识、有目的的社会性精神文化活动，传受双方都在互动；并且传播的信息本身具有反复性、周期性，较为依赖传播的语境；同时，由于接收者对社会思潮的敏感度、接受程度受制于接收者所处的社会关系、社会地位以及文化水平，接收者能否成为次级传播者也是一个不确定状况。因此，他们认为社会思潮的传播是一个动态、有机、复杂的网状系统，在这个系统中，各种阶层的利益诉求在社会精神交往中得以展现。王炳权提出社会思潮是社会意识的活动形态，并指出传播是社会思潮内在的存在方式。他认为没有进行一定规模的思想理论的传播，就不会有社会思潮的产生；没有传播规模的扩大，就不会有社会思潮的发展;传播的停止即意味着社会思潮的衰亡。传播贯穿着社会思潮的整个活动过程[34]。

针对社会思潮传播的过程,林泰从社会思潮形成发展的角度,将社会思潮的传播过程概括为三级扩散模式。该模式由理论家与学界、政界有影响力的人士组成的社会思潮核心层,各类知识分子组成的社会思潮扩散层以及作为社会思潮的追随者和接受者的广大群众所组成[5]10。陈伟军从大众媒介与社会思潮互动关系的角度提出社会思潮传播不是线性的,而是呈现为由人际传播和大众传播共同构成的复杂的网状结构。在人际传播中,社会思潮会逐渐演化而形成舆论,而通过大众传媒的运作,社会思潮可以辐射到广泛的受众,不同程度影响受众的思想认识和价值诉求[35]82。陈伟军同时指出,在20世纪80年代,由于大众传媒的价值导向,真正有明显严重错误的异质话语在正常情况下是不会通过大众传媒公开发表的,知识分子主要以演讲和著书立说等方式推动启蒙性的社会思潮传播。随着中国知识分子的平民化,在20世纪90年代,知识分子在报纸上开设专栏、在电视上进行讲演、在网络上设立个人主页等,使报纸、电视和网络成为社会思潮传播的重要载体[35]88-89。

1.3.3 关于社会意识形态的研究

有关社会意识形态的研究,笔者将分两部分来介绍:第一部分是西方关于意识形态的研究,第二部分是国内关于主流意识形态的研究。

西方对于意识形态的研究有很长的历史,其中的一些观点对于我们当下研究社会思潮传播与引导具有很强的指导性和借鉴性。其中,以马克思、恩格斯对于意识形态的批判和建构理论,列宁对于意识形态的建设理论以及西方马克思主义理论最为典型。

19世纪40年代,马克思和恩格斯对与意识形态相关的重大理论和实践问题进行了详细的分析判断和深刻阐述。首先,马克思、恩格斯通过批判费尔巴哈、鲍威尔和施蒂纳的唯心史观,论述了唯物史观中物质第一性的原则。马克思和恩格斯从社会存在和社会意识的辩证关系角度论证了意识形态的本质、意识形态的发展规律及其对于社会发展的作用。马克思、恩格斯论证了人的实践活动是用唯物史观考察历史的出发点以及社会存在决定社会意识这一历史唯物主义的基本原则，从而确立了马克思主义哲学的根本原则。这些原则对于后续研究的启发性在于要关注社会思潮产生的现实根源，以及不能忽视由于社会变迁造成的人们社会心理的波动对于社会思潮形成的重要性。在《德意志意识形态》中，马克思确立了物质第一性、意识第二性的原则，指出意识形态不过是以观念形式呈现的社会存在，前者呈现出的颠倒形式必须被追究到后者的内在矛盾之中[36]。在马克思唯物史观的视角下，作为社会意识的表现形式之一，意识形态的本质是对人类社会中政治制度、经济基础的反映。《德意志意识形态》中“思想、观念、意识的生产最初是直接与人们的物质活动、与人们的物质交往、与现实生活的语言交织在一起的。人们的想象、思维、精神交往在这里还是人们物质行动的直接产物。表现在某一民族的政治、法律、道德、宗教、形而上学等的语言中的精神生产也是这样”[37]151-152，就是从物质生产实践的角度对意识形态的形成和本质作出的阐释，同时也通过“语言”指出了传播对于意识形态形成的作用。在《反杜林论》中，恩格斯详细论述了意识形态的发展规律，认为意识形态的发展表现出辩证扬弃的过程性特点，即否定旧的意识形态中不合理、不符合生产力发展需要的部分，继承其合理并符合先进生产力需要的部分。

其次，对于意识形态，马克思和恩格斯是从一种建构维度进行看待的，意识形态的地位与功能被置于社会结构框架中进行讨论。从人类社会实践性的角度，马克思和恩格斯提出意识形态是一种阶级斗争的产物[36]。马克思和恩格斯认为，意识形态作为观念上的上层建筑，反映着一定的社会经济结构和生产关系。在阶级社会里，意识形态反映着特定阶级的利益和诉求。“每一个企图取代旧统治阶级的新阶级，为了达到自己的目的，不得不把自己的利益说成是社会全体成员的共同利益，就是说，这在观念上的表达就是赋予自己的思想以普遍性的形式，把它们描绘成唯一合乎理性的、有普遍意义的思想。”[37]180也就是说，作为统治阶级，如果要向全世界贯彻他们的管理理念，以维护本阶级的根本利益，就必须将满足自身特殊利益的诉求上升为满足所有人普遍利益的诉求，再通过宣传传播给所有人。所以，意识形态是阶级斗争实践中的一种武器和工具，并且，统治阶级的意识、思想、物质关系在观念上的表现被称为统治阶级的意识形态,即社会主流意识形态。因此,马克思和恩格斯强调意识形态由于体现和维护特定阶级的利益诉求而具备显著的阶级性。唐晓燕指出,基于“经济基础-上层建筑”的社会结构理解范式,马克思使用了中性的意识形态概念来指称意识形态之总体[36]。从这个意义上讲,意识形态是社会有机体的一个层次。“人们在自己生活的社会生产中发生一定的、必然的、不以他们的意志为转移的关系,即同他们的物质生产力的一定发展阶段相适应的生产关系。这些生产关系的总和构成社会的经济结构,即有法律的和政治的上层建筑竖立其上并有一定的社会意识形式与之相适应的现实基础。”[38]2 由此可以说,作为社会意识形式的意识形态,与特定的经济基础,即生产关系的总和相适应,在受到上层建筑的影响的同时,也具备对上层建筑和经济基础的能动作用。

在马克思和恩格斯关于意识形态研究的基础上,列宁在对马克思主义意识形态理论创新的过程中,从科学性的角度对意识形态的内涵作了新的阐释。区别于马克思对意识形态阶级性的强调,列宁将意识形态描述为基于不同社会地位而形成的思想体系[39]。列宁提出“科学的意识形态”这一概念,他认为“任何意识形态都是受历史条件制约的,可是,任何科学的意识形态(例如不同于宗教的意识形态)都和客观真理、绝对自然相符合,这是无条件的。”[40] 王永贵对列宁的意识形态思想的科学性和意识形态领导权问题作出了梳理[39]。第一,列宁认为符合科学性的意识形态必须满足两个标准:首先是这种意识形态中所蕴含的价值观念体系必须同时与人类社会发展、自然世界发展、思维发展的客观规律,以及先进生产力的发展需求相一致;其次是意识形态中所蕴含的价值观念体系要能够以社会历史发展的客观规律为依据指导人们的生产、生活实践,不能一成不变。在王永贵看来,列宁还对马克思主义意识形态中的三对对立统一的特征,即党性与人民性、科学性与革命性以及批判性与建设性做了深刻阐述,并认为意识形态在社会主义革命建设中发挥着凝聚、整合、辩护等功能。第二,列宁对意识形态领导权问题十分重视,认为无产阶级革命的目的就是要夺取在意识形态领域的领导权。他认为无产阶级政党必须在工人群体中从事无产阶级意识形态的理论宣传工作,并且以这项工作组织工人,成为他们的思想领导者。在指导俄国革命的过程中，列宁还强调意识形态教育的必要性，提出要以马克思主义的相关理论来武装无产阶级，指导他们进行革命运动，通过加强对工人阶级的意识形态传播消除资产阶级意识形态对其的腐蚀和影响。列宁的意识形态思想在当前社会思潮传播效能日益扩大的当下，对于加强马克思主义对多元异质社会意识的引领工作，以加强社会主义意识形态的领导地位，具有较强的理论启示作用。

20 世纪 20 年代，在西欧社会主义革命失败的社会现实面前，以卢卡奇、葛兰西等为代表的学者对马克思主义进行重新阐释，这股思潮在欧洲学术界蔓延，被称为“西方马克思主义”。西方马克思主义是社会思潮在当时的一种现实表现。西方马克思主义理论家认为，革命失败的原因在于无产阶级主观精神准备不足，而非经济条件不够，因此，早期西方马克思主义者开始把研究主题从社会实践转向了文化和意识形态问题。

卢卡奇认为，马克思主义辩证法本质上是总体辩证法，具体表现为社会历史进程的总体性[41]105。根据他的总体性理论，将任何社会生活的现象都要置于整体视角下，关照部分与总体之间的关系，以及部分之间的本质连接。这种整体性的方法论视角对于笔者在建立分析社会思潮传播特征的分析框架方面具有启发意义。

葛兰西十分重视对意识形态领导权问题的研究，提出了“文化霸权”理论。他认为，在一个国家内，“文化霸权”表现为对意识形态的控制，具体来说，就是处于统治地位的社会阶级采取某种策略，使被统治阶级自觉地认同统治阶级的文化。他指明了“文化霸权”的获得是一种潜移默化的方式，使人们无法感知被支配的过程。并且他指出，这种无意识被支配的功能能够保持整个社会在意识形态上的统一，起到稳定社会的作用，即相当于“社会水泥”[42]325。葛兰西的理论再一次佐证了对于社会主义国家而言，必须坚持社会主义意识形态的领导地位，这一点为本研究提供了引导社会思潮的合法性基础。

在国内，关于意识形态的研究主要从以下四个方面展开。第一是关于意识形态性质的研究，这里有部分研究涉及当代中国社会思潮的本质问题。关于意识形态，学界普遍认为其由三个或者四个层面的基本要素构成，如认知-解释层面、价值-信仰层面和目标-策略层面,其中价值-信仰层面是核心层面[43]2。还有学者讨论了意识形态的外延,认为意识形态是一个整体性概念,是由各种意识形式,如哲学、宗教、伦理、政治、法律等构成的有机整体[44]68,129。第二是关于意识形态传播或意识形态大众化的研究。陈锡喜在其著作中详细梳理了从以毛泽东为代表的领导集体时期到现在马克思主义中国化和理论创新的意识形态依据,其研究重点在于探讨意识形态的政治功能,即社会主义政权的合法性[45]54-110。第三是关于意识形态安全的研究。冯宏良认为马克思主义大众化是维护和巩固国家意识形态安全的实践策略[46]151。孙乃龙也指出,社会主义意识形态发展的核心聚焦于马克思主义指导地位的确立[43]1-11。第四是关于党的意识形态建设的研究。在这一方面,学者除总结早期马克思、恩格斯与列宁在意识形态领域的重要观点之外,分别从廓清理论、价值观引领和话语权主导等方面论述在新时代如何加强党的意识形态思想研究工作[47][48]。此外,李明德等学者从实证研究的角度建立了国家主流意识形态网络传播的效果评估体系,实现了意识形态研究从质化分析到量化研究的飞跃,为当前我国提升主流意识形态传播力、扎实推进意识形态相关工作提供了理论依据[49]。

党的十八大以来,以习近平同志为核心的党中央高度重视意识形态工作,就意识形态工作一系列方向性、根本性和全局性问题阐明立场,形成了习近平同志关于意识形态工作的重要论述。这是新时代党的意识形态工作的指导纲领,为应对新时代社会思潮传播乱象提供了根本遵循。

应对社会思潮是意识形态工作和宣传思想工作的中心环节。对意识形态工作和宣传思想工作的极端重要性的强调贯穿于习近平同志关于意识形态工作的重要论述之中。在两次全国宣传思想工作会议上,习近平同志先后指出:“经济建设是党的中心工作,意识形态工作是党的一项极端重要的工作。”[3]153“建设具有强大凝聚力和引领力的社会主义意识形态,是全党特别是宣传思想战线必须担负起的一个战略任务。”[4]312当前,多样化社会思潮对马克思主义在意识形态领域中的指导地位产生冲击,新媒体的迅猛发展挑战着传统的宣传方式。意识形态工作的社会环境和现实条件在新媒体环境中发生了深刻变化。在应对多样化社会思潮方面,习近平同志就应对原则、应对方式和应对内容作出了深刻阐述。

在应对原则上，习近平同志强调要坚持党对意识形态工作的领导权。习近平同志指出："宣传思想工作就是要巩固马克思主义在意识形态领域的指导地位，巩固全党全国人民团结奋斗的共同思想基础。"[3]153"要加强党对宣传思想工作的全面领导，旗帜鲜明坚持党管宣传、党管意识形态。要以党的政治建设为统领，牢固树立'四个意识'，坚决维护党中央权威和集中统一领导，牢牢把握正确政治方向。"[4]314社会思潮的传播本质上是某些政治思想发起者借助社会事件实现其价值观念的广为流传，从而在话语权上占据主动。因而应对社会思潮的传播本质上是政治工作，要坚持党中央对社会思潮传播的统一领导，增强"四个意识"，提高政治敏锐性和鉴别能力，对于正确思想言论要立场坚定地支持，对于错误理论观点要旗帜鲜明地抵制和批判。

在应对原则中，坚持群众路线是意识形态工作的重要方针。习近平总书记在2019年主持第十九届中央政治局第十二次集体学习时指出："人在哪儿，宣传思想工作的重点就在哪儿，网络空间已经成为人们生产生活的新空间，那就也应该成为我们党凝聚共识的新空间。"[4]318面对国内外局势日趋复杂、群众发声渠道日益丰富的现状，意识形态工作更要坚持群众路线，特别是网络群众路线，以此来适应信息化时代的发展要求。要以网络思维来面对群众工作，善于运用网络来了解民意、开展工作，分析研判与人民群众实际诉求息息相关的舆论，找准舆论引导的合适切入点，采取人民群众容易理解和接受的话语方式有力批驳错误言论，切实凝聚最广大人民群众的共识，形成网上网下的同心圆。对此，习近平总书记指出："各级党政机关和领导干部要学会通过网络走群众路线，经常上网看看，潜潜水、聊聊天、发发声，了解群众所思所愿，收集好想法好建议，积极回应网民关切，解疑释惑。善于运用网络了解民意、开展工作，是新形势下领导干部做好工作的基本功。"[50]336

在应对方式上，习近平总书记强调要做强网上正面宣传。正面宣传是一种重要的应对社会思潮传播的方式。习近平总书记指出："互联网新技术新应用不断发展，使互联网的社会动员功能日益增强。要传播正能量，提升传播力和引导力。”[51]“我们要本着对社会负责、对人民负责的态度,依法加强网络空间治理,加强网络内容建设,做强网上正面宣传,培育积极健康、向上向善的网络文化,用社会主义核心价值观和人类优秀文明成果滋养人心、滋养社会,做到正能量充沛、主旋律高昂,为广大网民特别是青少年营造一个风清气正的网络空间。”[52]9 新闻舆论工作为党的正面宣传工作开创新局面提供了有力的舆论支持。早在担任浙江省委书记时,习近平同志就指出:“坚持政治家办新闻,就是要牢牢把握新闻宣传工作的正确方向,弘扬主旋律,提倡多样化,坚持正面报道为主,同时加强舆论监督,大力宣传一切有利于发扬爱国主义、集体主义和社会主义,有利于改革开放和现代化建设,有利于民族团结、社会进步和人民幸福,有利于用诚实劳动争取美好生活的思想和精神,为改革开放和现代化建设创造良好的氛围。”[53]307-308 新时代下,党的新闻舆论工作关乎党的前途命运和国家意识形态安全。党的十八大以来,习近平总书记多次强调新闻舆论工作要“坚持团结稳定鼓劲、正面宣传为主”。在 2013 年全国宣传思想工作会议上,习近平总书记指出:“坚持团结稳定鼓劲、正面宣传为主,是宣传思想工作必须遵循的重要方针。”[3]155 2016 年在党的新闻舆论工作座谈会上,习近平总书记再次强调:“团结稳定鼓劲、正面宣传为主,是党的新闻舆论工作必须遵循的基本方针。”[54]7 坚持正面宣传、弘扬主旋律,才能让正面舆论占领各类传播渠道,全面展示积极进取的社会面貌,集中反映社会健康向上的本质,使群众对社会现状的认识与改革发展态势相协调,消解社会思潮传播依赖的负面社会心理和消极社会心态,为党的宣传思想工作以及其他事业发展提供有力的动力支持。

依法治网也是一种重要的应对方式。要依法治网,加强网上信息管理,依法构建良好的网络秩序。习近平总书记从舆论引导的角度要求依法治网:“要持续巩固壮大主流舆论强势,加大舆论引导力度,加快建立网络综合治理体系,推进依法治网。”[4]220 在 2016 年 4 月 19 日举行的网络安全和信息化工作座谈会上,习近平总书记用了两个“决不能”指明依法加强网络空间治理和网络内容建设的着力点,他指出:“互联网不是法外之地。利用网络鼓吹推翻国家政权,煽动宗教极端主义,宣扬民族分裂思想,教唆暴力恐怖活动,等等,这样的行为要坚决制止和打击,决不能任其大行其道。利用网络进行欺诈活动，散布色情材料，进行人身攻击，兜售非法物品，等等，这样的行为也要坚决管控，决不能任其大行其道。”[50]337同时，习近平总书记还从法律边界的角度廓清了网络环境中多样化声音的范围。“形成良好网上舆论氛围，不是说只能有一个声音、一个调子，而是说不能搬弄是非、颠倒黑白、造谣生事、违法犯罪，不能超越了宪法法律界限。”[50]337

在应对内容上，习近平总书记关于社会主义核心价值观、思想道德建设和发展社会主义文艺方面的论述为我们指明了引导社会思潮传播的工具和手段。社会主义核心价值观作为当代中国精神的集中体现，凝结着全国人民的共同价值追求。习近平总书记明确指出了其对于社会发展的重要性：“培育和弘扬核心价值观，有效整合社会意识，是社会系统得以正常运转、社会秩序得以有效维护的重要途径，也是国家治理体系和治理能力的重要方面。”[3]163因此，把社会主义核心价值观融入社会生活的方方面面，成为建立人们情感认同和行为习惯的重要工具，是引导社会思潮传播的必然要求。加强思想道德建设是应对社会思潮传播负面效应的重要手段。十九大报告指出了加强思想道德建设的具体内容：“广泛开展理想信念教育，深化中国特色社会主义和中国梦宣传教育，弘扬民族精神和时代精神，加强爱国主义、集体主义、社会主义教育，引导人们树立正确的历史观、民族观、国家观、文化观。”[55]42同时，十九大报告也指出了思想道德建设可从以下方式入手：“加强和改进思想政治工作，深化群众性精神文明创建活动。弘扬科学精神，普及科学知识，开展移风易俗、弘扬时代新风行动，抵制腐朽落后文化侵蚀。推进诚信建设和志愿服务制度化，强化社会责任意识、规则意识、奉献意识。”[55]42习近平总书记还从群体性质和工作重点的角度指明了思想政治工作的重要对象群体：“要高度重视对青年一代的思想政治工作，完善思想政治工作体系，不断创新思想政治工作内容和形式，教育引导广大青年形成正确的世界观、人生观、价值观，增强中国特色社会主义道路、理论、制度、文化自信，确保青年一代成为社会主义建设者和接班人。”[4]220

习近平总书记在强调网络舆论工作对维护意识形态安全重要性的基础上，提出了网络环境下宣传思想工作和意识形态工作的新要求。当今互联网已然成为不同意识形态争夺的重要阵地，各种互联网平台不仅抢占资讯内容的首发地位和渠道优势,在思想观点和价值取向上也彼此较量。习近平总书记指出做好网络舆论工作是保障我国意识形态安全和政权安全的需要:"随着互联网媒体属性越来越强,网上媒体管理和产业管理远远跟不上形势发展变化。特别是面对传播快、影响大、覆盖广、社会动员能力强的微客、微信等社交网络和即时通信工具用户的快速增长,如何加强网络法制建设和舆论引导,确保网络信息传播秩序和国家安全、社会稳定,已经成为摆在我们面前的现实突出问题。"[3]84 习近平总书记有关网络舆论工作的重要论述体现了要顺应互联网发展大势,遵循互联网舆论引导规律,对于规范和治理由多样化社会思潮传播引发的网络舆论乱象而言具有重大和深远的指导意义。习近平总书记高度重视互联网发展和网上舆论工作,指出要"加强互联网内容建设,建立网络综合治理体系,营造清朗的网络空间"[56]42。

此外,习近平总书记认为以传播手段创新壮大主流思想舆论也是应对社会思潮的有力途径。习近平总书记高度重视传播手段的建设和创新,他认为:"要运用信息革命成果,推动媒体融合向纵深发展,做大做强主流舆论,巩固全党全国人民团结奋斗的共同思想基础,为实现'两个一百年'奋斗目标、实现中华民族伟大复兴的中国梦提供强大精神力量和舆论支持。"[4]316 习近平总书记在 2013 年全国宣传思想工作会议上指出:"加快传统媒体和新兴媒体融合发展,充分运用新技术新应用创新媒体传播方式,占领信息传播制高点。"[57]106 党的十九大报告中也提出"坚持正确舆论导向,高度重视传播手段建设和创新,提高新闻舆论传播力、引导力、影响力和公信力。加强互联网内容建设,建立网络综合治理体系,营造清朗的网络空间"[55]41。习近平总书记在 2014 年就指出,要以媒体融合的方式扩大主流舆论传播途径和范围,要"着力打造一批形态多样、手段先进、具有竞争力的新型主流媒体,建成几家拥有强大实力和传播力、公信力、影响力的新型媒体集团,形成立体多样、融合发展的现代传播体系"[58]。在 2019 年,习近平总书记再次强调了传播手段创新对于宣传思想工作的重要性,他指出:"我们要因势而谋、应势而动、顺势而为,加快推动媒体融合发展,使主流媒体具有强大传播力、引导力、影响力、公信力,形成网上网下同心圆,使全体人民在理想信念、价值理念、道德观念上紧紧团结在一起,让正能量更强劲、主旋律更高昂。”[4]317同时，习近平总书记也指出当前媒体融合中存在的问题，并对未来工作方向指明了方向：“对新媒体，我们不能停留在管控上，必须参与进去、深入进去、运用起来。近几年，新闻媒体在融合发展方面做了大量工作，取得令人可喜的成绩。但是，从总体上看，发展还很不平衡，有的是‘＋互联网’，而不是‘互联网＋’，只是将传统媒体和新媒体作简单嫁接，‘左手一只鸡，右手一只鸭’，没有实现融合。融合发展关键在融为一体、合而为一。”[59]69

1.3.4 在新媒体环境下关于社会思潮传播的研究

新媒体在中国产生、兴起的时间与中国社会的全方位转型同时进行，在这种情况下，社会思潮的生成和传播土壤发生了全面而深刻的变化。一方面，经过四十余年的发展历程，中国目前正处于改革的“深水区”，改革导致的社会转型会引起社会阶层的分化，进而导致社会整体利益结构的分解。根据社会存在决定社会意识的观点，利益诉求多元化趋势的深化会进一步加速中国从一元价值观主导向多元价值观互动的转变。另一方面，随着技术进步和时代发展，以移动互联网和社会化媒体为主的新媒体日益成为当代中国社会思潮传播的新场域，在“人人都有麦克风”的媒介环境下，新媒体对于社会思潮的建构和传播呈现出与之前完全不同的图景。区别于纸媒环境与广播电视媒介环境下关注具体媒介与特定社会思潮传播的关系，在新媒体环境下，学者们倾向于从整体社会思潮的构建和传播角度来看待媒介对其的影响。目前，学者们对于新媒体与社会思潮传播的研究集中在以下三个方面：社会思潮传播的新特征、新媒体对社会思潮传播的影响、在新媒体环境下如何引导社会思潮传播。

1)**社会思潮传播的新特征**

这方面的研究基本沿着“媒介环境如何影响社会思潮的传播，社会思潮呈现出何种特征”的思路展开。也就是说，基于新媒体自身的交互性、隐匿性和共享性等特点，在新媒体与社会思潮传播的关系上，学者们普遍认同新媒体环境下社会思潮的生产机制、传播路径和接受方式发生了改变，社会思潮在被构建和传播的过程中表现出了新的特征。

传播主体呈现多元化与大众化特征。由于新媒体环境下信息交互传播和分众化传播趋势增强,以及媒介权力的下放导致信息的传受界限模糊,罗燕和方付建认为社会思潮的构建和传播不再依赖精英完成,其主体呈现出大众化和多元化的发展态势,公众的参与度日益提升[60][61]。李明德、乔婷在对新儒家主义思潮的新媒体传播进行研究后指出,草根网民、相关组织和媒体、学者、意见领袖共同构成了新儒家主义思潮的传播主体[62]。

传播内容呈现碎片化和伪装化特征。安娜、吴海江和陈娜等学者认为新媒体的发展与普及使社会思潮在传播内容上实现了从理论化、系统化到现实化、碎片化的更迭[63][64][65]。安娜、吴海江、陈娜和方付建认为社会思潮涉及的议题由宏大的政治叙事逐渐转向了与公众息息相关的社会经济问题[63][64][65][66]。方付建继而提出了在网络空间中社会思潮表现出了传统思潮网络化和网络新思潮两种新形式[67]。但同时,也有学者认为新媒体传播的互动性和匿名性也使得有些社会思潮隐藏和伪装在普通的公众意见表达和网络突发事件之中[64][65]。

传播方式呈现立体化和个性化特征。王炳权等学者提出新媒体环境下的社会思潮传播注重整合多元媒体,构建立体性的传播方式,以最大化其传播能量和效果[34][63][67]。方付建特别指出,除了重视立体化传播,一些思潮精英或领袖也注重开展圈群式传播,利用论坛、QQ 群组、微博粉丝群、微信朋友圈构造内部型的思潮小团体,用小团体的力量在更大范围传播改造后的社会思潮[67]。

传播效果呈现高效化与扩大化特征。安娜认为由于技术的发展,新媒体突破了传统媒体传播时效的壁垒,其空间的开放性和时间的及时性拓展了社会思潮传播的广度和深度,实现了社会思潮传播效果的最大化[63]。

2)**新媒体对社会思潮传播的影响**

以互联网和社会化媒体为代表的新媒体快速崛起,促使信息传播渠道和受众多元化,为各类社会思潮提供了多样的传播平台,使其具有了全新的传播效果。当前学界认为借助新媒体进行社会思潮的构建和传播对于社会发展和公民个人成长利弊共存。

第一,不少学者认为,新媒体的出现改变了社会思潮的传播路径和接受方式，使社会思潮传播者在公共空间内拥有了更多的话语权，同时为化解矛盾赢得了缓冲期。随着信息技术的发展，陈伟军指出网络社会中的互动方式拓宽了普通人卷入社会思潮的通道，在构建和传播社会思潮中极大地释放了个体的力量。在他的观点中，个人话语权的提高在网络社会中意味着数字化观点广为传播，这些观点中有意无意搭载着各种社会思潮，从而构筑起社会思潮的互联网传播图景[35]。方付建特别指出某些在现实社会中处于边缘化的社会思潮在新媒体快速发展的时期会迅速抢占网络阵地，延伸自己的发展空间，扩大受众群体，以期产生潜在或者显性的影响[66]。安娜提出新媒体环境下的交互传播方式使得人们的态度、观点、立场在网络渠道中积累，从而形成社会思潮兴起的社会心理基础。她认为网络社会中的公开舆论是人们进行心理疏导的一种方式，能够避免不良情绪蔓延到现实社会中引发冲突[63]。

第二，中外学者从政治参与的角度指出在新媒体高度发展的今天，借助新媒体进行构建传播的社会思潮能够扩大公民的政治参与，推动中国政治文化转型。安娜将社会思潮看作“一种公共性的政治力量和文化力量”，认为其传播能够促进政府了解社情民意，扩大公民政治参与，推动政治文化的进一步发展[63]。罗燕认为新媒体带来的“智能社会”激发了公民对社会问题的关注热情和思考意识[60]。美国学者认为个体在谈论社会公共事务时，不同意见的加入会对其政治认知和政治参与产生影响，尤其多元社会交往网络对于政治传播具有显著的正向贡献[68][69][70][71]。在这种观点下，社会思潮的传播是公民社会交往网络的构建方式，是一种政治参与。同时在一定的条件下，社会思潮在传播的过程中也显示了自身的政治力量。此外，一些学者从高校教育的角度提出，社会思潮的传播能够推动大学生关照现实，思考民生，进而能够对国内外时政和社会热点事件发表理性和深入的见解并投身于一些服务社会的实践活动中[72][73]。

第三，不可否认的是，当前部分不良社会思潮利用新媒体大肆传播，不仅对我国主流意识形态安全造成威胁，还对青年群体的价值观养成产生负面影响。有学者指出，在网络技术和信息技术发展日新月异的情况下，基于互联网的传播作为一种新的赋权方式，“它通过个体、群体或组织等获取信息和表达思想,从而为采取行动、带来改变提供了可能”[74]。新媒体的迅猛发展使得网络成为信息时代公民态度、情绪和意见的载体,但是近年来面对受众整体媒介素养参差不齐的现状,藏匿于媒介话语背后的社会思潮进一步解构社会主流价值观,如虚无主义、拜金主义、民粹主义、消费主义等,这些危险的思想动向被包裹于各种媒介表达和别有用心的新闻叙事中,借助网络和社会化媒介平台冲击主流价值观,力图导致社会共识的瓦解[65]。此外,学者们通过剖析青年群体的特征,认为青年群体由于缺乏社会实践经验,理论知识不足,较容易受到不良社会思潮的迷惑,导致“其对马克思主义信仰边缘化、认同模糊化、立场动摇化”[63],这样不利于青年个人发展,致使其失去人生导向和前进动力,引发其价值观危机和信仰危机,长此以往也不利于国家的稳定发展[73]。

3)*在新媒体环境下如何引导社会思潮传播*

这方面研究主要从维护我国意识形态安全、引领社会思潮传播的角度出发,学者们强调要立足于意识形态工作的原则和规律,并结合新媒体条件下社会思潮的传播特点,将显性引导和隐性引导相结合,处理好引导和约束的关系,在社会思潮传播的内容建设、机制创新、方式调控、效果管理方面着力。目前学者们的对策性研究主要涉及以下议题。

第一是从增强意识形态话语权方面,强化社会主义核心价值观对社会思潮产生、传播和发展各环节的介入程度,实行跟踪式引领。社会主义意识形态集中体现于社会主义核心价值观,它是一个逻辑严密、内涵丰富的科学理论体系[75]。中共中央办公厅印发《关于培育和践行社会主义核心价值观的意见》,其中明确指出用社会主义核心价值观引领社会思潮、凝聚社会共识。这为新媒体环境下应对社会思潮工作提供了方向指引。在新媒体环境下,要进一步深化社会主义核心价值观对社会思潮的引领式跟进,防止过度利益化、政治化和反社会的社会思潮的恶性膨胀,危害到我国意识形态安全[76]。同时,还有学者强调,在新媒体时代,社会主义核心价值观应在尊重差异、包容多样的前提下,发扬自身创新性的时代精神,不断吸收社会思潮的优异成分,使自身保持生机与活力[60][63][75]。此外,学者们一致认为对社会思潮的引导必须建立在占领话语权主阵地的基础上[72][75][77][78]。

第二是要重视对于社会思潮传播内容的综合治理和分类研究。2016年4月19日，习近平总书记在网络安全和信息化工作座谈会上强调："要本着对社会负责、对人民负责的态度，依法加强网络空间治理，加强网络内容建设。"习近平总书记的重要讲话为提升与改善社会思潮传播内容提供了方向遵循。在这方面，学者们的研究比较微观，提出的措施都较为具体。安娜在政治心态的引导、文化心态的塑造、传播内容的动态化跟踪三方面提出相应措施[63]。吴海江认为对社会思潮传播的多样化内容，要保持自身的"理论自信"，坚持"注重差异、包容多元"的批判导向，理性客观地认识各种社会思潮的来源和本质，坚持用联系发展的辩证观点辨析不同社会思潮，培育对社会主流价值的认同感[64]。陈娜站在党性和人民性相统一的立场上提出面对新媒体时代社会思潮传播的新特征，作为引领和统合社会价值导向的传播媒介及其话语表达，更需要以"一元主导"作为其专业工作的基本原则与价值追求，在分化与多元的转型社会中认准方向稳步前行[65]。在内容建设方面，学者们普遍强调了要运用马克思主义的立场、观点、方法研究社会思潮的本质内涵和其政治诉求，以分辨各类社会思潮，做到有序引导[24][63][75]。

第三是从媒介发展角度切入，指出要切实利用好新媒体平台，拓展主流意识形态传播的方式和渠道。主流意识形态的传播作为一个整体的动态系统，包括了高校和社会两个相互耦合的传播渠道[63]。李悦指出高校主流意识形态教育工作仍然存在着适应力不足、主动性不强的问题，并且对新媒体的传播特点把握不够，需要加强意识形态安全的维护意识[73]。因此，许多学者从创新高校思想政治教育方式和加大思想政治工作力度上提出引导社会思潮传播、规避不良社会思潮传播风险的措施。从高校教育入手，也符合青年群体的成长特征。学者们提出的具体措施包括利用新媒体技术进行思想政治教学手段的创新，通过设置情境调动受众的学习积极性，遵循新媒体条件下社会思潮传播规律以进行教育载体的创新建设，利用多种途径和渠道打造主流意识形态传播循环网以提高主流意识形态传播的立体性和纵深度[63][64][72][73]。此外，李明德、朱妍针对互联网视听平台中社会思潮的传播现状和问题，指出要发挥政府、平台、高校和思想界的协同作用，以完善政策法规、加强平台监管、加强思想教育,并对错误思潮进行剖析,共同净化互联网视听平台的内容生态[79]。

第四是从参与主体的维度,认为要强化对于社会思潮传播平台和路径的规范性调控。学者们主要从利用技术手段做好"把关人"的角度提出对于传播平台和路径的调控措施。仰义方认为网络把关人缺失和网络监管能力较弱是不良社会思潮在新媒体环境中肆意传播的原因之一,所以他指出要实现对传播平台的常态化管理,为抵制不良社会思潮的新媒体传播提供法律遵循[80]。安娜从技术的角度对社会思潮传播途径提出了监管方法,例如"电子守门人"、数字认证和实名认证技术,她还从"硬约束"与"软约束"结合的角度指出了调控方式应该是依法治网与以德治网齐头并进[63]。祁小平创新性地提出要利用互联网络逻辑和大数据处理技术,将主流意识形态和社会主义核心价值观内嵌于传播路径之中,潜移默化地影响群众,凝聚社会共识,引领社会思潮健康发展[78]。

第五是基于引导主体维度,从培育意见领袖入手优化社会思潮传播效果。学者们普遍认为积极培养网络意见领袖是新媒体时代下应对社会思潮传播时效变化的必然选择。仰义方论述了网络意见领袖对网络舆论发展和在社会思潮传播过程中的双重作用,肯定了培育网络意见领袖和建立网络新闻发言人的重要性,认为这样能够让权威、真实、可靠的主流声音占领公众意见市场,减少错误意见在网络空间中的生存时间[80]。安娜则指出要选拔具有国际视野的网络意见领袖,要加强其马克思主义理论底蕴,使其能够分辨正确社会思潮和不良社会思潮,从而真正实现对社会思潮传播的科学引领[63]。赵丽涛认为网络意见领袖要切实发挥其中介作用,减小公众和政府之间的认知偏差,在引导中体现人文关怀,彰显人文理念,从而防止公众被某些社会思潮中的迷惑性价值观引向歧途[75]。

1.3.5 现有研究评述

1)关于传播模式研究的评述

在前述诸多传播模式中,拉斯韦尔提出的5W传播模式是描述传播现象的重要学说之一，深刻影响了经验传播学派，至今仍然是描述传播现象时常使用的经典分析框架。拉斯韦尔的5W传播模式的理论贡献在于以下方面。第一，将传播现象进行分解，指出了参与传播的基本要素以及要素之间的线性结构，使人们第一次认识到构成传播现象的基本要素和环节，指导人们在大众传播环境下从微观角度考察复杂传播现象。第二，通过提出传播现象的参与要素，从而明确了传播学的五大研究领域，即针对传播者的"控制研究"、针对传播内容的"内容分析"、针对传播介质的"媒介研究"和针对受众的"受众分析"，以及针对传播效果的"效果分析"。5W传播模式为研究传播现象提供了一个较为清晰的框架，但是，对于分析当前社会思潮传播而言，该传播模式在阐释力和针对性上具有局限性，利用其无法全面深入地分析新媒体环境下社会思潮传播的全貌。这种局限性是由5W传播模式的自身性质和当前社会思潮传播状况所决定的。

首先，5W传播模式对要素之间相互作用的忽略决定其对于社会思潮新媒体传播的阐释力不足。在利用5W传播模式分析传播现象时只是就要素论要素，没有涉及不同要素之间可能存在的相互作用与相互关联。这样的分析框架对于描述一般信息传播现象而言解释力较高，利用其划分清晰的五个要素能够清楚针对传播现象的不同环节做描述性分析，也能够从该传播模式中的五个要素的角度提出对策建议。比如，尤达以5W传播模式为框架刻画了电视剧海外发行的传播现象，并对提升电视剧海外传播力提出相应建议[81]。但是，在社会思潮传播现象中存在不同参与要素之间相互作用、互相影响的情况：两个对社会思潮认知水平不一的人在不断的信息交换过程中建立起统一的共识，这个过程可能导致作为传播内容的社会思潮理论要素变形。这种情况超出了以相互割裂的要素作为分析框架的5W传播模式的解释范围，因此需要一个从整体视角出发、各要素协同作用的传播模式分析框架来解释新媒体环境下社会思潮的传播。

其次，如果要针对某种特定的传播现象进行整体的解释性分析，在剖析特定传播现象的特征成因以及传播的关键环节时，5W传播模式对于参与要素的抽象性概括使得其缺乏阐释力，难以解释新媒体环境下社会思潮传播特征的形成原因。其抽象性表现为三个方面。第一,该传播模式将参与传播的人群抽象概括为标准化的人,没有对人群进行类型划分。在社会思潮传播中,参与传播的人存在着职业、社会地位、文化水平等多方面的差异,无法进行统一概括。第二,该传播模式没有对不同类型传播内容的性质和特点作出规定,将各种传播内容一视同仁。不同于普遍的新闻信息传播、舆情传播等传播现象,社会思潮传播的特殊性在很大程度上是由其特殊的传播内容所决定的。新闻的传播内容以事实和评论为主,舆情的传播内容以人们的认知、情绪、态度和意见等为主,而社会思潮的传播内容是其理论要素。该传播内容的理论性使其具备比新闻和舆情而言更高的传播门槛,人们需要一定的文化背景和特定的社会经历才会对该传播内容产生认知、态度和行为层面的认同,因此社会思潮传播是一种特殊的传播现象。这种特殊性要求在构建针对社会思潮的传播模式时,要对传播内容进行具体而详细的分析。第三,该传播模式将传播方式与传播媒介混为一谈,没有明确传播方式这一重要维度。在5W传播模式中,传播中介这一要素主要指作为物质实体的传播媒介,对于人们如何运用媒介,即传播方式则体现得不够。这是由5W传播模式以传播者为核心,关注传播效果的构建理念和目的所决定的。在新媒体环境下的社会思潮传播中,新媒体赋予了普通公众参与社会思潮传播的能力和渠道,使原本依托知识分子进行散播的单一化传播方式演化为由不同传播媒介和不同传播路径相组合的多样化传播方式,这要求将社会思潮传播方式纳入考量范围,需要综合考虑媒介特性、使用媒介的方式以及参与主体与媒介之间的关系。所以,认识新媒体环境下的社会思潮传播亟待一种综合性视角下的传播模式分析框架。

此外,5W传播模式中暗含的研究者立场也使得其不适用于进行社会思潮传播的分析。5W传播模式脱胎于拉斯韦尔的早期政治学研究,高海波通过梳理关于5W传播模式的早期表述发现5W传播模式与拉斯韦尔早期政治学研究框架具有相似性[82]。拉斯韦尔的政治学研究的重点在于战争期间的宣传活动,拉斯韦尔分解传播活动要素的目的在于探讨传播活动的功能，即如何进行有效传播，因此5W传播模式重点涉及的是如何最大化地实现传播者的意图。这里存在一个研究前提，即研究者所处的立场与传播者相同，即希望传播者能够通过信息传播实现对受众的劝服。这种研究立场显然与笔者的立场相悖。在本研究中，笔者的立场与社会思潮传播者所处的立场是相悖的。社会思潮传播者的立场是希望进一步扩大和深化社会思潮的传播范围，以社会思潮和核心理论塑造公众对社会问题的看法，并主导他们的认知和行为。而笔者的立场是希望以对社会思潮传播规律的认识来规约社会思潮的传播。笔者对适用于社会思潮的传播模式的构建是希望认识和分析社会思潮传播的客观规律，以期发现能够制约其传播的要素和手段，使社会思潮的传播能够回归到社会主流意识形态的一元主导之下。

因此，针对新媒体环境下社会思潮传播的研究，需要以5W传播模式为基础，结合当前社会思潮传播的状况和特征进行具体化，形成一种综合阐释力和现实针对性更强的分析框架，如此才能更好地用于剖析当前的社会思潮传播现象。

2)**关于新媒体环境下社会思潮传播研究的评述**

目前，新媒体环境下社会思潮传播现象的复杂性、多变性以及参与主体的多元化已经达到前所未有的程度。从目前的文献来看，学术界对社会思潮传播以及社会思潮引导开展了较为深入的研究，为本研究的开展奠定了一定理论基础。但在研究视角、研究对象和工具，以及研究结论上仍然存在一些突破空间。

首先，在研究视角上可拓展马克思主义理论、传播学、社会学的综合性分析。现有研究对于媒介与社会思潮互动关系的考察较为丰富，但是多是从单一传播学视角探讨互动关系，对社会思潮传播过程的整体性考察还亟待探索。将这种互动关系置于社会历史发展的规律和背景下，建立马克思主义理论、传播学、社会学等多学科理论分析框架的研究仍然较为缺乏。

其次，研究对象和研究工具仍有拓展空间。现有研究更多利用词频分析软件对舆论进行考察，以此研究社会思潮在传播过程中的议题呈现和演化路径。但是,正如前文提到的,以舆论内容作为分析材料有一定研究风险,并且词频分析工具对于极度依赖语境的中文传播而言仍具备分析上的局限性。面对网络赋权下表达能力大大提升的普通网民群体,现有研究倾向于将意见领袖等关键群体作为分析对象,研究其识别特征等。对于由于社会心理变化和认同变化引起的网民在社会思潮传播过程中的角色变化关注度欠缺,因此,在对研究工具的选择和研究对象的选择上,仍有可以拓展的空间。

最后,研究结论的思路和范围仍有拓展空间,现有研究多聚焦于"高校思想政治教育""提升主流意识形态吸引力""拓展主流意识形态传播渠道""调节社会冲突与矛盾"等维度,并提出相应结论。在社会思潮引导方式的构建上,对将关联紧密的舆情预警、社会治理与社会思潮引导三个环节相联系提出构建引导方式的思路目前还有待进一步探索。此外,现在学者更多将注意力集中在规范传播平台和传播路径上,对于机构性和组织性主体力量较为重视。在划定引导主体的范围方面,对于社会性力量的重视度仍需加强。关于团结哪类社会性力量加入引导主体以及如何加入等方面的研究结论稍显薄弱。因此,关于社会思潮引导主体的研究还可以向吸纳社会力量方面拓展。

1.4　研究范式

1.4.1　如何理解研究范式

范式的概念最早出自英国科学哲学家托马斯·库恩所著《科学革命的结构》一书。但哲学史专家夏基松认为,"库恩从来没有对'范式'这一重要概念做过明确的、定义性的解释;而是在不同的场合常常作不同的阐述。在《科学革命的结构》一书中,他先后对这个概念做了 20 多种不同的解释"[83]253。根据库恩在不同场合的解释,可以理解其对范式使用的一般意义。我们认为库恩所使用的"范式",是指科学家共同体所共同认可和使用的关于客观世界的基本理论、基本观点和基本研究方法,以至于形成了相应的理论信念。科学家在这种理论信念的指导下从事特定的科学研究。人们在认识世界和改造世界的过程中，总是要运用一定的方法观察和研究这个世界，得出一定的认识，以至于通过科学家共同体长时间的积累形成一种理论体系。这个理论体系既有理论立场，也有核心命题，还有论证和分析这些命题的方法。这种由已经形成的理论立场、核心命题和相应的研究方法组成的统一框架为特定科学家共同体继续研究提供指导，也就是说，形成了一种科学研究的范式。其实，按照马克思主义理论的观点来看，这种范式就是人们在认识和研究客观世界时所形成的立场、观点和方法的总和，集中表现为某种科学家共同体所奉行的科学方法论思想。所以，所谓的研究范式，就是特定的科学家共同体面对同一类研究对象时，所坚持的理论立场、使用的理论前提、运用的方法论原则的综合体。不同的科学家共同体，身处不同的研究领域，面对不同类型的研究对象，会使用不同的研究范式。

1.4.2 传播现象的研究范式

对于传播领域的传播现象，也应当有针对性的研究范式。从现有的研究状况来看，研究传播现象中的传播规律时，还没有明确地引入社会存在与社会意识辩证互动的基本原理，具体表现是还没有明确地把传播现象中的传播模式作为社会存在来理解，至少是回避了传播模式的社会存在的基本性质问题，这样就影响了对传播规律的深度分析。

新媒体环境下的信息传播模式的社会存在性质表现得十分明显。新媒体环境下的信息传播模式不同于早期单向性的大众传播模式，也不同于网络环境下以用户互动为驱动力的社交传播模式。我们当下所处的新媒体环境是一种融合了大众传播媒体、网络互动媒体和智能媒体的多元复合媒体环境，因此，新媒体环境下的信息传播是网络化与智能化相融合的产物，是一种新的传播模式。这种传播模式基于算法运演，以数据驱动为核心，不仅具有人机交互链接、媒介自我迭代、信息自动传播的功能，还具有算法分发、图像识别、智能问答、自动搜索、自动建构、对应推荐的功能。这种模式支配下的社会思潮的传播方式、传播过程和传播结构必然会有新的特点、新的传播机理、新的传播功能及新的社会影响力,对社会意识结构的重组和意识形态的建构产生新的作用,这就对维护主流意识形态安全、健全网络综合治理体系、构建良好的网络生态等提出了新的要求。

为此,本研究的研究范式是运用社会存在与社会意识辩证互动的原理,明确地将传播模式理解为社会存在的性质,将它和社会意识做了明确的区分,在此基础上运用模式分析的方法研究新媒体传播模式的性质、特点和作用,并在此基础上探究社会思潮的传播机理、具体特征和治理策略,建立综合性新媒体传播模式的分析框架,从整体性角度回答"新媒体环境下社会思潮如何传播、怎样治理"的问题。

1.4.3 研究思路与内容

本研究基于社会思潮是社会意识的表现形式之一,社会思潮的传播会对社会发展起一定反作用这一前提,以社会思潮的传播为研究对象,通过分析传播模式与社会存在和社会意识之间的关系论证传播模式的客观物质性,建立传播模式支配社会思潮传播的解释范式。基于作为社会存在的传播模式对社会思潮传播的支配作用,从社会历史进程的视角指出新媒体传播模式是传播模式历史演进的结果。通过阐释新媒体传播模式是传播方式、传播过程和传播结构的有机统一体和其复杂性特征论证新媒体传播模式对于分析社会思潮传播的价值,建立传播方式、传播过程和传播结构三维有机统一的新媒体环境下社会思潮传播的分析框架。基于这个分析框架,对新媒体环境下社会思潮的传播特征、传播规律、影响传播的关键因素和如何引导社会思潮与社会发展同向而行进行了系统研究,构建了新媒体传播模式支配下的 G-SNIR 社会思潮传播机制,提出了社会思潮引导的三大原则,设计了社会思潮引导的三重策略,指出了社会思潮引导的具体途径。

本研究的研究框架图见图 1-1。

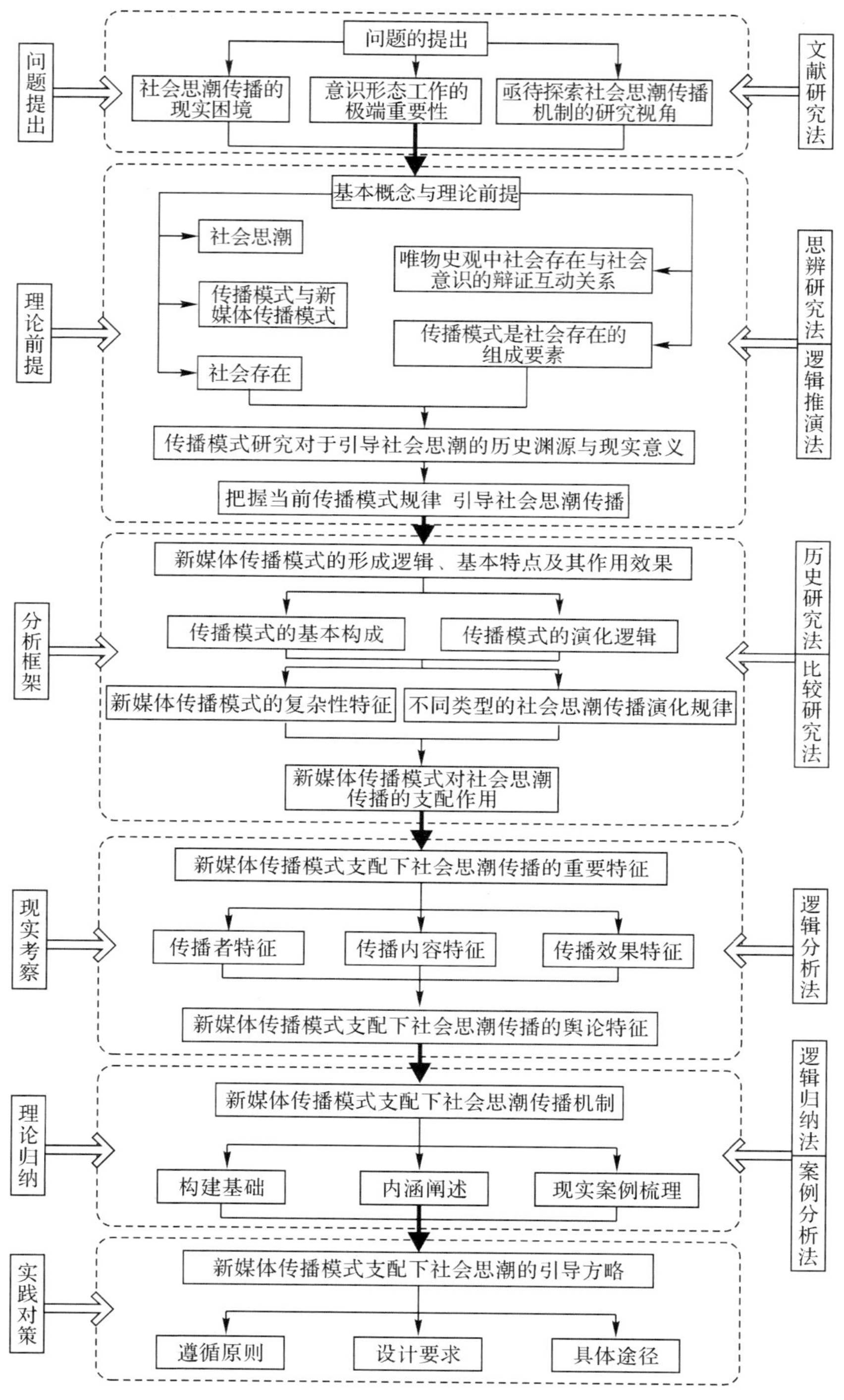

图 1－1 本研究框架结构图

社会思潮作为社会意识的表现形式之一,影响着我国的意识形态安全、治理能力现代化建设和中国特色社会主义建设进程。若要合理有效地引导,使社会思潮发挥积极作用,就要对其传播进行全面而深入的研究。研究的主要内容有以下方面。

第一,确定问题。笔者从现实背景、政策背景和理论研究空间三个方面,介绍了本书的研究背景,提出在社会思潮传播研究中进行传播模式分析的必要性。由于当前对社会思潮传播进行研究的学者倾向于将媒介环境和舆论环境看作影响社会思潮传播的工具,而不将其作为支配社会思潮传播的客观存在,导致传播模式对社会思潮传播的阐释力不足,缺乏建立社会思潮与网络舆论之间关联的理论动力。因此,笔者试图从物质存在的角度解析传播模式概念,通过分析新媒体传播模式及其支配下的社会思潮传播,论证新媒体传播模式支配下社会思潮的舆论化现象,构建新媒体传播模式支配下的社会思潮传播机制,为合理有效地引导社会思潮提供理论参考。

第二,确立理论前提。从历史唯物主义原理出发,论证传播模式是社会存在的组成要素,提出传播模式是关于给谁传播、传播什么、怎样传播的机制范式,并指出传播模式在社会意识发挥对社会存在独立反作用时的重要地位。通过分析传播模式与社会存在和社会意识之间的关系,论证传播模式的客观物质性。从传播模式支配传播现象的角度出发,提出新媒体传播模式支配新媒体环境下的社会思潮传播现象,并指出传播模式、新媒体传播模式、社会思潮传播机制三者之间的层次关系,奠定本书的分析框架。

第三,解释分析框架。从传播模式的构成出发,通过论述传播模式的演化逻辑,提出新媒体传播模式是传播模式的高级形态。它的纵向集成性说明其包含了前面传播模式的特点和功能,并孵化出了前面模式所不具备的特点和功能。因此,新媒体传播模式具备传播方式、传播过程和传播结构三个维度上的复杂性,这是指导后面研究社会思潮传播关键特征以及建立具体引导途径的分析框架。

第四,分析研究对象。阐述了社会思潮在新媒体传播模式复杂性的支配下,呈现出的主客体关系、内容呈现、效果影响方面的关键特征,回答了社会思潮舆论化现象的形成机制。由关键特征间的递进关系论证新媒体传播模式支配下社会思潮出现的舆论化传播效果的特征，即当舆论成为新媒体环境下社会思潮的表现形式时，社会思潮在舆论议题、舆论传播内容以及舆论演化路径上呈现出相应特征。

第五，构建社会思潮传播机制。在分析社会思潮传播，寻找引导的关键要素时，引入传染病传播模型及其相关演化模型的方法路径，构建社会思潮传播机制。通过论述传播机制中的关键变量属性及其互动规则，指出影响当前社会思潮传播的关键人群和重要影响因素。

第六，论述实践应用。基于历史唯物主义原理和第二章的理论基础，提出引导社会思潮需要遵循的基本原则和三重策略，基于第三章提出的新媒体传播模式在三个维度中的复杂性表现，提出社会思潮引导方式的具体路径。

第七，对本书主要结论、创新点和研究局限进行提炼总结。

1.4.4 具体研究方法

笔者综合运用各种定性研究方法，对关涉研究问题的各类文献资料和相关理论进行梳理回顾和逻辑分析。具体研究方法包括以下方面。

1)**文献研究法**

文献研究法是指研究者对本领域现有的相关研究成果进行梳理总结，从而对本领域的研究现状和前沿问题有深入了解和准确认知，并能够及时吸纳借鉴具有启发意义的研究内容，以此推进自身研究顺利进行的研究方法。笔者围绕传播模式、社会思潮、意识形态等核心概念，对国内外相关议题的文献资料进行了系统检索，初步梳理了国内外学者对于社会思潮传播模式、意识形态发展规律以及社会思潮引导等内容的研究成果，为本书明晰研究路径和研究内容奠定了基础。

2)**思辨研究法与逻辑推演法**

笔者在提出研究前提，即传播模式是社会存在的组成要素时，运用历史唯物主义原理对信息传播如何促进生产方式、生活方式和社会关系的形成进行理论分析。同时，运用逻辑推演法从社会存在与社会意识的辩证关系原理出发,论证传播模式在两者辩证关系中的地位,形成本研究理论分析的前提。

3)历史研究法

笔者在论证新媒体传播模式是历史演进的结果这一观点时,以媒介发展为线索对传播模式的演进过程进行了历时性的考察,从宏观角度呈现了传播模式的历史演进以及其在传播方式、传播过程和传播结构维度方面的表征和变化趋势,从而归纳出传播模式演进过程螺旋上升的特点以及新媒体传播模式在此过程中被赋予的特征。

4)比较研究法

笔者在分析传播模式的演化过程时,运用该方法对不同传播模式进行纵向对比。通过观察不同时期传播模式在形态构成、传播效果和传播功能三个方面的表现得出传播模式演化逻辑的纵向集成性,为总结新媒体传播模式在传播方式、传播过程和传播结构三个维度上的复杂性特征提供理论和现实依据。

5)案例分析法

笔者在构建新媒体传播模式支配下的社会思潮传播机制的基础上,依托相关研究报告的数据,以极端民族主义思潮的新媒体传播状况为例,结合社会思潮传播机制中的分析结论,梳理分析当前社会思潮引导中存在的问题,为对策建议的合理性与现实性提供依据。

2

基本概念与理论前提

在本章，笔者将立足于历史唯物主义视角，以社会存在与社会意识的辩证关系为理论依据，阐释研究所用到的基本概念，并论述研究所需的理论前提。在本章，笔者论述了两个理论前提。一是唯物史观中社会存在与社会意识的辩证关系，这是本研究得以展开的核心理论立足点。二是传播模式是社会存在的组成要素，这是笔者基于经典理论所提出的本研究得以进一步开展的理论前提。在本章，笔者从历史唯物主义视角解读信息传播对于社会发展的重要性，并论证了研究传播模式对于治理与规范信息传播的重要性，为当前社会思潮传播研究提供了理论根源和方法论依据。笔者在社会存在与社会意识辩证关系的指导下论证传播模式是社会存在的组成要素，强调了传播模式的客观物质性，认为传播模式在新媒体环境下表现为新媒体传播模式，新媒体传播模式作为社会存在的组成要素，支配着社会思潮的传播。通过本章的论证，建立了后续研究的分析框架，即传播模式与新媒体传播模式、社会思潮传播机制之间的关系：作为社会存在的传播模式，指导和支配了新媒体传播模式的内涵与特征，新媒体传播模式是传播模式在新媒体环境中的表现形态。新媒体传播模式在传播方式、传播过程和传播结构维度上的统一使其具备对社会思潮传播的解释能力，所以社会思潮传播机制是在新媒体传播模式的支配下展开的。

2.1　基本概念

2.1.1　社会思潮

1)社会思潮的内涵特征

社会思潮产生于社会经济基础、上层建筑的变革以及其引发的群众社会心理演化的过程中，是由社会存在所决定的社会意识的一种表现形式。一方面，作为社会意识的一种表现形态，社会思潮是以特定思想理论为内核，反映特定时代社会发展要求或者群众利益诉求，在传播过程中借助民间话语资源实现其理论要素通俗化的观念体系，其内涵是随着某一思想理论降维到针对利益冲突问题中的世俗化表达过程而不断建构完善的，也就是在不断获得群众认同和社会共鸣的过程中“思而成潮”。因此，社会思潮的内涵会随着其所处时代的不同而呈现不同的特征。这要求分析新媒体环境下社会思潮的传播必须以准确把握其内涵特征的本质为前提条件。另一方面，作为社会意识的一种表现形式，社会思潮中既有正面的、客观的、与主流意识形态同向而行的，也有片面的、偏激的、与主流意识形态背道而驰的。依据社会存在与社会意识互动关系的原理，不同的社会思潮在传播中会对社会现实起到不同的反作用。本研究旨在通过掌握新媒体环境下社会思潮的传播规律，从而实现科学有效引导社会思潮，其中，重点规范与治理由负面的、反对马克思主义的、反对社会主义的社会思潮所引起的网络思想意识乱象和网络舆论失范现象。因此，本研究以是否符合主流意识形态、是否促进社会发展为标准，聚焦于非主流社会思潮的传播，以传播的视角探究如何做好社会思潮的引导问题。

社会思潮的时代性、理论性、公共性、动员性和流变性是其区别于其他社会意识形式的内涵特征。社会思潮的时代性表现为：社会思潮必须能够反映特定时代下社会发展诉求，是具有现实指向性的社会意识，否则就是普遍存在的思想、艺术、宗教等置于任意时代皆可且抽象的社会意识形式。社会思潮的理论性表现为：社会思潮是对当前社会矛盾和社会问题的一种理性认识和客观表达，其内核是以系统完整的思想理论为核心，以某种特定的立场取向形成看待事物和现象的思想范式和价值倾向。如果缺失了核心理论要素，就只能称之为不稳定的、碎片化的、感性的社会心理或社会舆论。社会思潮的公共性表现为：社会思潮所蕴含的核心理论要具有影响特定社会变动中的社会政治问题解决方向的影响力，其理论在传播中能够引起群众共鸣，获得实际的社会影响力。如此才能被称为社会思潮，否则只能称之为一种思想理论资源，不能称为被部分群众所认可的思想潮流。社会思潮的动员性表现为：社会思潮发展传播的最终目的都是指向民众对公共生活的参与诉求。社会变动导致人们的思想方式和行为模式发生转变，形成了社会中的多元价值取向和利益分化的不同社会群体。不同的利益群体基于不同的立场取向，会对自身在公共生活中的参与程度和参与方式有所要求。社会思潮通过传播将利益群体关联起来，推动群体实现其对公共生活的参与诉求。正如林泰所指出的，社会思潮的核心都是一种政治思想，当社会思潮发展到一定阶段，就会表现为一种政治诉求[5]16。社会思潮的流变性表现为社会思潮会随着社会现实的变化而自觉出现或消失。由于意在为社会发展困局或群众利益问题提供一种理论回答，若社会矛盾和社会发展问题得以解决，人们的负面社会心理得以消解，则社会思潮产生和传播的现实基础和社会心理基础不复存在，此时的社会思潮仅以理论形式而存在。若社会问题再次出现，则社会思潮又会重新发挥提供理论回答的功能和作用，与群众的普遍社会心理产生共鸣。

社会思潮作为社会意识的表现形式，遵从社会存在与社会意识的互动关系原理，由社会存在状况所决定。社会思潮产生和传播的根本动因是由于在社会变动期间，社会经济基础的变化带来人们的利益分化，使得整个社会在价值取向、社会心理、生产方式、政治形态等方面出现转型和变动的趋势。正如马克思和恩格斯对社会意识基本特点的深刻揭示："思想、观念、意识的生产最初是直接与人们的物质活动，与人们的物质交往，与现实生活的语言交织在一起的。人们的想象、思维、精神交往在这里还是人们物质行动的直接产物。"[37]30因此，当社会存在发生变化的时候，作为观念体系的社会思潮，其内涵特征与传播机制也会产生相应的改变。民粹主义思潮在 19 世纪兴起之初，其核心诉求是在垄断资产阶级面前维护底层利益，强调平民在政治体系中的绝对地位，依靠社会革命、学术会议、著书立说等方式来动员平民大众参与政治进程。当处于 21 世纪的互联网时代中，网络的开放性和匿名性大大提高了普通民众进行公开表达和政治参与的热情和能力，现代化过程中的分配不均与信仰危机等现象使普通民众产生对自身权利的缺失感与对其他阶层的不信任感。此时民粹主义思潮则表现为针对阶层差距的极端化表达，其二元对立的叙事方式使民众明显疏于进行理性的公共讨论，并激发情绪化表达，从而激化社会矛盾，宣泄负面情绪，加剧社会裂化。

社会思潮作为社会意识的表现形式，遵从社会存在与社会意识的互动关系原理，具备对社会存在相对独立的反作用，这种反作用既有积极作用，也有消极作用。社会思潮反作用的性质与社会思潮中核心理论的性质息息相关，若要发挥社会思潮对社会存在积极的反作用，需要在核心理论的维度将社会思潮分类对待。如果社会思潮中的核心理论与当前社会变革的方向和社会发展需求相一致，并且能够获得群众的响应和支持，那么就说明该社会思潮是积极的、进步的。在五四运动之后的中国旧民主主义革命时期，马克思主义作为有关社会主义的观念体系，在当时思想界是作为新的社会思潮出现的。但是由于其主张和理论符合民族独立和国家富强的内在发展要求，马克思主义在中国革命进程中逐步成为亿万群众的行动理念，完成从新的社会思潮到主流社会思潮，再到中国共产党指导思想的转变。反之，若社会思潮中的核心理论与当前社会发展需求不一致，或者存在理论谬误，即使获得了一部分群众的认同，但该社会思潮仍然是反动的、消极的、不适用经济社会发展需求的。比如新自由主义思潮中的"自由化、私有化"的理论主张，在改革开放历程中随着发达资本主义国家与我国之间的经济文化交往，以及我国市场化改革中对新自由主义某些理论的需求而进入我国理论界。一些主张"清除公有制、彻底私有化"的所谓"公知分子"大肆宣传，在经济实践领域鼓吹市场万能论，在学界和思想界大肆宣扬和肯定私有经济理论，在意识形态领域掀起一股资产阶级自由化的倾向，影响了不少人的改革观念。新自由主义思潮中的核心理论是建立在资产阶级意识形态之上的，把片面的经济人假说本质化，宣扬从资本家个体角度出发的私有制有效论，忽视市场主体在参与经济活动时的自发性、盲目性和滞后性所导致的市场失灵和无序竞争，偏离了社会主义市场经济的正确方向。如果盲目崇拜或照搬照抄资产阶级经济理论用以指导实践，可能会走上东欧剧变和拉美国家社会矛盾激化的老路。目前中国特色社会主义市场经济已经取得显著成效，美国次贷危机所引发的全球性金融危机的负面影响还未消散，新冠疫情又放大了资本主义国家政治经济体制的弊端，新自由主义思潮的影响力大不如前，但是仍然要警惕以新自由主义思潮为代表的不符合我国国情的社会思潮卷土重来。对此，应该深刻认识当下社会思潮传播中的关键特征和核心环节，准确剖析社会思潮核心要素中的理论谬误。因此，从社会意识独立性的角度来看，对于核心思想多样、分歧而不越底线的社会思潮，要引导其与主流意识形态同向而行，准确把握其传播过程，紧盯关键传播环节和核心传播者，防范别有用心人士利用极端化表达扭曲社会思潮理论内核，导致社会心理动荡和社会舆论不稳定;对于负面的、错误的社会思潮,要旗帜鲜明地批判其理论谬误,防止该社会思潮的发起者利用社会问题误导辨别能力不强的群众。

2)**社会思潮的传播**

社会思潮是在传播中建构内涵并发挥作用的,非主流的社会思潮更是在传播中与主流意识形态争夺话语权和阵地。社会思潮作为一种特殊的社会意识形式,其传播具有政治性、两极性、阶段性和反复性。政治性表现为社会思潮传播内容和传播目的的政治性。任何社会思潮都是通过传播某种政治思想改变人们的认知,从而为动员人们实现某种诉求而努力。社会思潮传播的目的是为了通过改变人们的观念和认知从而掌握群众,为发动群众运动做铺垫。通过动员群众,社会思潮自身能够从精神力量转变为物质力量。某些社会思潮的传播还会影响到国家大政方针的制定乃至发展方向的选择。两极性是指社会思潮在传播中实现抽象的理论内核与基层社会的现实问题相贯通。社会思潮的广泛传播需要实现从抽象理论向通俗表述的转化,否则就只能以学术论争的形式局限于理论界,无法覆盖更大人群。社会思潮理论观点的通俗化程度、通俗化手段以及接受者对于通俗化处理之后的社会思潮传播内容的理解和接受程度是影响传播效果的重要因素,而这些因素受社会思潮传播所处的技术环境和社会语境的具体情况的影响与制约。因此,探究社会思潮传播效果的原因需要回归到对其技术环境和社会语境的具体剖析上来。阶段性和反复性主要体现在社会思潮的传播过程中。社会思潮的传播涉及人们思想观念的转变,其本身受到接受者思想文化水平、个人经历和社会地位等的影响,不同的人对于同一个社会思潮的接受度会呈现出理解和认同的不同阶段。在同样的传播环境下,青年群体等思想活跃程度高的人对一些标榜个性的社会思潮的接受程度会高于年长者。同时,由于人的思想水平在不断变化,有的人可能一时认同,一时不认同,甚至从认同状态转向批判状态。这些特殊性表示其传播模式异于其他社会意识传播模式,也异于舆论和信息的传播模式。任何事物都有其发生发展的客观规律,社会思潮在传播过程中表现出的这些异于其他社会意识形式的特性要求我们在进行社会思潮传播研究时,要透过传播现象探究社会思潮的本质传播规律。

认识社会思潮的传播规律对于引领社会思潮而言具有重要指导作用。社会思潮的传播中蕴含着相对应的传播规律，对社会思潮的有效引领也应建立在对社会思潮传播规律正确认识的基础上。传播规律与传播模式是紧密相连的。首先，传播模式支配传播规律。有什么样的传播模式，就有什么样的传播规律。其次，传播模式的转换呈现出一定的规律性。传播模式的转换不以人的意志为转移，其转换必然发生在充分的技术、物质条件下。邓卓、姜华指出社会思潮的发展规律和传播规律对于引领社会思潮的重要性：作为一定群体中共同认可的社会意识形式，有一种客观存在的、必然的内在联系贯穿于社会思潮产生、发展和演变过程中，这种联系被称为社会思潮传播的规律性[84]。这种规律是客观存在的，是不以人的意志为转移的。社会思潮一旦形成，就会在传播中不断追求社会认同规模的扩大以及程度的深化。因此，要基于对社会思潮的发展规律的深刻认识来引领社会思潮，只有遵循客观规律，才能实现预期目标。

新媒体传播模式支配下的社会思潮传播机制包含社会思潮的传播规律。在本研究中，新媒体传播模式是分析社会思潮客观发展规律的有效理论工具。新媒体传播模式重构了社会思潮的传播过程，因而不同的传播模式下就会有不同的传播规律，这也塑造了社会思潮在当前新的表现形态。新媒体传播模式是针对社会思潮传播而提出的，若脱离新媒体传播模式，单一地考察社会思潮传播特征和机制等，就无法抓住当前社会思潮传播的核心特征，若不研究新媒体传播模式，就无法说清当前社会思潮传播中的规律性因素，也难以发现其在规律作用下所存在的问题，自然就无法提出有针对性的引导措施。当前社会思潮的传播、演化，以及动员群众、掌握群众都依赖于新媒体环境。在这种社会思潮传播的发生机制下，要研究新媒体环境下的社会思潮传播问题，首先要研究新媒体环境下的传播模式，即当传播内容成为具有政治性、两极性、阶段性和反复性的社会思潮，当传播媒介成为复合性的新媒体之后，此时社会思潮传播所处的传播模式呈现何种内涵、组成和特征。

2.1.2 传播模式与新媒体传播模式

何谓传播模式？它是对人类生活实践中一切传播现象中给谁传播、传播什么、怎样传播作出规定的机制范式。传播模式是由传播现象中参与要素的组织形式、要素所组成的结构以及传播环节组成，集中体现为对现实传播现象内在的客观规定。传播学理论中经典的拉斯韦尔5W传播模式是由传播者、传播媒介、传播内容、传播对象和传播效果所组成，这五个要素呈线性结构依次排列，同时这五个要素也表示了大众传播时代信息传播的五个环节。5W传播模式虽然揭示了信息传播的环节和要素，但是它是针对大众传播现象而提出的。随着传播媒介的不断演进，传播者与传播对象之间关系的变化所导致的信息流动和信息传播方式的变化，以及传播者和传播对象自身的变化要求对传播模式从传播结构、传播过程和传播方式三个维度来进行综合考察，这样才能拥有对不同时期、不同类型的传播现象较全面的解释力。笔者将在第三章对传播模式做出更详细的论述，这里仅对本书中用到的概念做简要说明。

何谓新媒体传播模式？新媒体传播模式是传播模式在新媒体环境下的表现形态。新媒体环境是指在数字技术和互联网出现之后的传播环境。传播模式泛指任何社会条件下信息传播活动和人类传播行为的普遍形态，而数字技术和互联网在孵化新传播媒介的基础上，推动信息的传播过程、人类选取媒介并使用媒介的传播方式，以及由所有参与要素组成的传播结构产生相应的变化。因此，新媒体传播模式是在经典5W传播模式对传播现象规定的基础上，按照传播方式、传播过程和传播结构在新媒体环境中的新表现，对传播现象作出规定的机制范式。新媒体传播模式属于传播模式的范畴，传播模式是一般形态，新媒体传播模式是其特殊形态。新媒体传播模式中的传播方式、传播过程和传播结构维度由于具备对新媒体环境中社会思潮传播特征的解释能力，而成为分析当前社会思潮传播状况的有效理论工具。这一点将在第三章做具体说明。

分析传播模式对于研究社会思潮传播及引导的必要性是由社会思潮的特性和传播之于社会思潮的重要性决定的。对于本研究而言，社会思潮的传播从属于思想关系、社会意识的范畴，但从本体论的意义上来看，社会思潮传播所依赖的现实社会问题，又体现了其受物质关系的制约。社会思潮的传播特征、态势和趋势，不仅由当时社会中存在的利益冲突、人们的态度立场和行为倾向决定，同样也受当时社会中存在的传播模式的水平和特征所支配。因此，从传播模式入手分析社会思潮的传播，尤其分析以互联网为代表的新媒体对社会思潮传播的影响机制，是将社会思潮的传播现象划分为现实的社会存在层面与抽象的社会意识层面，区分了其中的思想关系和物质关系，能够较为准确地抓住当前社会思潮传播过程中的核心特征和关键环节，从而更为有效地对其进行引导。

2.1.3 社会存在

笔者认为从社会存在的角度理解传播模式，只有对传播模式重新概括，才能准确把握新媒体传播模式在社会思潮传播中起到的作用，更好地解释新媒体环境下社会思潮的传播。因此，有必要对社会存在的组成要素和本质在此做进一步的廓清。

物质生产方式是社会存在的重要组成要素。根据唯物史观可知社会存在的内涵和构成要素。社会存在由地理环境、人口因素和生产方式组成，生产方式是社会存在的重要组成要素。依据唯物史观对社会存在的界定，社会存在是人类生活的物质方面，它包括人类的物质活动以及社会物质生活条件，如人类赖以生存的自然地理环境、物质生活的主体——人口，以及人类的物质生产活动，即物质生产方式[85]295。根据马克思主义哲学原理，社会存在是指整个社会生活过程中所有社会物质生活条件的总和，以地理环境和人口因素为基础，以生产方式为基本内容[85]295。因此，地理环境、人口因素和生产方式就是社会存在的基本构成。自然界的地理环境和人口因素发生相互作用，形成生产方式，构成社会存在。其中地理环境和人口因素是产生社会存在的前提，生产方式是地理环境和人口因素融合起来，起到决定社会发展程度和具体样貌的根本因素。对于生产方式在社会存在中的地位问题，恩格斯曾直接指出过："根据唯物主义观点，历史中的决定性因素，归根结底是直接生活的生产和再生产。"[86]20 同时，恩格斯从劳动在人类社会中地位的角度对生产方式在社会存在中的地位有过论述。恩格斯在《自然辩证法》中指出，生产劳动是整个人类生活的第一个基本条件[87]243。因此，人们在特定的社会中生产什么、为谁生产和如何生产就是生产方式的基本内容，也是社会存在的基本内容。

理解社会存在，不能将社会存在的外在表现局限于物质实体，而从其实践性的本质特征出发。作为人类生存与发展的物质基础，社会存在的本质是实践的，社会存在是人类赖以生存的各种物质条件的总和，也是人类各种物质实践活动赖以展开的物质生活过程本身。因此，理解社会存在的本质不能局限于其“自然物质性”，而要从社会实践的角度出发对其进行考察和认识。社会存在作为人类全部社会生活得以展开的物质条件，其客观物质性是显而易见的。但是，如果用自然物质性去解释社会存在的客观物质性，就会缩小社会存在的范畴，使社会存在的范畴局限为自然存在，也会使人们对某些现象的理解不够深刻。同样，一些“物质的附属物”不能因为其没有感性的物质实体形式，就否认其作为社会存在的内容特点，不能因为一些现象没有外在的物质实体作为其外显形式，就否认其在构成社会存在中的地位和作用。比如，生产关系表现为人们在物质资料生产过程中产生的社会关系，它并没有成为为人所见的物质实体。生产关系是生产方式的社会形式，而生产方式是构成社会存在的重要组成要素，所以生产关系也是社会存在的组成要素之一。

马克思在《政治经济学批判》序言中指出：“人们在自己生活的社会生产中发生一定的、必然的、不以他们的意志为转移的关系，即同他们的物质生产力的一定发展阶段相适合的生产关系。这些生产关系的总和构成社会的经济结构，即有法律的和政治的上层建筑竖立其上并有一定的社会意识形式与之相适应的现实基础。物质生活的生产方式制约着整个社会生活、政治生活和精神生活的过程。不是人们的意识决定人们的存在，相反，是人们的社会存在决定人们的意识。”[88]8 马克思的这段论述明确指出社会存在决定社会意识，并且对社会存在的构成作出了初步的阐释。恩格斯对这一观点也作出了评价：“在历史上出现的一切社会关系和国家关系，一切宗教制度和法律制度，一切理论观点，只有理解了每一个与之相应的时代的物质生活条件,并且从这些物质生活条件中被引申出来的时候,才能理解。”[38]117 因此,要理解作为社会意识形式之一的社会思潮在新媒体环境下的现实表征、传播机制,就需要回归到对与之相适应的物质条件的分析之中。

2.2 传播模式与社会存在的关系

根据历史唯物主义,社会存在决定社会意识,社会意识反作用于社会存在。社会存在的基本内容是指在社会生活中,各种不以人的意志为转移的物质实体、物质关系以及它们的客观发展过程。因此,当面对作为社会意识形式之一的社会思潮时,若要分析其传播特征、社会影响,并据此提出引导其健康发展的对策建议,就需要回归到探究导致其产生和发展的传播模式的实践性和客观物质性上来,即探究传播模式与社会存在之间的关系。在探究这两者关系之前,辨析传播现象与传播模式之间的关系能够帮助我们建立概念模型。

2.2.1 传播现象与传播模式

从传播现象入手,并从其中抽离出传播模式,是理解传播模式与社会存在之间关系的前提。传播现象是指人类社会实践中已经存在的和正在发生的一切信息传播活动和人类传播行为的总和。从普遍意义上来说,传播现象是一种社会现象,与单纯反映社会生活中存在的物质实体的自然现象不同的是,传播现象是人的传播活动的产物,其中包含了人的意识。传播现象是以思想产物为传播内容,以物质载体、手段方式为传播条件,是传播内容与传播条件的统一,涉及人的思想、观念和意见。传播现象的出现建立在人类物质生产活动的基础上,但同时,传播现象作为组织人类物质生产活动的必要基础,构成了物质生产活动的社会条件。传播现象的出现需要借助一定的媒介,无论是技术媒介,还是语言媒介,都是人类生产实践的产物。从生产实践意义出发,传播现象是以人类自身和其使用的传播媒介为物质承担者,以人类在物质生产实践和交往实践中产生的社会关系为纽带,以意义的传递为目标的一种社会现象。传播现象所传递的意义,就是对象化了的人的意识的体现。作为一种社会现象,传播现象有多种表现形式。可以依据传播内容所蕴含的不同意义对传播现象进行分类，比如舆情的产生和扩散、谣言的生发和蔓延、新闻的生产与消费等；也可以依据传播媒介的不同进行分类，比如多人间的网络互动、面对面的语言交流、一对一的书信往来等；还可以根据传播现象中人们之间的社会关系进行分类，比如新冠疫情期间，政府与商业媒体平台合作，建立疫情信息的直接通道，使受困于疫情的人通过社交媒体搭建起新的社会联系。从生产力角度来看，传播内容、传播媒介和社会关系三个方面在传播现象中是统一的。传播现象包含传播工具和人类行为，它与生产力水平和状况相关。传递的意义的程度、媒介的状况以及形成的社会关系的范围都统一于相同生产力水平下的传播现象中。选择什么样的媒介决定了能够形成何种程度的社会关系，社会关系的紧密程度决定了所能传递的意义的程度，而人们对于意义的追求反过来会推动媒介的演进。因此，生产力的不断发展要求从意义层面、物质层面以及社会关系层面去认识和把握传播现象。新媒体环境下的社会思潮传播是一种复杂的传播现象，它将意义、物质和社会关系三个相互依存的方面统一起来，揭示出三个层面之间是如何相互沟通、相互转化，从而构成一个整体性的复杂系统的。

传播模式所表达的是现实的传播现象里对谁传播、怎么传播、传播什么的机制架构，是传播现象中参与者构建的传播结构、传播方式和传播过程形成的统一体样态。传播模式本身是客观存在的，与其他社会存在一样具有自身的存在特征和运行规律。它反映了传播现象中不同参与要素之间的内在联系与发展趋势，它包括传播现象中能为人所观察到的外部表现以及内部联系。信息传播现象和人类传播活动始终贯穿于人类历史发展进程之中，随着生产力的不断发展，使用不同的传播媒介、面对不同的传播对象以及传播不同类型的信息，传播模式都会呈现出不一样的外在形态。比如，战争年代运用电报传递战况的传播模式必然异于现在运用算法嵌入互联网获取新闻的传播模式。传播模式是对传播现象中物质层次、社会关系层次以及信息交换方式相统一的反映，所以传播模式是理解和把握新媒体环境下社会思潮传播现象的认识基础和理论前提。

从传播现象提出传播模式的思维范式体现了历史和逻辑相统一的历史唯物主义思维。历史和逻辑的统一，是马克思主义方法论的重要原则，也是从事社会科学研究所应掌握和遵循的方法论要求。传播模式的提出是认识传播规律的重要条件，并且传播模式的演进和更替也是有规律可循的。规律是客观世界的运行法则，能够决定事物的发展方向，不以人的意志为转移。因此，遵循传播规律是研究传播模式的内在逻辑，只有正确认识规律、深刻把握规律、认真遵循规律、自觉运用规律，才能够在实事求是、与时俱进的基础上准确把握不同情境下的传播现象，不断破解各种传播问题，提高传播效率。

特定的传播现象必然有相应的传播模式。传播现象和传播模式是人类信息传播活动的一体两面，它们统一于信息传播的存在和发展之中。传播模式的演进与传播现象的发展是处在相同的频率和顺序上的。人们总是先观察到社会生活中存在的种种传播现象，然后把握传播现象的本质，进而概括出传播模式的特点，形成相应的传播观点，由此对传播现象进行引导和治理。对于传播模式的考察，并不是针对人们头脑中存在的、反映传播现象的、抽象的思想过程，而是针对现实情况下已经发生或者正在发生的人类传播实践中客观存在的传播活动。如果要解释传播现象中出现的问题，必须要回归本质，对其对应的传播模式中蕴含的规律性特点有深刻、全面的认识和把握。

值得说明的是，若要理解传播模式是社会存在的组成要素，需要区分信息传播和信息传播活动，以及传播模式这几组概念。前者（信息传播和信息传播活动）属于精神交往范畴，亦属于意识性活动的范畴，譬如人们交流思想、交谈、辩论、阅读报刊等。后者（传播模式）属于物质交往范畴，是物质性的、实践性的形式与内容，它包括信息传播和信息传播活动的物质基础。传播模式由于反映了对谁传播、怎样传播、传播什么的机制特征，因此它涵盖了作为传播者和传播对象的人本身的特征和发展、不同时期的社会历史环境和舆论环境、交往手段的发展（媒介形式的演化），以及利用交往手段组织信息传播活动的具体形式和规划信息传播的路径。所以，传播模式决定和制约了信息传播活动的具体形态和信息传播的发展水平。用马克思的话来说就是,“物质生活的生产方式制约着整个社会生活、政治生活和精神生活的过程。不是人们的意识决定人们的存在,相反,是人们的社会存在决定人们的意识”[88]8。

2.2.2 传播模式是社会存在的组成要素

传播模式由于在形成生产方式、生活方式和社会关系再生产中的重要作用而成为社会存在的组成要素。一方面,社会存在由生产方式、人口因素和地理环境组成。生产方式把地理环境和人口因素相结合,决定社会存在的具体状态和水平,是衡量社会存在的决定性因素[89]334。传播模式在生产方式的形成和存续过程中发挥着重要作用,既是其形成和存续的必要条件,也是其形成和续存的充分条件。另一方面,社会存在是人们社会物质生活条件的总和,它由物质生产、精神生产、人口生产以及人通过劳动和自身生命活动形成的社会关系构成。物质生产、精神生产和人口生产在不同的社会关系中会形成不同的生产方式,人类的生产方式制约着物质生产、精神生产、人口生产和社会关系形成的过程。因此,从更大的意义上来讲,生产方式也是人们表现自己生活的方式。人们构建自己的生活、表现自己的生活,需要借助在一定传播模式指导下的传播现象来实现。综合以上两个方面,传播模式通过塑造生产方式、生活方式和促进社会关系再生产成为社会存在的一部分。传播模式是社会存在的组成要素,这为理解传播模式在社会思潮传播中的作用和地位提供了理论前提。

由于生产方式是社会存在中的决定性因素,因此笔者将从必要性和充分性两方面详细论述传播模式对其形成的作用。传播模式是生产方式形成的内在因素。生产方式是生产力和生产关系的有机统一体,而传播模式是生产力和生产关系形成的必要条件和充分条件。

传播模式是生产力和生产关系形成的必要条件表现为:离开了传播模式,生产力和生产关系都无法形成。从物质生产实践活动的层面而言,传播模式表现为以信息聚合和传递促进生产为特征的信息传播现象。对于生产力而言,它由生产资料、劳动者和劳动对象构成,表现为人出于自身生存和发展的需要,同自然界之间围绕物质和能量进行交换而产生的关系,也就是人在劳动实践中与生产资料之间的关系。这种关系需要信息传播作为中介。农民如果想要拥有种田的工具，他可以选择购买，也可以选择向他人租借。这两种行为的实现都必须以农民与工具所有者之间围绕工具而产生的信息传播现象为条件。对于生产关系而言，它包括生产资料所有制关系、人们在生产中的地位及相互关系、产品的交换关系、产品的分配关系以及产品的消费关系。这些关系的产生和存续，都需要信息传播现象的参与。

在所有的生产关系中，生产资料所有制关系是生产关系中的核心部分，它决定了人们在生产过程中的其他关系[85]352。生产资料所有制关系是生产资料归谁所有、由谁支配的关系，这决定着劳动者和生产资料如何结合。生产资料所有制关系的形成同样需要信息传播，生产资料所有制关系中的各方通过信息传播表达意愿、需求、承诺和交换条件。在原始社会中，每个人都要参与社会劳动，生产资料归氏族公社所有，形成公有制的生产关系，这是人们之间信息交换流通的结果。在资本主义社会中，劳动者需要出卖劳动力以换取基本生活资料，而资产阶级垄断生产资料，并将其作为剥削雇佣劳动者的资本，用来满足资产阶级利益扩张的需要，形成私有制的生产关系。这是资本家和劳动者之间就生存问题在一定的生产力条件下相互沟通的结果。

此外，其余生产关系的形成也需要信息传播的参与。以消费环节为例，在消费过程中，线下商品的流通和交换需要买卖双方进行人际交流才能实现。对于信息传播在商品扩大再生产中的作用，以直播销售为例进行说明。主播们通过线上直播向观众传递有关商品性能和优惠的信息，观众通过点击下单的行为向主播和商家传递购买力和销量的信息，商家据此判断是否需要增加库存或者生产量。主播、观众和商家三者的行为实质上体现了信息传播对于商品生产、消费和再生产过程中生产关系的形成作用。

以上就是信息传播现象在生产力形成和生产关系形成过程中必要性的体现，这些传播现象必然表现为符合当时生产力发展水平的传播模式。因此，生产力和生产关系的形成不能离开传播模式的参与，所以传播模式是生产力和生产关系形成的必要条件。

传播模式以协同作用成为生产力和生产关系形成的充分条件。这个协同作用的充分性表现为两方面。第一，传播模式通过协调物质生产中劳动者与生产资料的科学技术信息和管理信息的流动，围绕着提高劳动者劳动能力和生产过程科学化、合理化的目标，成为生产力形成中的协同因素。在生产力的构成中，除劳动者、生产资料和劳动对象之外，科学技术和管理等智能性要素在构成现实生产力时也具有重要意义[90]106。传播模式的参与是科学技术由知识形态转化为生产力的推动因素。传播模式的参与表现为以下两种形式：借助传播模式将科学知识作用于劳动者以提高其劳动技能，比如举办劳动技能讲座和培训班等；借助传播模式将科学知识物化为劳动对象和生产资料进行推广，实现生产过程的科学化和合理化，从而提高整体的生产力水平，比如对生产过程进行科学管理。对生产过程进行管理是要使生产中的各类实体要素按照合适的比例进行结合，形成协调运转的总体生产力。这个过程需要在劳动者之间，依照生产资料和劳动对象的特性进行以完成生产任务为目标的信息沟通。这个信息沟通的过程，就是传播模式参与生产力形成的过程。

传播模式通过信息流动协调生产实践中人与人之间的相互关系，围绕着形成特定生产关系的目标，成为生产关系形成中的协同因素。生产力中各要素要形成生产关系，需要人与人之间进行需求的表达、协商与接受，以形成符合生产力需求的生产关系并达成共识，结合为特定的生产关系。支配传播活动的传播模式以一种无形的力量，对人与人之间有关生产工具和生活资料分配的信息进行组合调配，通过人与人之间信息的匹配形成特定生产关系。在资本主义社会中，资本家要贯彻他的分配理念，需要进行从他自己到劳动者之间的信息传播。并且，为了使劳动者最大程度上认同并服从他的分配理念，资本家需要向工人传播一些与分配理念相适应的价值观念或思想体系，这些价值观念或思想体系往往表现为资本主义社会中的意识形态和政治思想。资本家为了使劳动者认可资本主义分配方式，就会设法将自身的特殊的利益包装为普遍的共同的利益，并把这一套话语体系传播给劳动者。没有这个传播过程，劳动者便无法为其劳动。假使劳动者不服从这种分配理念，想要打破旧的分配方式并建立新的分配方式，他首先需要团结同胞，从而形成一个具有行动力的团体作为对抗力量。在这个过程中，需要与同胞进行信息传播以说服他人加入行动。

生产方式决定生活方式，信息传播是生活方式形成的协同因素，而信息传播的过程受到特定传播模式的支配，因此，特定的传播模式是特定的生活方式形成的内在因素。作为历史唯物主义基本范畴之一的生活方式，是由生产方式所决定的，其在人类社会中的正常开展同样依赖于信息传播的参与。生活方式是指一个人如何表现自己的生活，是人类出于实现自身生存、享受和发展的目的对生活资源的有效配置与享用方式[91]，也就是说，生活方式是指一个人的生活按照什么方式去展开的样式。信息传播可协调人类生活过程中所需的所有信息，使其围绕支撑人类生活展开的目标运转，成为生活方式形成的协同因素。

信息传播对生活方式形成的协同作用体现在以下两方面。第一，出于使生活资源满足人类生存、享受和发展的目的，信息传播的内容是人们生活方式形成的客观指导，信息传播的方式是人们生活方式形成的约束条件，信息传播的对象决定了人们生活方式形成的参考要素。例如在城市生活中，互联网行业快速扩张的发展趋势和对下沉市场的重视，使得互联网行业从业者每天要面对大量信息的输入和输出，他们将大量时间用于工作，并且很多工作的完成依赖于手机、电脑等智能设备。由海量待处理的信息组成的工作内容使互联网行业从业者不得不形成了996工作制①，而基于移动智能设备的信息传播导致互联网行业从业者无法将工作与生活分离，造成了工作与生活杂糅的生活方式。有时，不同的互联网企业之间还存在对员工工作时间的相互攀比，若某一企业的负责人得知同行业的竞争对手实施了更严苛的考勤制度，他也可能拉长自己员工的工作时长。行业信息传播、工作信息传播和来自竞争对手的信息传播共同塑造了互联网行业从业者的生活方式。第二，信息传播通过协调人们生活中涉及的各类信息建立人们的生活方式。以社会形态变迁为例，在原始社会中，人们以语言为媒介，通过形成部落实现对食物等资源的分配。在工业化社会中，人们以文字为媒介，通过报刊、书籍获取信息，指导自己的行为，实现对社会财富的生产和分配。在网络社会中，人们借助新闻聚合平台获取社会信息，通过社交平台建立社

① 即每天早上9点上班、晚上9点下班，每周工作6天的工作方式。

会关系，通过短视频平台实现休闲娱乐。这些都是不同社会形态中信息传播对生活方式形成的作用。与此同时，人们的闲聊，电视中的广告、节目以及一些网络营销都可以形成对某种生活方式的推崇或者摒弃。比如在韩剧《来自星星的你》中出现了初雪天吃炸鸡的情节，该情节一经播出，年轻观众出于对剧情和明星的喜爱对此纷纷模仿，于是许多年轻人都会在初雪天买炸鸡和啤酒并拍照发到社交网站上。因此，传播什么信息、怎样传播信息以及给谁传播信息的协同运作形成了人们特定的生活方式。

传播模式是社会关系再生产的内在机制。在唯物史观视野下，社会关系的生产和再生产推动着人类的生存和发展。马克思和恩格斯在《德意志意识形态》中指出，人们的生产表现为双重关系，一方面是自然关系，另一方面是社会关系。而社会关系和生产力发展水平密切相连。生产力推动生产方式的变革，进而引起人们社会关系产生相应的变化。生产本身是以个人之间的交往为前提的，这种交往的形式又是由生产所决定的[37]68。马克思这里提到的“交往的形式”就是生产关系，这说明生产关系从本质上规定了人的存在状态。不同的生产关系下会形成不同的社会关系，生产力与生产关系之间的矛盾推动着社会关系的变化发展，而不同水平的社会关系制约着社会存在的状态和水平。

从社会关系层面来讲，传播模式是人类所有社会关系形成与延续的必要条件与巩固方式。马克思曾经指出，人的本质是一切社会关系的总和[37]505。马克思在这里的意思是说人不能离开社会而孤立存在，只能在社会活动和社会交往中才能生存和发展，社会关系支撑着人的本质。作为总和的社会关系的产生和延续，依赖于信息传播模式。人类基于血缘、亲缘和地缘形成了最初的社会关系，基于传播模式实现跨越时间与空间的社会关系的再生产。社会关系的再生产不仅表现为对原有社会关系的再次生产，也表现为新的社会关系取代旧的社会关系的社会过程。马克思在研究人类生产实践时指出，人类通过物质生产和精神生产而与他人进行交往，从而产生人与人之间的社会关系。人类之间进行交往的过程，就是传播模式展开的样貌，表现为传播模式的基本内容：给谁传播、怎样传播、传播什么。社会关系的形成必须借助于传播模式支配下的传播过程，而传播模式的作用形式也会限制社会关系的特征和性质。在口语传播模式下，使用相同或相似语言进行交流的人们聚集成为族群或者部落，在这个传播过程中形成了族群内部依照言语衰减性为半径的社会关系。在文字传播模式下，拥有书写和阅读能力的人向其他人传递信息，并且掌控着社会的信息源，在这个传播过程中形成了一种等级性的线性社会关系。

哈罗德·伊尼斯曾预言“一个新媒介的长处将导致一种新文明的产生”[92]27。作为传播模式的构成要素，媒介的演化推动着传播模式的更新，进而影响着在人与人之间的交往方式中产生的社会关系。在口语传播模式下，人与人之间依靠稍纵即逝的语言进行交往，社会关系的形成广度受到传播范围的限制，不会出现大规模的社会交流。印刷媒介下的传播模式突破了语言的即时性，提高了传播效率，使社会中的信息交换量出现几何级数的递增，人们通过阅读与书报内容的作者进行精神上的交往，建立抽象的社会关系。正如马克思曾指出的，报纸是把个人同国家和整个世界联系起来的纽带[93]74。印刷机器使信息传播领域出现社会分工，人们在生产中因此形成了新的社会关系。但这种传播模式对文化水平的要求较高，因此在社会中形成了垄断，直到诸如电视和广播等电子媒介的出现，传播模式不再对参与传播的人的文化条件设置限制，人们得以在这样开放的传播模式中根据自身的需求建立广泛的社会关系。但是由于此时的传播模式对大型机器高度依赖，电子媒介下传播模式的形成和展开掌握在传播媒介的所有者手中，因此，这种传播模式下人们的交往方式仍然受到限制。这种情况直到由于移动互联网的出现和普及导致人们产生社会关系的渠道增加后才得到改善。学者范红霞在其研究中指出，微信中的信息传播过程既产生于人们依靠人际交往产生的真实的社会关系，也产生于基于网络媒介建立和维持的虚拟社会关系，这种虚拟社会关系服务于人们社会关系的重建与再生产[94]。在这种虚实相间的社会关系下，信息传播的互动性与扩散性都大大提升。

除了参与社会存在中重要因素的形成过程，传播模式自身的客观物质性也佐证了其作为社会存在的性质和地位。传播模式是一种客观的物质力量，同生产力和生产关系一样，也具有不以人的意志为转移的客观性质。传播模式的客观性体现在两方面。一方面，每一种现实的传播模式都是由客观的物质要素构成的。具体的传播模式展现的是传播现象中传播参与者、媒介、信息之间的互动关系，因而参与者、媒介、信息成为传播模式的实体要素。另一方面，传播模式的发展和演化不以人的意志为转移，而是依靠物质生产力的发展和人类需求的变化。人类需求的变化脱胎于生产力和生产关系的矛盾运动，这也是一种客观的物质性力量。因此，此刻的传播模式是后来传播模式的基础，作为一种客观力量组成特定的社会存在。特定时代的人，都是处于特定传播模式之下的，人们不能随意地选择传播模式。人们对于传播模式的选择是基于自己对于信息传播的需求的，这种需求不以人的意志为转移，而是建立在物质生产实践的水平上。因此，传播模式具有客观的发展演变规律。对于传播模式的变革和演化，必须建立在认识和利用其演变规律的基础上，而不能任意改变或违背它。传播模式的客观物质性决定了它是社会存在的内在要素，因为它不属于社会意识，它自身具备社会存在的客观物质性，具备不以人的意志为转移的客观规律性。

2.3 传播模式与社会意识的关系

马克思在阐明社会存在和社会意识的关系时，指出了社会意识产生的根源及其产生作用的方式："我们判断一个人不能以他对自己的看法为根据，同样，我们判断这样一个变革时代也不能以它的意识为根据；相反，这个意识必须从物质生活的矛盾中，从社会生产力和生产关系之间的现存冲突中去解释。"[38]192 在这里，马克思指出，社会意识是对社会生产实践中客观变化的反映，社会生产实践中生产方式、生活方式和人们社会关系的变化是社会意识得以产生的现实土壤。笔者认为，传播模式是社会存在的重要内容，属于客观存在的物质范畴。如果社会意识反映社会存在，那么当前社会上存在什么样的传播模式，人们的社会意识中就会有什么样的传播模式概念，即指导当前人们开展信息传播活动的具体观点、想法、行为倾向等。人们头脑中的关于特定传播模式的概念和社会上客观存在的传播模式是互相对应的。

2.3.1 传播模式是社会意识反映的客观对象

关于传播模式的概念是现实中传播模式在人头脑中的反映。传播模式之所以能够成为社会意识反映的客观对象，是因为其要素之间结构的规定性是特定生产力和生产关系相互作用的产物，并且适应特定物质生产活动的需要。以5W传播模式为例，拉斯韦尔通过考察战争中的宣传现象，将构成宣传现象的要素和要素之间的组织关系进行观念化和对象化，这样就出现了传播理论中的5W传播模式。可以说，5W传播模式是对现实传播现象中的物质生产关系和人类社会关系的客观反映，是一种抽象的概念。但我们必须意识到，在拉斯韦尔没有提出这一概念时，5W传播模式中涉及的要素及其相互关系就已经存在于现实的传播现象中，在特定的生产力水平下制约着传播现象发挥作用。拉斯韦尔处于20世纪50年代的工业化时代，意识形态冲突和美苏两大国的影响使得政策宣传者格外看重传播效果。当时主要的传播媒介是广播、电视等大众媒介，大众媒介和广大受众之间形成围绕信息的发射-接收关系。传播者利用这种单向关系，使受众接收并认同其传播内容。这种传播现象的参与要素和要素之间的组织关系是人们实践活动的产物，是在人的有目的的活动中形成的。拉斯韦尔无法决定或选择其呈现方式，他只是将人们的传播实践活动进行理论化，得出了5W传播模式这一概念。

就目前而言，有两种指导人们观念的传播模式。第一种是技术形态的传播模式。这种传播模式仅仅从技术角度定义不同的传播模式，不涉及政治意识形态特点。传播学者麦克卢汉以口头语言、印刷术和电子信息三种技术划分了传播模式，并认为随着技术的延伸，传播模式对人们脑海中的有关社会环境的观念的塑造会更全面和真实。这种技术的延伸会一直持续到人类身体也变成媒介的一种，而那时人们脑海中的社会观念不仅会包含口头语言带来的听觉、印刷术带来的视觉，也会包含触感、嗅觉等其他感受[95]17-35。第二种是社会形态的传播模式，也就是带有统治阶级意志的技术形态的传播模式。不同政治体制国家的传播模式是不一样的，其传播模式支配下的信息传播也呈现出不同的立场和态度。究其根本，是因为西方国家和中国不同的政治体制和经济基础支配下相异的传播模式造成的。

传播模式具备客观性，人们要深刻理解和正确把握传播模式对于信息传播的支配作用，充分发挥自身的主观能动性，利用传播模式的特性提升主流意识形态的传播力、引导力、影响力和公信力。作为社会存在的组成要素的传播模式，本身是客观存在的。传播模式既能产生促进社会发展的信息传播活动，也会滋生阻碍人民团结、社会稳定的谣言蔓延态势。对于我们来说，深刻认识并正确把握当前传播模式的现实表征和对信息传播的指导规律，是有效应对不良社会思潮传播导致的多元思想意识动摇主流意识形态安全的必由之路。

2.3.2 社会意识的反作用依赖于传播模式

依据唯物史观，社会意识对社会存在具有能动的反作用，是社会意识相对独立性的突出表现。社会意识的反作用由两部分组成：社会意识对社会存在的客观反映是产生反作用的前提条件；社会意识在一定条件下转化为物质能量，从而反作用于社会存在是其反作用的现实表现。传播模式是关于给谁传播、怎样传播、传播什么的机制范式，具有描绘传播活动的组织形式，反映媒介发展水平，反映信息传播规律，深度介入并影响社会意识的反作用。传播模式特征和功能的不同影响着社会意识反作用的效能和水平，而处于不同政治意识形态下的传播模式对社会进步的影响不同。因此，若要使社会意识起到推动社会发展的积极反作用，就要使支配社会意识的传播模式符合政治意识形态的要求，并且与当前社会的主流意识形态同频共振。

社会意识的反作用依赖于一定的传播模式。社会意识通过传播掌握群众，传播模式不同，掌握群众的效果就不同。社会意识实际掌握群众的深度和广度决定社会意识发挥作用程度的大小。社会意识由社会心理和思想理论两部分组成。若想利用抽象的社会心理掌握群众并作用于现实的社会存在，必须使处于零散心理状态的群众意识到彼此并聚合起来，这个效果需要借助以人际交往和以媒介散播为方式的传播模式。利用理论性的思想体系掌握群众的途径就是通过知识分子对其进行大众化解读，并借助大众传播媒介传递给广大群众，支配他们的行为，继而对社会存在产生影响。

社会意识借助传播模式转化为物质力量并作用于社会存在。社会意识会转化为物质力量并能动地反作用于社会存在，这种能动的反作用必须通过以人民群众为主体的社会实践来实现，而现实社会中人们实践活动的展开需要传播模式的参与。因此，传播模式作为社会意识向物质力量转化过程中的中介环节支配着社会意识的反作用过程。社会意识将生产关系中体现的利益要求内化为人的思想、情感、意志，以支配人的行为，从而推动生产关系和社会关系的变动，以实现对社会存在的影响。

传播模式制约社会意识反作用的展开。作为社会存在，传播模式的特点和水平决定着社会意识反作用的效能和水平。传播模式不同，掌握群众的效果就不同，高级模式的掌握能力要高于低级模式的掌握能力。模式不同，其中要素的内涵和要素之间的组织方式就不一样，因此产生的模式的功能和效果就不一样。对于传播模式而言，传播方式和传播过程影响着传播的社会功能和效果。评价社会意识反作用的水平要基于传播模式，因为如果没有传播模式，就不存在传播的方式和过程。传统媒介下的传播模式和移动媒介下的传播模式所产生的社会效能的不一样决定了其支配社会意识反作用程度的不一样。在广播电视、报纸杂志鼎盛时期的传播模式下，主流意识形态影响群众只能通过单一的“灌输”模式，这种模式对提高主流意识形态传播效果有两种制约作用。第一，广播电视媒介较高的接触门槛和报纸杂志媒介较高的文化门槛制约了主流意识形态的影响范围；第二，单向化的灌输使主流媒体无法了解群众的反馈，无法调整传播策略。在移动互联网时期的传播模式下，随着信息基础设施的普及和县级融媒体建设的发展，县级融媒体发挥信息中转优势，使主流意识形态宣传打通了“最后一公里”[96]。网络媒介的开放性和互动性使主流媒体能够及时优化传播内容，贴近民生热点。因此，移动互联网时代的主流媒体在传播过程全面和传播方式灵活度上的优势，使其能够更好地在建设中国特色社会主义中发挥作用。

传播模式的政治意识形态性质决定其对社会进步的影响。任何传播模式都是技术形态和政治意识形态的统一，即没有脱离政治意识形态的纯技术形态的传播模式。传播模式通过影响社会意识，继而对社会的发展也产生一定的影响，这种影响的程度大小和作用深浅，是由传播模式与当前社会的主流意识形态的契合度所决定的。与主流意识形态相契合，并与当前社会政治意识形态相符的传播模式，对社会发展起积极作用，能够在社会发展进程中发挥其正向作用；偏离主流意识形态的要求，并与当前社会政治意识形态不符的传播模式，对社会发展起消极作用，无法在社会发展进程中发挥正向作用。大工业下生产集中所带来产品运输量的增加对交通工具提出的需求，一定建立在运输方与收货方之间关于运货量的信息交换之上。社会意识适应并反映社会需要的过程是在传播模式中实现的。社会需要首先催生了对现代传播媒介的使用和推广[97]13，比如，电报的普及是为了减少由于天气突变引起邮递受阻而可能导致的经济损失。社会需要的变化使人类的组织方式发生变化，人类与外部世界进行信息交换的方式也随之变化，导致新思想的出现和文明的演化。

若要促进社会意识对社会存在产生正向作用，传播模式的政治意识形态就要与主流社会意识相统一，也要与主导生产方式的政治信息相统一。在市场经济社会里，计划经济观念是旧社会意识，与作为社会存在的市场竞争并不适应；同样，一般的市场经济观念不适应作为社会存在的中国特色社会主义市场经济；只有反映了社会主义市场经济的社会意识才适应作为社会存在的具有中国特色的社会主义市场经济。在生产关系形成的过程中，需要三种信息的参与：第一种是生产技术信息，也就是有关如何生产的信息，比如机器操作方法；第二种是社会经济信息，即涉及生产过程中除劳动力因素之外的其他生产要素如何分配的信息，比如生产成本如何分配；第三种是政治信息，即维持当前分配原则的观念性信息，常表现为意识形态，具有政治性和权威性。如果从信息传播的角度来看，生产关系的形成依赖于政治信息支配下的，以社会经济信息传播为基础的生产技术信息传播。生产方式是生产力和生产关系的统一体。因此，不同生产方式中所存在的信息传播的性质和特点均不相同。

生产方式受政治信息传播制约。在特定政治信息传播环境下，特定意识形态下的生产方式与其他意识形态下的生产方式不同。如果要达到社会主义生产方式下的生产力最大值，可以传播并借鉴资本主义国家相关的经验，比如科学管理手段等。但是这种信息的传播必须要建立在维护社会主义意识形态安全的基础上，不能传播反映资本主义生产关系的信息，不能让资本主义生产关系主导社会主义生产方式，也不能建立基于资本主义生产方式的传播模式，因为反映资本主义生产关系的信息和基于资本主义生产方式的传播模式所依赖的是资本主义意识形态。传播模式要建立在维护意识形态安全的基础上，这符合马克思主义唯物史观中物质生产方式对社会意识具有制约作用的观点，同时也是当前治理与规范信息传播的理论根源。

2.4 传播模式与社会存在及社会意识辩证互动的关系

传播模式是社会存在与社会意识辩证互动的实现条件：任何文化的形成以及文化对社会的影响都要经由社会互动来实现，传播模式体现着微观上个体之间的互动水平、中观上社会组织方式的水平、宏观上社会生产力的水平。传播模式的不同体现社会存在与社会意识辩证互动的水平与状态。传播模式的水平会促进、限制和形塑社会存在与社会意识辩证互动的水平和状态。

2.4.1 特定传播模式反映特定物质生产力的水平

在宏观方面，传播模式的演化与社会生产力发展水平是相互适应的。作为社会存在的一个重要层面，传播模式的不同表现形态受到当时社会生产力发展水平和社会状况这两者的制约。

生产力是人类凭借和应用生产资料作用于劳动对象时发生的生产物质资料的能力，它由生产资料、劳动对象和劳动者三个要素构成。生产资料就是生产工具。新的生产工具的发明，新的生产资料系统的形成，也就预示着新的生产力的出现。生产力的进化会导致分工的出现，特定程度的分工会导致人与人之间出现特定形式的交互，从而孵化出不同的传播模式。例如，在生产力低下的原始社会，生产规模局限于部落或氏族内部，各个部落与氏族之间相互隔离，生活必需品基本从自然界获取。因此，人与人之间缺乏社会联系，只需要在安全受到威胁时相互预警，传播模式简单而低级。在封建社会的手工工场中，生产过程被分成若干环节，每个工人只进行其中某个工序的操作，工人之间形成了分工协作。那么，熟练工完成工作需要相互之间交换关于工作流程的信息，新工人若要参与生产，也需要向熟练工请教如何使用工具。这个过程中出现了比原始社会更加复杂的传播模式，这个模式是由能够带来社会分工的生产力水平决定的。在机器大生产阶段，随着生产力水平的提高，生产规模逐步扩大，生产流程变得复杂，企业内的工人和车间成为相互联系的整体，企业内的每一个部门都会和社会上其他生产部门发生关涉不同主题的联系。因此，机器大生产阶段的传播模式是工厂内的工人之间、工厂内外的劳动者之间围绕能够延续和扩大生产力的信息产生交互的机制范式，是比前两个传播模式更为复杂、功能更多、影响更广泛的社会存在。

传播模式体现着参与传播的各要素之间的空间关系、各要素相互作用的展开过程以及生产力水平对于要素组织方式的规定。传播模式会随着社会变迁而不断演进，不同的社会阶段会有不同的传播模式。不同的社会阶段中的社会存在也是在当时传播模式所支配的传播过程中产生的。所以，对于一个特定社会阶段来说，传播模式作为社会存在的重要层面，也受到生产方式的制约。社会生产力的发展推动着传播模式产生相应的变化以适应媒介形态的发展，传播模式的演进反过来也形塑了新的生产方式。

2.4.2 特定传播模式反映特定社会关系的状态

在中观方面，传播模式的表现形式与当时社会关系的状态是相协调的，是对特定社会形态中社会组织方式的客观反映。社会关系是对人与人之间产生联系的性质和程度的规定，社会关系影响着社会组织方式的形成。传播模式是对社会组织方式中表现出的人与人之间的社会关系进行提炼与整合,从而形成的一套特定的机制范式,与特定社会生产力相匹配,适应特定社会形态。

资本主义社会是一个以私有制为基础的社会形态,其社会组织方式是围绕生产资料私有制形成和发挥作用的。在资本主义社会中,存在掌握生产资料的资产阶级和为获取生活资料而出卖劳动力的无产阶级,这两个阶级之间存在剥削与被剥削的社会关系。资产阶级为了维持这种社会关系,会向无产阶级宣扬所谓"人权""个性解放""自由、平等、博爱"等观念,利己主义和金钱万能的意识,以及按照资产阶级面目改造过的宗教等。一些无产阶级会与资产阶级之间形成良性的社会关系,以维持资本主义制度的稳定,如从蓝领工人成为白领工人,从普通工人成为工会领袖从而进入上层社会。传播模式在这个过程中是与资本主义制度和意识形态同向而行的。也有无产阶级运用传播模式动员工人与资产阶级进行斗争,比如二战之后资本主义国家不断出现的罢工运动。那么,罢工运动中的传播模式是与资本主义制度和意识形态背道而驰的,是支持工人夺取生产资料所有权,推动社会形态向共产主义发展的社会存在。因此,特定传播模式反映特定社会关系的状态。

2.4.3 特定传播模式反映特定交往活动的形式

在微观方面,传播模式的不同反映了个体之间互动方式的不同,也就是人类交往形式的不同。不同的媒介形态会产生不同的传播模式,新的传播模式的诞生是因为旧媒介形态下的传播模式不能适应新媒介形态。在新媒介形态下,人们会有新的媒介使用方式和媒介使用目的,从而会产生新的传播模式。"在后来时代(与在先前时代相反)被看作是偶然的东西,也就是在先前时代传给后来时代的各种因素中被看作是偶然的东西,是曾经与生产力发展的一定水平相适应的交往形式"[37]575,马克思把传播看作交往的一种形式。这里指出的交往方式是传播模式的一种表现,即传播模式是依赖于特定生产方式的。在原始社会,人类靠手语和独特的部落语言进行交往,交往的内容基本是对真实世界的重现,也就是有关人类生存环境的信息。这是对地理限制下人与人之间依靠身体语言传播生存信息的面对面的人际交流模式的反映。随着文明的演进和技术的发展，电子媒介的出现意味着人类的交往实现了对时空的延伸，交往从面对面形式进化为以电子媒介为中介的形式。

语言媒介下的传播模式和电子媒介下的传播模式肯定不一样。关于这一点，施拉姆提出了人际交流模式和大众传播模式，并说明了两种模式之间的不同。同时，在从单纯的人际交流模式到大众传播模式的转化中体现了以下两点：第一，人的社会关系从清晰的点对点关系演变为不明确关系；第二，大众模式中媒介组织的出现表示人与媒介之间产生了新的生产关系。在新的传播模式支配下出现的新的社会关系以及人与媒介之间新的生产关系的共同作用，使传播过程中出现新的生产方式，进而推动社会存在发生相应的变化。例如，在大众传播模式下，人们围绕电子媒介形成媒介组织，信息以媒介组织为中心和源头进行生产，进而向大众进行播放。在此过程中，媒介所有者掌握社会信息来源与内容，同时也控制大众对社会的认知和思想。因此，传播模式的状态和水平反映人类交往活动的不同形式。

2.5 以传播模式研究引导社会思潮的历史渊源与现实意义

社会思潮对社会发展的促进作用是可正可负的，衡量社会思潮是否促进社会发展，要看它是否符合社会需求和是否推动社会思想文化的活跃。因此，若要发挥社会思潮的正面效应，一方面，要对社会思潮的传播进行调节和治理，使其符合社会发展的需求；另一方面，要利用传播模式去发挥主流意识形态对社会思潮的引导作用。在特定的传播模式中，既能传播进步和正确的思潮，也能传播落后和错误的思潮。若要发挥主流意识形态在社会思潮传播中的引导作用，就要引入传播模式在主流意识形态传播中的作用规律，并准确把握传播模式的规律，促进网络社会治理科学有效开展，批判错误思潮，弘扬正确价值导向。本部分以中国共产党在意识形态工作方面的经验具体说明全面提升社会主义主流意识形态的传播效率和效果的前提是从传播模式出发，调控、引领、弘扬进步的、主流的社会思潮传播，使社会思潮的传播与主流意识形态和社会发展需求同向而行。

党的宣传思想工作的一个重要任务是在意识形态领域以马克思主义为指导，以促进经济社会发展、丰富人民群众精神文化需求、推动社会主义文化繁荣昌盛为目标，抵御错误社会思潮的蔓延和所造成的不良影响。因此，党的历届领导集体对于党的宣传思想工作都给予高度重视。多元社会思潮在新媒体环境中的传播给我国当前的意识形态安全造成了潜在风险，错误社会思潮传播带来的影响更会威胁到国家政治安全。错误社会思潮在传播中与主流意识形态争夺群众基础和话语阵地，其传播模式的形成和展开过程决定了错误社会思潮的传播效果与社会后果。因此，从传播的视角入手，分析当前社会思潮的传播规律，建构宣传主流意识形态和社会主义核心价值体系、阻逆和批判错误社会思潮的传播机制，是为新媒体环境下科学治理社会思潮传播乱象和有效批判错误社会思潮做好必要的理论准备。只有将对社会思潮的宏观引导原则和标准与新媒体环境下具体支配社会思潮传播的传播模式特点相结合，才能将对错误社会思潮的批判、治理与引导工作落到实处。因此，进行传播模式研究对于宣传思想工作和意识形态工作而言具有重要现实意义，利用信息传播模式提升主流意识形态传播力，维护主流意识形态主导地位，对多元思想进行有力引导，是马克思主义政党意识形态工作的一项重要任务。

2.5.1 揭示传播模式的社会阶级属性是马克思主义的基本原则

革命导师们虽然没有明确提及或论述“传播模式”这一概念，但是在他们宣传思想模式和巩固意识形态领导权的工作模式的论述中蕴含了关于传播模式的理念和思想。这是由于同信息传播模式一样，宣传思想模式与巩固意识形态领导权的工作模式都是由特定的社会经济状况和特定革命进程所决定的，并对社会主义建设发挥积极作用。马克思、恩格斯和列宁的理论贡献在于揭示了传播模式的社会阶级属性，并指出在这种属性下，如何利用传播模式进行意识形态工作。主流意识形态作为体现统治阶级价值理念、依靠统治阶级的政治权威对社会公众产生巨大影响力的社会主导性思想理论体系，也是社会意识形态的一种，其同样体现唯物史观中社会意识对社会存在的反作用。这种能动的反作用是通过主导社会信息传播而体现的。坚持马克思主义在意识形态领域的指导地位是国际共产主义运动的宝贵经验，体现信息传播过程的传播模式作为社会存在的重要构成因素，也受到历代革命导师的重视。在共产主义运动的早期阶段，马克思、恩格斯和列宁虽然并未提出过传播模式的概念，但是都对新闻信息传播的过程、特点和对人类社会发展的重要性予以高度重视，并对坚持统治阶级意识形态对新闻信息传播的领导权等问题作出过重要论述。他们的论述为当前中国共产党利用好新媒体环境下的传播模式，引领社会思潮传播和提升主流意识形态传播力提供了重要理论依据和实践遵循。

按照意识形态生成、运演的轨迹，马克思和恩格斯认为，意识形态是维护某一阶级利益诉求的思想体系，体现该阶级的价值观念和实践特征，世界上不存在超阶级的意识形态。有学者对马克思和恩格斯的理论分析后指出，意识形态是人们对社会经济、政治生活的一种自反应机制，这种机制表现为，在社会资源配置和阶级划分下，处于不同社会地位、拥有不同权利和以不同方式维持自身生活的人们，对自身所处境遇的感知与反应[98]。在资本主义社会中，资本家压榨无产阶级，无产阶级通过劳动实现自身的再生产，其再生产价值又被资本家所剥削。在这样的社会存在下，作为统治阶级的资本家必然会用一些虚假观念如自由平等掩盖其剥削本质，以实现其无偿占有其他阶级劳动成果，实现用资本主义意识形态掌握无产阶级群众的目的，并巩固其统治。

列宁在阶级性基础上提出如何利用阶级属性指导意识形态工作。在认识到意识形态的阶级性后，列宁提出要建立属于无产阶级的意识形态，以无产阶级意识形态指导无产阶级的革命运动，并提出了无产阶级意识形态教育的“灌输观”，详细指出要由知识水平、文化素质比较高的人将马克思主义理论向工人阶级进行灌输。在灌输的方法上，列宁立足于实践观点，强调要在社会实践中检验理论的科学性，发挥其对于社会实践所应具备的指导作用。

马克思主义揭示传播模式社会阶级属性的原则启示笔者要重视传播模式的阶级属性：第一，要深刻认识当前中国社会中传播模式与社会发展需求之间的相互适应性；第二，要明确不同政治体制的国家有不同的传播模式，绝不能将西方国家的传播模式套用在我国的信息传播活动和意识形态工作中;第三,作为社会主义国家,在意识形态工作方面一定要牢牢坚持中国共产党的领导和马克思主义在主流意识形态方面的话语权。

2.5.2 高度重视传播模式的意识形态建设是党的历史经验

在马克思主义意识形态理论的指导下,中国共产党人在建设中国特色社会主义的道路上,结合中国国情和发展需要,继承与发展了早期革命导师关于意识形态工作重要性的观点,形成了一系列用来指导我国信息传播、精神交往的意识形态建设理论,将传播模式的技术形态和政治形态很好地结合在一起,突出政治引领。从中国无产阶级革命历程来看,重视传播模式、改进传播方式和过程、强化意识形态要求是中国共产党人意识形态宣传的重要特点和历史经验。

在中国共产党的百年奋斗历程中,共产党人积极探索意识形态建设宣传的新手段,以加强马克思主义的宣传教育、加强改进思想政治工作、进行社会主义精神文明建设和发展社会主义先进文化等多种途径改进传播方式和传播过程,使传播模式能够在意识形态工作方面发挥更大的积极作用。毛泽东同志十分重视党对意识形态工作的领导权问题,始终把宣传思想和舆论引导工作放在突出地位。毛泽东同志指出:"办好报纸,把报纸办得引人入胜,在报纸上正确地宣传党的方针政策,通过报纸加强党和群众的联系,这是党的工作中的一项不可小看的、有重大原则意义的问题。"[99]189 毛泽东同志通过拓展范围和吸纳新力量改进传播方式和过程,实现马克思主义的中国化和大众化。在拓展范围方面,毛泽东同志在全党范围内,积极开展正面教育,在工人阶级和农民阶级中大力传播马克思主义和新民主主义革命理论,从而建立了领导革命胜利的工农联盟。在吸纳社会力量方面,毛泽东同志在社会主义建设时期提出了关于正确对待知识分子以及培养和造就社会主义事业接班人的思想。

在改革开放后,中国社会面临着经济体制改革过程中人们思想动摇的问题。以邓小平同志为核心的中国共产党中央领导集体,通过解放思想、与错误思想相斗争和建设精神文明三方面改进传播方式和传播过程。邓小平同志在改革开放初期就强调:"解放思想是当前的一个重大政治问题”[100]141，并且在面临很多改革难题时，邓小平同志再次强调：“我们一定要把思想政治工作放在非常重要的地位，切实认真做好，不能放松。”此外，他还将加强精神文明建设作为实现社会意识反作用的重要途径。“所谓精神文明，不但是指教育、科学、文化（这是完全必要的），而且是指共产主义的思想、理想、信念、道德、纪律，革命的立场和原则，人与人的同志式关系，等等。”[100]367这不但强调了精神文明的重要性，而且确定了其基本内容，并先后将其写进宪法、党章，向更为精细化或者更有针对性的方向拓新。邓小平同志认为，建设社会主义精神文明，是维护各项事业的社会主义性质的保障、抵制西方腐朽思想的手段以及维护我国社会主义政治经济制度安全稳定的意识形态保障，是发展社会主义物质文明的思想基础。此外，面对执政期间的思想动荡，邓小平同志坚持旗帜鲜明地对资产阶级自由化思潮展开批判，组织中宣部等部门编写了《六个“为什么”——对几个重大问题的回答》等理论读本，帮助干部群众澄清对一些重大问题的认识，自觉抵制错误思想的侵蚀，更好地统一思想、凝聚力量[101]。邓小平同志还从加强正面宣传的角度提出如何在群众中传播真理、推动工作。邓小平同志强调：“要大力宣传社会主义的优越性，宣传马克思列宁主义、毛泽东思想的正确性，宣传党的领导、党和群众团结一致的威力，宣传社会主义中国的巨大成就和无限前途，宣传为社会主义中国的前途而奋斗是当代青年的最崇高的使命和荣誉。”[102]28

以江泽民同志为核心的中国共产党中央领导集体，从战略高度指出意识形态工作的重要性，并从建设内容和建设路径方面丰富和拓展了党的意识形态工作。在建设内容方面，江泽民同志坚持发挥意识的能动反作用。在面对一系列关系我国主权和安全的国际事件中，面对思想文化领域可能出现的动荡，坚持推进马克思主义的理论创新，以“三个代表”重要思想团结全党，推进中国社会主义意识形态建设工作，使意识形态工作在促进生产力发展、促进先进文化建设和满足最广大人民根本利益方面发挥积极作用。在建设路径方面，江泽民同志提出以文化建设和理论学习拓展意识形态建设。1997年江泽民同志首次提出“中国特色社会主义文化”概念，提出要建设社会主义先进文化。针对思想多元化的危险矛头，江泽民同志指出要坚持和巩固马克思主义在我国思想政治工作中的指导地位，以爱国主义、集体主义和社会主义教育武装全党等具体策略。江泽民同志要求，新闻宣传工作要“弘扬爱国主义、集体主义、社会主义的主旋律”[103]565。

以胡锦涛同志为核心的中国共产党中央领导集体将社会主义文化建设看作意识形态引领社会思潮传播活动的重要抓手。在党的十六届六中全会上，全面分析了当前的形势和任务，提出新世纪新阶段，中国共产党要带领人民抓住机遇、应对挑战，把中国特色社会主义伟大事业推向前进，必须以经济建设为中心，把构建社会主义和谐社会摆在更加突出的地位。党的十七大报告指出了意识形态工作引领思想的程度和方式，即“积极探索用社会主义核心价值体系引领社会思潮的有效途径，主动做好意识形态工作，既尊重差异，包容多样，又有力抵制各种错误和腐朽思想的影响”[104]40。同时，胡锦涛同志还强调了切实提高意识形态宣传工作有效性对于大力开展思想道德建设、社会主义文化建设，准确把握舆论导向，弘扬社会主义主旋律等方面的重要作用。此外，在建设中国特色社会主义的基础上，进一步指明我党意识形态建设的前进方向。

中国共产党人在革命、建设和改革开放实践中积攒的历史经验给笔者以下启示：第一，要注重先进文化的大众化工作，提高科学理论和主流价值观的吸引力；第二，要团结外部力量，对其进行理论教育，使其发挥积极作用；第三，对于思想文化领域的“异端”思想和现象，要及时给予旗帜鲜明的批判。

2.5.3 关于新媒体传播规律的论述对研究新媒体传播模式的意义

随着互联网在媒体领域的深度嵌入，国际国内、虚拟现实之间的界限日渐消弭，社会舆论的引导与治理难度日益增加。互联网技术下的互动式传播、分享式传播、爆发式传播、病毒式传播不仅影响人们的思维方式和价值观念，也日益强化信息传播的社会动员能力。同时，新媒体的迅猛发展挑战着传统的宣传方式，多样化社会思潮冲击着意识形态安全。各类非主流社会思潮不断冲击社会主流观点和信仰体系，一些反马克思主义、反社会主义思潮以网络舆论隐藏其错误理论核心，抢夺党传播时代思想的阵地，思想领域的斗争形势日益严峻复杂。因此，党的十八大以来，以习近平同志为核心的党中央高度重视意识形态工作、宣传思想工作和网信工作，就这些工作的一系列问题阐明立场，形成了习近平关于意识形态工作、宣传思想工作以及网信工作的一系列重要论述。一方面，这些论述是新媒体环境下引领社会思潮发展、批判错误社会思潮所应遵循的政治原则与行动指南。另一方面，以正面宣传统一思想、凝聚力量，以马克思列宁主义、毛泽东思想、邓小平理论、“三个代表”重要思想、科学发展观和习近平新时代中国特色社会主义思想为指导思想，以社会主义核心价值体系有效引导各类社会思潮在思想领域的统一发展，也是进一步落实习近平同志关于打赢网络意识形态领域斗争重要论述的根本要求。面对网络意识形态领域日益严峻的斗争形势，是否符合马克思主义和社会主义的根本要求、是否推动社会全面进步和促进人的全面自由发展、是否满足绝大多数人的精神文化需求，应当成为判别多样化社会思潮性质的价值准则。

在新媒体环境下，科学有效治理社会思潮传播乱象、引导批判错误社会思潮首先要坚持马克思主义在意识形态领域指导地位的根本原则；其次要深化规律认识，以客观规律指导传播方式创新与改进，通过调动基层媒体和基层群众在正面宣传中的积极性，设计灵活适应不同传播情境的正面宣传工作方式，以马克思主义与中国实践相结合、新时代中国特色社会主义与传统文化相结合、人类先进文化与中国经验相结合的方式实现中国特色社会主义文化，尤其是网络文化的繁荣发展；最后要坚持系统性思维和一体化发展理念在引导社会思潮具体工作中的紧密结合。

习近平同志关于意识形态工作、宣传思想工作和网信工作的论述体现了其在优化与改善网络思想领域工作中对于理解和把握新媒体传播规律的重视。习近平同志高度重视网络时代下的意识形态工作。在围绕新时代网信工作和新闻舆论工作所发表的一系列重要论述中，习近平同志阐释了重视、发展、治理互联网对于中国打赢网络意识形态领域斗争的重要性。习近平同志指出：“互联网是当前宣传思想工作的主阵地。这个阵地我们不去占领，人家就会去占领；这部分人我们不去团结，人家就会去拉拢。”[59]65 习近平同志围绕意识形态工作、宣传思想工作以及网信工作发表的一系列重要论述体现了把握传播模式的思想。习近平反复强调“规律”对于工作开展的重要性。“必须科学认识网络传播规律，准确把握网上舆情生成演化机理，不断推进工作理念、方法手段、载体渠道、制度机制创新，提高用网治网水平，使互联网这个最大变量变成事业发展的最大增量。”[4]311 在指导意识形态工作时，习近平指出要“研究把握信息网络时代政治工作的特点和规律”[105]205-206；在指导宣传思想工作时，习近平指出要“提高对互联网规律的把握能力”[106]304；在指导新闻舆论工作时，习近平指出要“研究把握现代新闻传播规律和新兴媒体发展规律，强化互联网思维和一体化发展理念”[59]67。这里提到的规律就是网络发展的自身规律以及网络环境对各类工作的作用规律。网络日益成为维护意识形态安全、扩大宣传思想阵地以及推动网信事业发展的重要基础设施，深刻改变着以上工作发挥效能的方式、过程和结构。传播模式在新媒体环境中所表现出的独特内涵和现实表征体现了现代新闻传播规律和新兴媒体发展规律。

当前，正确应对网络空间中的社会思潮传播是打赢网络意识形态领域斗争的重要环节。掌控网络意识形态领域主导权、坚决打赢网络意识形态领域斗争和推动新时代网信事业发展是我国建设网络强国的必由之路。巩固马克思主义在意识形态领域的指导地位要通过宣传思想工作来进行，宣传思想工作的开展关键在于坚持正确的理想信念。在思想文化领域坚持正确的理想信念意味着要与错误社会思潮以及由社会思潮传播导致的迷惑性舆论作斗争。因此，从网络时代下信息传播和舆论演化的特点出发，对当下传播模式的构成和特征进行系统化、综合性的梳理归纳，并基于此勾勒社会思潮传播的现实图景，是落实习近平同志关于网络强国建设以及网络意识形态工作重要论述的基础；对新媒体环境下传播模式的研究为加快推进媒体融合、打造新型主流媒体、形成现代传播体系以及做好网上舆论工作、维护意识形态安全提供了必要理论保障。关于如何把握新媒体发展规律，习近平分别从传播方式、传播过程、传播主体结构以及系统综合性思维四个方面进行了深入阐述，指出了新媒体传播模式的研究维度。

第一，习近平同志有关媒体融合的论述体现了其重视传播方式在宣传思想工作中的作用。一方面，习近平十分重视实行线上线下融合的传播方式。习近平认为，过不了互联网这一关，就过不了长期执政这一关。网络空间应成为我党凝聚共识的新空间，宣传思想工作要把握态势，构筑网上网下同心圆，做大做强主流舆论，巩固全党全社会的共同思想基础[106]353-357。媒体融合成为构筑网上网下同心圆的必然之选。而加快推动媒体融合发展，打造一批具有强大影响力、竞争力的新型主流媒体，建立融合传播矩阵，打造融合产品则要求全面把握媒体融合发展的趋势和规律。另一方面，习近平十分重视针对不同群体的传播方式创新，以青少年群体为例，习近平指出："要建设好青少年聚集的网络平台，创作更多青少年喜爱的网络文化产品，把要讲的道理、情理、事实用青少年易于接受的语言和方式呈现出来。要把网上舆论引导和网下思想工作结合起来，既会'键对键'、又能'面对面'，团结带动更多青少年与党同心、与党同行。"[59]78 这里，习近平就针对青少年的传播方式创新提出了具体要求，不仅体现了习近平对于优化改善传播方式的重视，更体现了习近平认为传播方式应该随着受众性质的不同而呈现出不同的样态。此外，在提到利用手机应用软件创新传播方式时，习近平还强调："关键是要真正发挥作用，把'线上'和'线下'、'键对键'和'面对面'结合起来，增强联系服务青年的实效性。"[59]79 这里习近平同志重点指出传播方式的改进要以切实满足受众需求为出发点。

除此之外，在传播方式的维度方面，习近平同志多次强调要加强传播手段和话语方式的创新，通过两者的相辅相成营造清朗的网络空间。"坚持正确舆论导向，高度重视传播手段建设和创新，提高新闻舆论传播力、引导力、影响力、公信力。加强互联网内容建设，建立网络综合治理体系，营造清朗的网络空间。"[106]11 习近平在 2018 年全国网络安全和信息化工作会议上的重要讲话中提出"要推进网上宣传理念、内容、形式、方法、手段等创新"，认为"网络传播有分众化、差异化的特点，做好网上正面宣传，不能搞广谱使用、大水漫灌那一套，不能'一招鲜，吃遍天'，靠一个腔调、一种风格包打天下"。习近平对于传播手段的创新作出了进一步指示，指出："建设好自己的移动传播平台，管好用好商业化、社会化的互联网平台。"[106]355 在指导新冠肺炎疫情防控宣传教育和舆论引导工作时，指出要"多层次、高密度发布权威信息”，并且要“强化融合传播和交流互动”[106]417。对于话语方式的创新，习近平强调：“要针对各类群体网上阅读习惯和接受心理，注重个性化处理，善于化整为零”，“要增强议题设置能力”，“要贴近网民，善于运用网言网语”，“要重视技术创新，在可视化呈现、互动化传播上做文章，用网民喜闻乐见的方式，使正面宣传的用户规模不断扩大、用户黏性不断增强”[59]75-77。

第二，习近平同志关于要占领新传播格局下信息传播制高点的论述体现了重视传播过程对于做好正面宣传的积极作用。习近平认为网络空间是目前信息传播的制高点，也是错误思想与社会主义意识形态所争夺的重点话语空间。在习近平关于加强和改进正面宣传的相关论述中，他着重强调了要扩大宣传思想文化阵地。“互联网是当前宣传思想工作的主阵地。这个阵地我们不去占领，人家就会去占领；这部分人我们不去团结，人家就会去拉拢。”[59]65 习近平关于加强和改进正面宣传的论述实质上是要增加正面宣传和舆论引导在网络传播过程中的内容比重，这样既能挤占网络谣言的生存空间，也能驳斥错误言论，引导模糊认识，抵制错误思潮侵袭。同时，习近平也从操作层面给予了具体指导：“要抓紧做好顶层设计，打造新型传播平台，建成新型主流媒体，扩大主流价值影响力版图，让党的声音传得更开、传得更广、传得更深入。”[106]356 在这里，习近平同志强调要以正面宣传和真实信息抢占传播话语权、争夺传播主阵地，这样才能科学有效地开展舆论斗争，帮助干部群众划清是非界限、澄清模糊认知，以掌握信息传播过程的主动权，打赢网络意识形态领域斗争。“准确、权威的信息不及时传播，虚假、歪曲的信息就会搞乱人心；积极、正确的思想舆论不发展壮大，消极、错误的言论观点就会肆虐泛滥。这方面，主流媒体守土有责，更要守土尽责，及时提供更多真实客观、观点鲜明的信息内容，牢牢掌握舆论场主动权和主导权。主流媒体要敢于引导、善于引导，原则问题要旗帜鲜明、立场坚定，一点都不能含糊。”[106]357 此外，习近平同志关于构建网上网下同心圆以及加强和改进正面宣传的相关论述体现了对于建构上下连接、立体交错的传播过程的重视。上下连接是指网上和网下之间的连接，具体而言就是构建网上网下同心圆；立体交错是指深化媒体融合，加快建设全媒体传播体系和打造新型主流媒体。借助数字媒介打破传播过程中的时间局限和空间局限，就能更好地提升正面宣传在意识形态建设中的功效。

对于县级融媒体发展的重视，更是体现了习近平同志对于打通意识形态宣传的传播全过程的重视。习近平在2018年的全国宣传思想工作会议上指出，要扎实抓好县级融媒体中心建设，更好引导群众、服务群众[4]313。县级融媒体中心的建设，被视为推动媒体融合向纵深发展的基础环节[107]。过去，在没有县级融媒体中心的情况下，县级基层网民的需求难以到达管理部门；并且由于缺少及时有效的宣介，网民对党中央政策方针的理解不到位，给虚假信息和网络谣言以可乘之机。相比分散的县级电视台、报纸、广播等媒体，县级融媒体中心的在地性优势和高效资源整合能力，能够让我国最基层网民切实享受到互联网技术发展成果以及必要的信息服务，能够使地方党委、政府了解民情民意并贴近群众，还能够遏制网络谣言、虚假信息在基层网民中的传播，营造积极健康的基层网络生态。县级融媒体中心的建设，不仅有利于建设与中央级、省级、市级媒体资源协同高效运转的全媒体传播体系，更能够助力党中央的政策方针顺利落地，成为地方党委、政府和基层民众之间的联系纽带，可完善我党新闻舆论工作中正面宣传和基层社会治理中政策宣介的传播过程。

第三，习近平同志多次强调在网络传播环境下，要丰富传播主体结构和传播内容结构。在丰富传播主体结构方面①，习近平认为要将目前分散的力量集中于网络，以发挥这批力量在正面宣传和维护意识形态安全方面的正向作用。习近平在2015年中央统战工作会议上指出，要在互联网中培养一支“党外人士队伍”，具体而言就是要团结“包括新媒体从业人员和网络‘意见领袖’在内的网络人士”，通过与这些人建立经常性联系渠道，加强线上互动、线下沟通，邀请他们参与议政建言活动，将这部分人中的代表性人士纳入统战工作视野中。此外，习近平在2015年党的群团工作会议上也指出要团结“自由职业者、网络意见领袖、网络作家、签约作家、自由撰稿人、独立演员歌手、流浪艺人等种类繁多的新兴群体”[59]66，认为将这部分人的工

---

① 此部分习近平同志的论述是对以下内容的综合归纳：中共中央党史和文献研究院. 习近平关于网络强国论述摘编[M]. 北京：中央文献出版社，2021：65－66.

作做好了，就可以使其在社会发展中发挥正能量。习近平同志还分外重视统筹中央、地方、机构和社交网络平台等多种参与主体在网络传播中的参与程度，提出要“形成资源集约、结构合理、差异发展、协同高效的全媒体传播体系”[106]355-356。习近平认为要丰富和优化网络治理主体的结构。在2018年全国网络安全和信息化工作会议上，习近平指出要“形成党委领导、政府管理、企业履责、社会监督、网民自律等多主体参与，经济、法律、技术等多种手段相结合的综合治网格局”[4]305-306，同时，他也强调了在压实互联网企业在网络治理中的主体责任的同时，要加强行业自律，动员包括网民在内的各方面力量参与治理[59]56-57。在丰富传播内容结构方面，要使马克思主义与中国实践相结合、使新时代中国特色社会主义与传统文化相结合、使人类先进文化与中国经验相结合。具体而言，在指导如何进行正面宣传时，习近平在强调巩固马克思主义在意识形态领域的指导地位的同时，也指出“用新时代中国特色社会主义思想和党的十九大精神团结、凝聚亿万网民”[106]301。2017年9月29日，习近平同志在中共中央政治局第四十三次集体学习时发表重要讲话，强调要深刻认识马克思主义的时代意义和现实意义，并指出要继续推进马克思主义中国化时代化大众化的工作。习近平强调“要坚持中国特色社会主义文化发展道路，推动中华优秀传统文化创造性转化、创新性发展”[106]339，就是要求将新时代中国特色社会主义与传统文化相结合，摒弃消极因素，继承积极思想。2014年3月27日，在联合国教科文组织总部的演讲中，习近平强调了中华文明在实现中国梦中的重要作用。2014年10月15日，在文艺工作座谈会上指导文艺工作和国际传播时①，习近平同志强调要在认真学习借鉴世界各国人民创造的优秀文艺的基础上繁荣社会主义文艺，要以对中国特色社会主义的宣传加深国际社会对中国道路的正确认识，提高中国故事的传播力。这些论述体现了不论在国内传播，还是在国际传播上，习近平同志都十分重视中国经验与先进文化在传播内容上的结合。

---

① 此部分习近平同志的论述是对以下内容的综合归纳：《论党的宣传思想工作》中所收录的《在文艺工作座谈会上的讲话》(2014年10月15日)，以及中共十八届四中全会第二次全体会议上讲话的一部分《把中国故事讲得愈来愈精彩，让中国声音愈来愈洪亮》(2014年10月23日)。

第四，习近平同志有关建设网络强国的重要论述体现了系统性思维和一体化发展理念的紧密结合，对如何利用互联网提高治国理政的能力和水平、如何在网络环境中凝聚共识提出了新要求。这与传播模式中强调的协同综合性思维是相互贯通的。传播模式作为社会存在的组成要素，本身是一个复杂系统。要使传播模式发挥促进主流意识形态传播的正向作用，需要把握传播模式中各要素的系统性、协同性和整体性。习近平在指导传播工作时分外强调工作中的系统性思维。以媒体融合为例，习近平在指导相关工作时强调了不同工作层级之间的协调配合："各级党委和政府要从政策、资金、人才等方面加大对媒体融合发展的支持力度。各级宣传管理部门要改革创新管理机制，配套落实政策措施，推动媒体融合朝着正确方向发展。各级领导干部要增强同媒体打交道的能力，不断提高治国理政能力和水平。"[106]357-358同样，建设网络强国也需要协调统筹好网信事业这一复杂系统。习近平阐发有关建设网络强国的思想时十分重视各参与要素的齐头并进态势："建设网络强国，要有自己的技术，有过硬的技术；要有丰富全面的信息服务，繁荣发展的网络文化；要有良好的信息基础设施，形成实力雄厚的信息经济；要有高素质的网络安全和信息化人才队伍；要积极开展双边、多边的互联网国际交流合作。"[3]198在指导网络综合治理时，习近平指出"形成党委领导、政府管理、企业履责、社会监督、网民自律等多主体参与，经济、法律、技术等多种手段相结合的综合治网格局"[4]305-306。对于互联网环境下多主体参与的舆论生态，习近平在要求"压实互联网企业的主体责任"外，还强调"加强互联网行业自律，调动网民积极性，动员各方面力量参与治理"[4]305-306。这些论述都表明习近平认为做好网信工作、维护网络意识形态安全以及提高网络治理能力是需要协调各方要素协同配合的工作，因此需要将系统性思维和一体化发展理念紧密结合，使整体发挥出大于个体之和的功能。

习近平同志的这些重要论述不仅为意识形态工作、宣传思想工作以及网信工作提供了思想指引，也为笔者从社会存在的角度开展新媒体传播模式研究提供了理论遵循。习近平同志关于新媒体传播规律的论述一方面深刻揭示了认识和把握规律对于新时代网信工作和意识形态工作的重要性，另一方面也指出了新媒体传播规律与新媒体模式研究之间的关系。习近平同志从传播方式、传播过程、传播主体结构以及系统综合性思维四方面论述传播规律，也是传播模式基本内容和基本原则的体现。

3

新媒体传播模式的形成逻辑、基本特点及其作用效果

对社会思潮传播进行研究的目的，是在把握其传播规律的基础上治理社会思潮传播中出现的舆论乱象，从而实现对社会思潮的引领，维护主流意识形态安全。对社会思潮传播的治理需要以物质实践的方式推动现实社会问题的解决为前提，因为社会思潮不可能脱离现实社会问题而存在和传播。同样地，对社会思潮的引导也需要人经由交往扭转错误价值取向和模糊社会认知，而交往的形式和交往的内容是由物质关系所决定的。因此，如果从物质关系维度能够说明社会思潮如何在传播过程中呈现出与以往不一样的态势和特征，那么对其传播的治理方式和演化的引导方略的构建都会更加具有阐释力。在上一章，笔者论证了传播模式是社会存在的组成要素，那么，依据社会存在对社会意识的关系原理，不论是分析新媒体环境中社会思潮的整体传播态势，还是分析具体传播特征，都必须回归到对新媒体传播模式的考察中来，因为新媒体传播模式的存在特点和复杂性特征皆具备对社会思潮新媒体传播的支配性和解释性。在本章，笔者论证新媒体传播模式是传播模式演进的高级形态，系统阐述传播模式的基本构成及其演化逻辑，从历时性角度梳理不同传播模式的构成及功能，并分析新媒体传播模式具备的复杂性特征。在论述中，新媒体传播模式的形成逻辑体现了纵向集成性的特点，这个特点能够恰切说明当前社会思潮传播的多样化媒介环境。新媒体传播模式的复杂性特点与社会思潮新媒体传播状况中的主体多元化、传播路径立体化、网络化、圈层化以及传播内容隐蔽化的状况相吻合。在综合考量新媒体传播模式的复杂性特征和社会思潮传播状况的基础上，构建新媒体传播模式支配下的社会思潮传播矩阵，说明新媒体传播模式下不同类型社会思潮传播的演化规律，也就是新媒体传播模式对社会思潮传播的作用效果。因此，新媒体传播模式的客观物质性和社会思潮传播的支配性成为针对当前社会思潮传播的有效分析框架。

3.1 传播模式的基本构成及其演化逻辑

目前关于传播模式的研究主要围绕结构性和过程性展开。早期西方传播学者多聚焦于模式中的结构特点，如拉斯韦尔 5W 传播模式中的线性结构，施拉姆人际模式中的互动循环结构[7]13-19。随着传播学被引入中国以及信息技术的发展，中国学者偏重从传播过程中各要素表现形式的变化出发，兼论结构，探讨传播模式。何威基于受众角色转变的角度，提出区别于传统大众传播、人际传播的"网众传播"模式[108]；韦路等同样基于个体角色的变换，提出了信息传播的控制辩证模式[13]。有学者从信息传播方式的角度指出传播会从身体在场的面对面互动传播模式，回归技术介入"具身性在场"的互动传播模式[109][110]；有学者从信息流动的方向和方式角度剖析了微博的裂变式传播模型[111]；也有学者综合信息流动方向与受众角色变化，提出群体传播中信源不确定的网状传播模式[112]；还有学者从传播格局角度指出多种传播方式混合而成的多层级"个人门户"传播模式[113]。以上研究或者从传播结构出发，或者从传播过程出发，或者从传播方式出发，或者从某一角度出发兼容其他特征。以上研究对描述新媒体传播模式具有一定意义，但对于解释新媒体传播模式对社会思潮传播的支配作用而言，需要将三个维度相统一。

有学者从方式、结构和过程三个维度研究了社会模式，认为社会模式由方式、结构和过程三类基本维度构成。这三个维度的相关要素在社会模式中的整合关系体现了模式研究的系统性和整体性思维[114]133-135。该研究范式对于剖析传播模式自身以及在新媒体环境下的特征具有启发意义。传播是社会子系统之一，对其进行研究同样需要系统性和整体性的视角和思维。新媒体环境赋予大众参与传播的能动性，影响传播方式的表现形式，改变了原有的传播结构，使传播过程呈现不确定性，进而使产生、演化于传播模式之中的舆情出现新特征。因此，从传播方式、传播结构、传播过程三个要素之间相互作用与有机统一的角度研究传播模式，对新媒体传播模式的特征及其对舆情演化的影响具有较强的阐释力。

3.1.1　传播模式由传播方式、传播过程和传播结构构成

传播模式是关于信息传播的整体性概念，它是传播方式、传播过程与传播结构的有机统一体，离开任何一个要素，传播模式都无法存在。三个要素之间是相互依存、互为前提的关系。图 3－1 描述了由传播方式、传播过程与传播结构所形成的传播模式的整体统一性特征。

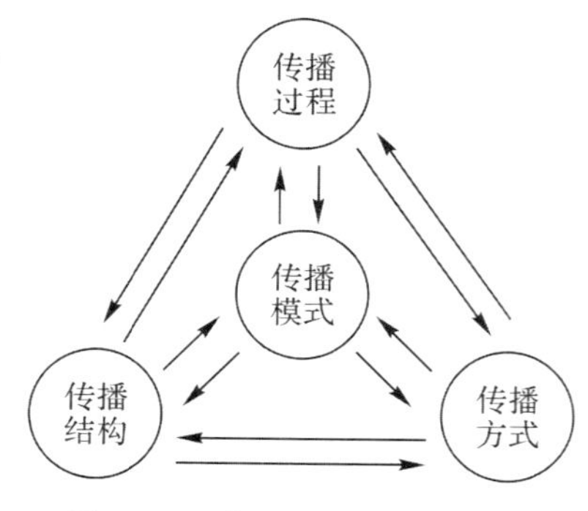

图 3-1 传播模式的基本构成

图 3-1 说明了理解传播模式的三个基本维度，即传播方式维度、传播结构维度和传播过程维度。这三个维度是三个相似但不同的维度，相似在于每一个维度中都包含了传播模式中的传播主客体、传播介质和传播内容，不同在于每个维度对传播模式的形成和功能发挥起着不同的作用。传播方式是基于传播介质所形成的传播主体与传播客体之间的传播关系及其传播路径。传播方式维度制约着传播模式的表现形态。在报纸、电视等技术媒介下，传播主体与客体之间呈单向关系，信息也呈单向传播，因此技术媒介所形成的是集中化的传播方式。由于缺乏从接收者到传播者的传播关系，该传播方式所支配的传播模式也是集约化的。传播结构是传播模式中要素之间的空间关系，即传播主客体、媒介、信息在传播环境中的相对位置，这是传播模式的存在基础，也是其他两个维度得以发挥作用的现实基础。例如，单向传播过程和中心化传播方式依赖于传播主客体、媒介、信息在传播环境中的线性结构。传播过程是指传播模式中各种要素相互作用而产生的信息流动过程，比如单向传播过程、双向传播过程和多向传播过程，不同的信息流动方向揭示着不同的传播效果。

传播方式、传播结构与传播过程的有机统一关系构成了传播模式。传播模式中传播方式、传播结构与传播过程之间的有机统一关系体现在，传播方式、传播结构与传播过程三者相互关联，任何一个维度的变化都会引起另外两个维度对传播模式作用机制的变化。

传播方式与传播结构之间具有相互联系、相互制约的特点。传播方式的特点受传播结构的特点的支配。传播结构通过建立传播现象中各要素之间的关系形式来支配传播方式的展开。如果传播结构是以人际双向互动为特点，那么传播方式就表现为自然语言传播方式，建立在这种结构与方式基础上的传播模式的范围就很小，效率就很低。同样，如果传播方式是以自然语言为主，那么其传播结构必然是人际传播的结构。

传播过程与传播方式相互依存。一定的传播过程必然呈现出一定的传播方式；同样，特定的传播方式也表现为特定的传播过程。以自然语言为主的传播方式，其传播过程表现为口口相传的互动特点，两者是相互适应的。

传播结构与传播过程也是相互支撑与相互适应的。不同的传播结构决定和影响着传播过程。如果是以自然语言传播为特征的人际传播结构，其传播过程的效率较低，传播范围有限，传播过程就表现为无数个节点连成的不规则曲线，信息在曲线两端点之间流动。

特定的传播方式、特定的传播结构与特定的传播过程，这三者之中的两两相互作用与相互适应构成特定的传播模式。其中一个方面的变化，都会引起其他两个方面的变化，三个方面发生相互适应性的变化才能引起传播模式的转化与变换。单纯的方式更替并不能直接带来新的传播模式，而是要通过改变信息流动方向和传播要素间的空间关系，促进新的传播过程和传播结构形成，进而改变传播模式的特征和功能，使新传播模式出现。传播过程的展开是受传播结构制约的，在传播过程的运行中，基于不同的介质会产生不同的传播方式，不同的传播方式决定着要素间的组合关系。这些不同的组合关系反过来也会改变传播过程，从而影响传播结构，进而推动传播模式的变更。

3.1.2　传播模式的演化逻辑

传播方式、传播过程与传播结构之间相互适应性的变换推动传播模式的转换。当传播方式、传播过程与传播结构产生新的变化且形成新传播模式时，新模式并未全部否定和抛弃旧的传播模式，而是将旧模式融入其中，使其成为新模式的一个因素，并发展出旧模式中传播方式、传播过程与传播结构无法产生的功能。因此，一个传播模式之所以是新一级的传播模式，是因为它具备了旧模式所不具备的特征及功能，同时又将旧模式的特征融入其中，从而超越了旧模式。

传播模式的升级转换过程具有传播方式、传播过程与传播结构联动以及螺旋上升的特点。第一，随着传播模式的不断演进，传播方式、传播过程与传播结构三者任何一个维度变量的变化都要求另外两个维度变量出现与之匹配的特征。传播方式的发展要求传播结构和传播过程也随之变化，传播过程的重组也要求传播方式和传播结构与之适应，新的传播结构亦要求传播方式和传播过程与之适应。第二，螺旋上升体现在传播模式的升级转换是新模式包含前一个模式的过程。任何新的传播模式都是在前一个传播模式的特征和功效的基础上发展而来的，并不会完全否定前一个传播模式，而是汲取了前一个传播模式的优点，或者继承前一个传播模式的基本功能，在前一个的基础上形成。围绕印刷品而出现的传播模式并没有否定和抛弃以自然语言为基础的传播模式，它继承了语言传播中基本的提供信息的功能，通过技术拓展了信息提供的范围，并且使原本不易保存的信息通过印刷品得以留存，从而强化了传播活动中提供社会信息的功能，并发展出教育大众、引导娱乐等功能。

3.2 新媒体传播模式的纵向集成性

新媒体传播模式是历史不断演进发展的结果，它是在以自然语言为介质的传播模式和以技术载体为介质的传播模式的基础上形成的。因此，新媒体传播模式天然具有纵向集成性的特征。纵向集成性体现在，随着人类社会的演进和媒介形态的变迁，新媒体传播模式在形态构成、传播效果和传播功能上对前两种传播模式既有继承，也有发展。这是由传播模式的演化进程所决定的，新媒体传播模式是传播形态演化的结果。因此，要研究新媒体条件下的传播模式中的传播特点和规律，必须了解传播模式的演化逻辑，了解其具有的更加复杂的特性。

3.2.1 以自然语言为介质的散点交流传播模式

在文字和大众传播媒介出现以前，传播模式表现为以言语、表情和动作等自然语言为主的“面对面”或“嘴对耳”的方式，传播者与接收者之间形成点点孤立的散点结构，在人与人之间产生双向信息交流过程。所谓“孤立”，是指该结构受到地理因素的限制，只能联结小范围的人群。此时的传播模式呈现出传播范围有限、信息双向流动、传播深度大和信息真实度高的效果特征，以及兼顾社会交际与环境监测的功能特征。

在基于自然语言介质的交流传播模式中，人作为“原子”，既是传播者，也是传播对象，与其他“原子”之间以固定的地缘关系、血缘关系和熟人关系为纽带，形成散点分布状态，只能采用面对面人际交往的方式进行小范围交流沟通。在这种传播方式下，传受双方可以立刻就刚刚所说内容进行讨论，信息的传播效果不受中间变量的影响，信息真实性不会发生扭曲和变形，信息传播在同一时间空间中具备准确、深入的效果。但是在面对面的传播方式下，依靠固定地缘空间关系的散点结构极大限制了传播的范围。并且，散点之间的连接方式的走向是由人的社会关系分布特征决定的，所以此时的传播模式的形成依赖于人的原始社会关系，且无法摆脱地理因素的限制。此时的传播模式只具备人与人之间基本的信息交流和社会交际功能，故而无法在全社会范围内形成公共意见和共同利益，社会结构呈现出分散抱团状态。

3.2.2 以技术载体为介质的“点—面”单向度输送传播模式

随着传播技术的演进，出现了以纸质出版物、广播、电视等技术载体，传播突破了物理距离的限制。传播模式表现为技术载体的所有者将文字、语音和图像符号隔空输送，在传播者和接收者之间形成包含散点结构的金字塔型的、单向度的“点—面”结构，并与社会公众之间产生广泛、单向的信息输送过程。社会主流观点从金字塔顶出发，由上而下一级一级地进行单向度的传播。与上一级相比，下一级是接收层级，这种传播模式呈现出传播范围广、单向等级化输送、传播深度逐级下降的效果特征，与上一个传播模式相比，传播行为的广泛影响力使得这种传播模式与社会系统之间的互动更加紧密。

和自然语言介质相比，技术载体的属性是使用门槛高、传播范围不受时空限制、参与社会系统的程度高。在这种介质影响下，信息传播方式不再局限于地缘空间关系，传播范围得以拓展，然而介质使用门槛的提高使普通个体不具备面向大众的传播能力。相比依靠语言为介质的时期，大众的表达空间被压缩，信息呈单向线性输送，传播效果的形成受到大众的心理因素、文化水平，以及媒介条件和舆情环境等多方面因素的限制。传播者与受众的地位天然不平等，媒介机构或组织因为掌握信息筛选和发布的权力而处于传播结构的顶端，由此形成等级化的“点—面”传播结构。此时，突破地缘限制的传播方式和“点—面”传播结构使传播由一项小范围交际活动变成覆盖广大社会成员的公共行为，媒介机构和组织通过向社会大众输送信息，能够形塑大众的社会认知，构建全社会的共享价值。至此，传播模式成为社会系统的重要组成因素，由此超越了之前简单的交流与交际功能，开始具备一系列政治、经济和社会功能。

3.2.3 以网络为介质的节点交互链接的新媒体传播模式

新媒体传播模式是一种以网络为介质的节点互动传播模式。具体而言，新媒体传播模式由以自我表达、信息交换、关系建立为导向的互动传播方式，单向、双向、多向的无序性信息传播过程，以及节点化的网民和媒介机构在互动中形成的交互链接的立体网状传播结构在新媒体环境中有机统一、共同构成。与前两个阶段相比，新媒体环境中的传播模式呈现出以网络为介质的节点交互链接的特征。此阶段传播模式既整合了前面两种模式的构成特点与功效特点，又具有传播介质变革所带来的新特征。

受众能动化和节点化是新媒体传播模式显著的特点，也是引起传播方式、传播过程和传播结构出现变化的根本原因。新媒体的赋权功能使传播客体转变为传播的参与主体，在社会互动权利和传播权力方面超越前两个传播模式，这是此阶段传播模式中出现新的效果特征与功能特征的根本原因。相比自然语言介质和技术载体介质，互联网的开放性使每一个接入网络空间的人都能够生产和传播信息，原本的传播客体开始具备传播的自主性与能动性，成为传播网络中控制信息流动的节点。人们借助互联网能够进行自我表达和关系建立这类体现并强化受众能动性的行为，信息的流动和关系的形成使受众突破了以往传播模式中传播方式的接收者身份以及传播过程的末端地位，开始成为传播方式的构造者和选择者，以及传播过程的开端或者聚合点。受众的能动性撬动了原本稳固封闭的科层制传播结构，传播结构开始呈现灵活化、开放化和扁平化特征。在这种灵活开放的传播结构中，原本被动、抽象的受众开始成为组成结构的具体节点。节点之间建立链接的能力与节点自身具体的性质和特征，以及其与其他节点之间的同质化程度息息相关。网络中的节点化主体打破了“点—面”结构中金字塔顶的传播主体对传播的绝对控制，网络介质产生的人与人之间的“弱关系”使散点结构突破现实区隔，依据彼此间的共同属性与其他主体产生链接，形成交互链接的网状结构，使信息从小范围的双向度流动和大范围的单向度播放转变为开放的多向度流通。与单向传播方式中传统媒介作为绝对中心不同，此时的传播是围绕节点化的个体展开的，传播模式中的每一个参与主体都拥有信息传播的控制权。依据链接关系的多寡，任何一个参与主体都拥有吸引社会公共注意力、配置社会信息资源的权力。在互联网介质下，一个普通的社会成员，如果善于经营并创造现实社会关系和网络链接关系，他也能在网络空间形成自己的影响力。

就传播效果而言，多元的参与主体与多向的信息流动路径提供了更加异质化的信息环境，但主体间出于爱好、价值和利益等进行的互动与聚合也使传播参与主体出现分化，形成异质性圈层。就传播功能而言，这种依据链接能力赋权的机制不仅重新建构了网络空间的话语资源分配和行动逻辑，也在个体线上线下的互动过程中影响了现实世界中的社会关系网络。原本汇集于绝对中心的传播结构开始以节点为中心进行分化，结构的分化会带来功能的分化。在原本的交际功能和社会监测、社会整合功能外，此时传播模式在连接社会成员的基础上具备影响现实社会关系的功能。

3.3 新媒体传播模式的复杂性

由于传播模式的演进是一个螺旋上升的过程，每一个高级模式都会包含低级模式的功能和特点，因此，新媒体传播模式中既存在着前两种传播模式的因素，又存在着由于新媒体的介入和发展而出现的新的因素，所以呈现出复杂性的特征。依照社会存在决定社会意识的原理，作为社会存在组成要素的传播模式中的复杂性特征,会导致其支配下的以网络舆论为呈现形式的社会思潮传播现象也产生相应的变化。对于本研究来说,新媒体传播模式的复杂性不仅会给社会思潮的传播奠定社会心理基础,复杂性带来的舆情变化表征还为社会思潮核心理论与现实情境的勾连提供了条件。

3.3.1 传播方式的多元交互

传播方式的多元交互是新媒体传播模式的复杂性特征之一,它是指新媒体传播模式中的传播方式中包含了人际交流方式、“点—面”播放方式和链接互动方式,各种传播方式之间相互渗透交织。新媒体传播模式中的链接互动方式包含了前两种传播方式,并且借助传播平台和信息技术放大、强化了前两种方式独立存在时的功能。互联网的开放性和互动性实现了跨越空间的人际交流方式,让远距离的深度讨论成为现实,并且聚集了个体的声音。互联网的超链接性打破了传统播放方式下人们对信息的线性接收路径,提高了播放方式下的传播效率,同时也扩充了社会公众可接触的信息量。打破限制的人际交流方式、多元路径的播放方式与互联网中海量的信息存储一起为公共意见的产生提供了现实基础,而信息传播的多元路径会引发信息的裂变式传播,增加了信息传播效果的不可控性。

新媒体传播模式中传播方式的多元整合提高了舆论信息的可见性和可搜索性,舆论中的隐性舆情容易被显性化,导致舆情事件不断衍生,舆情裂变程度加剧,舆情的演化机制更加难以预见。多元传播方式使社会公众集体记忆中的任何舆情残留都能够被储存、检索与看见,这为舆情事件的衍生提供了源源不断的素材和情感基础。隐性的意见和态度在信息搜索过程中会被相关的显性舆情信息所激发而呈显性化。这种隐性舆情显性化的过程具有随机性,难以准确预判。这种情况在公共事件的演变中比较典型。公共事件的随机衍生方式可以分为激活型、连锁型和反转型。激活型衍生是指新事件通过唤醒公众的集体记忆来激活旧事件,挑动社会情绪从而引发舆情。比如个别网友将2019年法国巴黎圣母院失火与英法联军火烧圆明园恶意嫁接,罔顾两起事件不同的历史意蕴与时代背景,将民众关于近代中国斗争史所引发的屈辱、悲情和愤怒的民族情绪转化到当下的事件中,利用民众朴素的爱国主义情感引发网络中有关极端民族主义的讨论。连锁型衍生是指某一事件由于受关注度高而被反复讨论，相同性质的其他事件在一段时间内被不断关注。此类事件以近年来由起源于好莱坞的美国反性骚扰的 MeToo 运动所引发的全球范围内女性主义讨论热潮较为典型。反转型衍生是指舆情传播过程中由于新信息的不断加入使事实出现反转，舆情焦点不断转移，对社会正常运转机制造成风险。在 2016 年的罗某笑事件中，罗某笑的父亲最初在网络发文为女儿筹款治病，舆情焦点此时集中于对罗某笑的父亲的同情。然而随着关于罗某笑的父亲的信息不断披露于网络，网民发现罗某笑父亲不仅经济状况良好，并且存在利用女儿生病牟取利益的事实，此时舆情转向对罗某笑的父亲的道德审判。这里的舆情反转存在摧毁社会信任机制的风险，社会信任机制的坍塌进一步加剧社会裂化程度，给一些负面社会思潮的浮现和传播建立现实基础。

对于社会思潮传播来说，多元交互传播方式造成的裂变式传播会为其提供内在动能。信息传播方式越多样化，来自不同群体、不同利益取向的观点和思想之间产生交锋的可能性越大，社会思潮的核心理论在其中与具体社会问题和社会冲突产生勾连和结合的程度就越高。一旦抽象的理论成为指导具体社会问题解决的行动指南，社会思潮就拥有了改变人们对公共问题认知的内在推动力。

3.3.2 传播过程的重叠交融

传播过程的重叠交融是新媒体传播模式的复杂性特征之二，它是指新媒体传播模式中的多向传播过程、双向传播过程和单向传播过程相互重叠和交融，共同构成多层级传播。面对一个热点话题或者现象，某一个体或群体根据意愿将信息或意见分享、传递给特定的受众，这种分众化的一对多信息流动是多层级传播的初级阶段。而受众根据信息内容和个人倾向决定是否继续扩大信息传播的范围，此时出现多层级传播的次级阶段，即大众化的一对多信息流动。由于网络的互动性和受众主动性的增加，这两个阶段中也存在个体间多向的信息互动。传播过程的重叠交融加快了信息的交换频率，并且拓展了信息的流动范围，由于公众可以在信息流动过程中融入自己的观点，信息之间的干涉存在扭曲信息真实性、影响信息传播效果的可能性，从而影响公众的意见表达和社会认知。

新媒体传播模式中传播过程的重叠交融使显性舆情之间相互干涉的频率和效能不断增强。在显性舆情相互干涉的过程中，特定的舆情内容被不断赋予新的立场与倾向，导致显性舆情内容的性质异化，即社会成员对热点事件产生的公开意见与讨论被情绪性立场和倾向所取代。在从众心理面前，无法判断舆情是大部分人的公共讨论，还是小部分人的利益控诉，这使得舆情在反映真实民意方面更加不确定。由于新媒体传播模式中信息的多向多层流动导致舆情信息的每一次传播都经历了一次意义的再生产，无论是线下的交谈，还是线上的转发，社会成员都会在交流意见和转发内容时加入自己的观点倾向和情感偏好。那么，舆情信息经历的传播层级越多，其意义再生产的次数就越多，信息中所承载的网民的情绪能量、意见能量和态度能量就越充足。这个意义再生产过程受到了诸如传播次数、公众媒介素养、群体心理等多因素的影响，极具不确定性。在新媒体传播模式下，信息在多次、快速的传播中承载了大量情绪附加值，在群体暗示和情绪感染下，舆情传播过程中产生的原本关于事实的理性追问可能向非理性的个人攻击或利益控诉转变。对于社会思潮传播而言，这种非理性和情绪化的舆论形式十分适合其搭载核心理论进行传播。因为对于将社会思潮当作应对现实问题的思想武器或理论解决方案的公众而言，他们倾向于将复杂的社会问题用简单直接的形式来理解。正如范丽丽、林伯海在分析网络民粹主义思潮中所指出的，民粹主义在面对现实问题时的“复杂问题简单化、重要问题情绪化、矛盾处理极端化”的逻辑与互联网“短、平、快”特质相契合，能够迅速引发关注[115]。

对于社会思潮传播而言，来自不同立场取向的网民观点的交融客观上推动了社会思潮在广泛人群中的扩散。观点的交融会带来情绪的叠加和累积，当公众情绪积累到一定程度的时候，原本异质性的利益诉求可能演变为同质性的公共情感表达。情感逻辑已经成为互联网环境中支配人们行为的底层逻辑。已有学者通过实证研究证实，情感在社交媒体中成为转发行为的主要驱动力，已经代替理智成为公共讨论的中心，情感论证成为达成公共诉求的重要手段[116]。社会思潮所依托的这种情绪化诉求表达中的公共情感成为推动特定利益诉求跨越社会圈层的重要动力，能够实现社会思潮从被特定人群认同到被广泛群众接受的扩散。

3.3.3 传播结构的自由嵌套

传播结构的自由嵌套是新媒体传播模式的复杂性特征之三，它是指在节点交互链接的过程中，网状链接结构中嵌套着散点链接结构和等级化链接结构，形成一个不同结构彼此关联、相互影响、联通网络与现实的复杂传播结构。在网络环境中，在不同节点获取和发布信息并形成散点链接结构的同时，会产生一个或多个拥有更多网络话语权或者社会资本的关键节点。关键节点以观点、兴趣和价值的认同度为纽带聚合一部分节点，组成围绕关键节点的等级化链接结构，从而形成一个内部认可度高、异于其他节点的圈层。但是由于关键节点也存在与圈层外部节点之间的散点链接，因此围绕关键节点的其他节点也可以借助它的桥梁作用，嵌入其他等级化链接结构所产生的圈层，甚至可以同时处于不同的圈层之中，这样具有串联不同圈层特征的节点可被称为串联节点，其串联作用表现为在不同圈层之间形成信息流通的桥梁。散点链接结构所带来的互动性和整个网状结构的开放性使得每一个节点能够在不同圈层之间跳转，在保留等级化链接中关键节点话语权的同时，弱化了关键节点对于其他节点的约束性。同时节点自身的现实社会关系也可以通过散点链接嵌入多个等级化链接中。节点之间的互联互通与串联节点的桥梁作用又使现实生活中的散点链接结构在网络空间中实现共时性裂变，原本没有关系的两个人因为在微博平台共同关注同一个意见领袖而产生联系，那么这两个人所隶属的网络圈层或者现实社会关系也可能因为这种联系而产生嵌套。传播结构的自由嵌套增加了网络空间内部的关系链条，同时强化了网络空间与现实社会的联系，增加了判断信息传播链条的难度。

新媒体传播模式中传播结构的自由嵌套使得隐性舆情的随机衍生和显性舆情的相互干涉两方面相互作用，导致舆情本体中的隐性成分向显性化集聚，使这些隐形成分更容易转化为舆情的显性成分，从而发酵显性成分之间的相干作用，形成更大的舆情效应。如果这种舆情传播效应具有负向特点，就会进一步加剧社会的不稳定状态。在新媒体传播模式中，舆情本体中没有得到公开表达的情绪、意见与倾向等隐性成分在特殊情境的触动下会暴发，并迅速蔓延扩散。这是由于以下原因。第一，节点链接结构及其嵌套现象为这些潜在的舆情危机因素提供了快速积累和扩大影响的路径，同时节点之间的链接路径难以预测，所以识别和预防社会情绪堆积的不确定性因素就增加了。第二，在自由嵌套的节点链接结构中，人们出于对认同感和归属感的需要，在一个个圈层性结构中形成"想象的共同体"，这个共同体内部所产生的潜性态度与情绪，以及未表达的意见会由于成员的同质性而迅速集聚，影响特定主体的表达，从而影响舆情的显性观点与意见。与此同时，该共同体中的每个节点都可能与其他共同体产生链接，可能会受到其他共同体内部的舆情隐性成分的影响。如果受影响的节点在自己的共同体中拥有较大影响力，那么其他共同体内部的舆情隐性成分的影响就扩大了。

对于社会思潮传播而言，网民之间现实社会关系和虚拟社会关系的交错大大增加了社会思潮中核心理论要素的异化程度。社会思潮的传播呈现以争议性公共事件为圆心，以相关利益群体所能产生的社会关系的极限为半径的同心圆趋势。社会思潮所传播的核心理论要素在这个同心圆之中，根据具体传播者所处的情境不同而呈现不同程度的异化。虽然维护自身利益的共同诉求成为个体聚集在同心圆中的利益纽带，但是这个同质性的利益诉求会在不同个体所面对的具体冲突问题中以不同形态呈现，而个体在此时可能会从完全不同的立场上解读社会思潮，从而造成社会思潮理论要素的异化。这是由单独个体所具备的多重社会角色决定的。社会中的每一个个体都扮演不同的角色，角色会影响个体的立场，从而影响其对社会思潮的解读和态度。比如，一位大学老师可能同时扮演作为教师的职业角色、作为社会公民的社会角色、作为家庭成员的家庭角色。不同角色在同一个人身上的交互会影响个体在面对争议性公共事件时的立场和对其中社会思潮的解读。而网民之间现实关系与虚拟关系的交错一方面赋予个体更多的社会角色，另一方面也为这些社会角色提供了更多的交互机会，这无疑提高了社会思潮核心理论要素在传播中沿着不同社会角色所具备的立场进行分化的程度，使得单个社会思潮在传播中呈现为一个弥散化的多元思想体系，更加容易与不同的社会问题产生具象化的联系。

激发舆情产生的社会性话题、舆情中的公开表达和潜藏情绪及态度作为影响舆情演化的变量，是进行舆情预警与研判所必须考察的因素。舆情激发点的衍生逻辑、舆情中公开表达被异化的现象，以及舆情中潜性的态度与情绪堆积暴发的隐患，为社会思潮核心理论实现掌握群众、实现“破圈”传播、实现理论降维提供了客观条件。因此，分析社会思潮传播时要深刻认识新媒体环境中传播模式的复杂性。

3.4 新媒体传播模式对社会思潮传播的作用效果

新媒体传播模式对社会思潮传播演化规律的支配性和对社会思潮传播表征的阐释力成为其对社会思潮传播具备作用效果的原因。社会思潮是一个多元化的思想体系，它有不同的类型，不同类型的思潮对社会发展起着不同的作用。互联网以及新兴媒介形态的发展为社会思潮的传播提供了多元化的表达渠道与阐释空间。新媒体传播模式作为当下社会思潮所反映的社会存在的组成要素，其复杂性特征不仅影响社会思潮产生和发展的社会基础，也会影响社会思潮的类型特征。新媒体传播模式在传播方式、传播过程和传播结构三个维度上有机统一的复杂性特征能够解释当前不同类型社会思潮的传播表征和演化规律；同时新媒体传播模式在经典的拉斯韦尔 5W 传播模式基础上结合宏观传播语境和具体社会思潮传播现状，进行具体化的调整，具备对新媒体环境下具体传播现象的解释力。因此，综合以上两点，新媒体传播模式作为社会存在的组成要素，具备对社会思潮传播的支配性作用，它也是针对社会思潮新媒体传播的有效分析框架。

因此，在本部分，笔者着重分析新媒体传播模式作用下的不同类型社会思潮的表征和演化规律，结合新媒体传播模式的三维统一性和复杂性特征对于分析社会思潮传播的价值，为社会思潮引导机制的合法性提供一定理论依据。

3.4.1 社会思潮的类型

新媒体传播模式支配的不同类型的社会思潮在传播过程中呈现不同的演化规律。社会思潮是反映特定时代下人们的利益诉求并具备一定影响力的观念体系,正确理解和把握其类型及特征,是认识并引领社会思潮的基本前提和必要保证。新媒体传播模式对社会思潮传播的支配作用在不同类型的社会思潮传播中表现为不同的演化规律。对社会思潮类型的划分主要有三种方式:第一是按照社会思潮所产生的社会影响的性质进行分类;第二是按照社会思潮所关注的社会领域进行分类;第三是按照社会思潮内蕴的理论核心进行分类。

在第一种分类标准下,社会思潮可以被分为积极的、进步的、正面的社会思潮和消极的、落后的、负面的社会思潮,或者主流社会思潮和非主流社会思潮,以及正确的社会思潮和错误的社会思潮。符合当前社会生产力发展要求、对社会发展起促进和推动作用的社会思潮就是主流和正确的社会思潮,比如中国近代出现的民主科学思潮。民主科学思潮经由先进知识分子在近代中国进行传播,从思想层面动摇了封建制度的统治基础,为后来马克思主义思想的传播奠定了思想基础,并且客观上为中国从旧民主主义革命向新民主主义革命的转变做了思想解放方面的准备。因此,从促进社会发展的角度来说,民主科学思潮应被看作正确的社会思潮。反之,阻碍社会发展,不能正确反映广大人民群众的真实利益诉求,所宣扬的观念不符合主流意识形态和主流价值观要求的社会思潮应当被归类于非主流和错误的社会思潮。近年来网络上出现的“普世价值”思潮就是将只针对一部分人的价值宣扬为全人类的“普世价值”,抹杀了个别主体的价值观,否认了价值观的历史性和阶级性[117]。这种思潮的实质是想消解马克思主义在意识形态领域的话语权,意图改变我国指导思想和社会发展方向,在经济、政治、思想、国家主权方面成为西方的傀儡,因此归属于错误的社会思潮。相似的还有历史虚无主义等挑战和冲击意识形态安全的社会思潮。社会思潮一旦形成,就会具备强大的号召力和能动性,并且这种号召力和能动性会在新媒体环境下被放大和强化。这种错误社会思潮通过新媒体传播轻则扰乱舆论秩序、阻碍社会共识建立，重则通过线上线下之间的联动引发现实社会冲突、破坏现实社会秩序、影响社会发展。

在第二种分类标准下，社会思潮可以被分为学术思潮、文化思潮、政治思潮和经济思潮等。这种分类标准关注的是社会思潮首先聚焦以及试图改变的社会生活领域，比如聚焦经济领域的新自由主义思潮[118]，聚焦思想文化领域的文化保守主义思潮[119]，聚焦政治领域的西方多党制思潮[120]。改革开放后，新自由主义思潮在我国经济领域甚嚣尘上，其发起者期望从经济领域入手，通过影响经济行为从而影响我国发展道路。新自由主义思潮的理论主张来源于西方新自由主义经济理论，其目的是通过在经济领域反对国家的干预和调控实现改变我国当时市场化改革的正确方向。同期的文化保守主义思潮则是通过在思想文化领域中主张传统文化中心论，以传统文化和儒家文化为其理论核心，意图动摇马克思主义在意识形态领域的主导地位。西方多党制思潮则是意图动摇我国的根本政治制度，使我国逐渐变为西方资本主义国家的附庸。但不论社会思潮首先聚焦的是哪一个领域，社会思潮的核心理论都是某种政治思想，其传播目的也是为了实现某一群体的政治诉求。所以当特定社会思潮在特定领域内获取社会共识后，会沿着具备共同社会共识的人群之间的现实和虚拟链接而蔓延，拓展其影响领域，最终形成能够影响国家命运和社会发展的政治斗争和社会运动，比如阿拉伯地区的“颜色革命”、东欧剧变，以及由于民粹主义崛起造成的一些西方国家的政治危机。

在第三种分类标准下，社会思潮按照不同的理论核心各自成为一个类别，每一个类别中会派生出附属于主要社会思潮的次生社会思潮。以对当代资本主义生产方式进行批判，强调生态优先的生态主义思潮为例，其类别中，存在原始的西方生态主义思潮，以及流入中国后与中国经济发展与环境保护现状相结合，强调经济发展与生态保护并重的中国化的生态主义思潮。在最早以批判封建制度、追求民族独立、建立现代民族国家为理论核心的民族主义思潮类别中，强调技术是有国界的技术民族主义①、标榜本民族优越

① 人民论坛发布的2020年国际十大社会思潮榜单中，技术民族主义位列其中。

性的狭隘民族主义以及试图以牺牲其他国家或民族的利益为代价而寻求本民族利益的极端民族主义都对当前人们的思想和行为造成一定影响。在当今中国新媒体环境中，对于这种派系型社会思潮，无论其最后派生出的次生社会思潮呈现何种形态，只要其核心的思想理论与马克思主义、社会主义相悖，其宣扬的观点立场、价值观念与社会主义核心价值观相左，那么其新媒体传播必然会造成人们价值观念的动摇和网络思想领域的动荡，不利于我国在复杂舆论斗争中维护主流意识形态安全。

当然，除以上三种分类标准之外，也存在其他分类方式。刘书林在其研究中还提出可以从地域的角度将社会思潮分为国外社会思潮和国内社会思潮，或者本土社会思潮和外来社会思潮；也可从载体角度将社会思潮分为工人社会思潮、妇女社会思潮、青年社会思潮等[28]。丁祥艳以影响规模的大小将社会思潮划分为大型社会思潮、中型社会思潮和小型社会思潮，她认为自文艺复兴时期开始影响欧洲大陆乃至世界长达几百年的人文主义思潮是大型社会思潮，影响我国新民主主义革命时期的反帝反封建思潮是中型社会思潮，而小型社会思潮的影响范围较小、持续时间较短[121]。

以上这些分类标准多是基于社会思潮作为社会意识具有独立反作用的本质为出发点的，将社会思潮看作一个静态的存在，而较少考虑传播对于社会思潮类型分析的影响，对于传播属性对社会思潮存在和发展的重要性强调不够。在本研究中，作为社会存在组成要素的新媒体传播模式不仅对社会思潮的产生起支配作用，而且其复杂性也影响着社会思潮在传播中的演化规律。正如学者们所强调的，传播这一动态过程是社会思潮的存在方式[31]。对于以思想、观念、理论影响进而改变群众认知状态和行为方式的社会思潮而言，对其类型的剖析，必须建立在正确理解和把握新媒体传播模式对社会思潮传播的影响的基础上。

3.4.2 新媒体传播模式下的社会思潮类型矩阵

新媒体传播模式中网民之间自由连接形成的不同群体相互嵌套的传播结构说明，只有主动获取更多人注意力的社会思潮才能在这个网民自由选择的结构中实现传播效果最大化。而多元交互的传播方式说明，一旦内容获得网民的注意力和共鸣，那么与该社会思潮相关的信息也会得到显现。新媒体传播模式的多层级传播过程会使这些信息相互影响，从而去适应多数人的信息需求。系统化、抽象化的思想理论是社会思潮区别于普遍存在的社会心理的根本特征，现实导向性的问题意识是社会思潮能够涌现的社会基础[19]。社会思潮如果产生较大的社会影响，一定是它的理论核心能够为某一阶层或者某种利益群体所理解，并与其产生强烈共鸣。那么，只有对社会问题容纳性高和思想理论可变形程度大的社会思潮才能在新媒体传播模式中得到最大化传播。因此，笔者以问题意识和理论核心为统领向度，建立新媒体传播模式下社会思潮的传播矩阵。

问题意识向度在社会思潮传播中实际是指社会思潮所指向社会问题和所覆盖利益群体的范围大小，在社会思潮传播矩阵中以“共鸣度”轴表示。因为只有社会思潮能够为尽可能多的利益群体所面对的社会问题提供思想解决方案，才能获得更多的社会共鸣，产生更大的社会影响力和动员能力，实现其掌握群众、成为物质力量的传播目的。理论核心向度在社会思潮传播中表现为传播内容中理论的通俗程度。在社会思潮传播矩阵中以“理论度”轴表示。理论度越高，说明该思潮与现实问题勾连的程度越低，只能与特定、具体的问题和情境相勾连，其在普通群众中的接受程度越小；理论度越低，说明其与现实问题勾连的程度越高，在普通群众中的接受程度越大。因为社会思潮在传播中且寻找受众的过程中，会不断地要求对统领其诉求的理论进行通俗化处理，使其从抽象的思想观念降维到能与具体利益问题相结合。社会思潮中的理论核心只有与具体的社会情境相结合，才能使群众建立对抽象理论的认知，进而影响群众对社会问题的看法和态度，从而外化为现实运动，完成“现实问题孕育社会思潮→社会思潮与具体问题结合影响群众→群众提出对现实问题解决方式的期待或发动现实运动”的社会思潮传播闭环。

社会思潮具备的共鸣度越高，其在传播中引发在线或者离线集体行为的可能性就越大；反之，若共鸣度越低，其掌握群众的能力就越弱。社会思潮具备的理论度越高，说明其在传播中向现实情境的降维程度越小；反之，若理论度越低，说明其与现实情境的结合程度越紧密，社会思潮的通俗程度越高，群众对其的阐释和接受的空间就越大。

按照社会思潮在理论度和共鸣度两个层面上所呈现出不同水平的组合方式，将新媒体传播模式下的社会思潮划分为四种类型：高共鸣度＋高理论度的圈层型社会思潮、高共鸣度＋低理论度的互动型社会思潮、低理论度＋低共鸣度的社会心理、高理论度＋低共鸣度的理论资源。根据上述四种社会思潮类型，构建了新媒体传播模式下的社会思潮类型矩阵，见图 3－2。

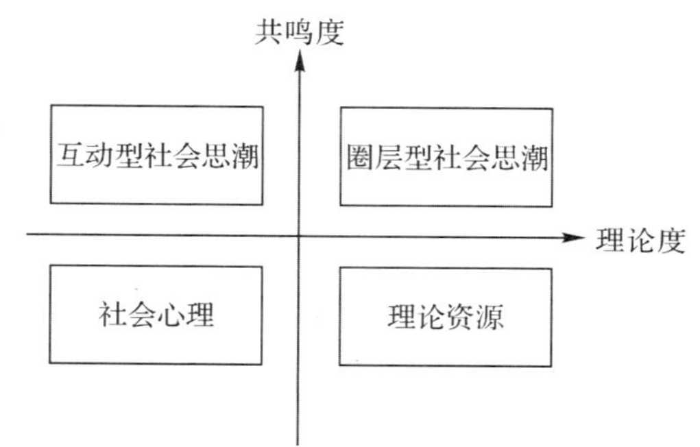

图 3－2　新媒体传播模式下的社会思潮类型矩阵

需要指出的是，笔者依据理论核心与问题意识的组合情况划分的四种社会思潮类型，并非每一种类型都能在思想领域找到对应的社会思潮，这里仅作为分析社会思潮传播演化规律的理论样本。这是因为，一方面，从实际考量出发，对于共鸣度低的类型而言，该类型下代表的是尚未形成具有社会影响力和动员能力的社会思潮的理论资源；另一方面，从社会思潮的界定出发，对于理论度低的类型而言，该类型代表的是缺乏理论统领的零散的社会心理，这是社会思潮得以产生的重要社会基础。这两个类型代表的是社会思潮产生、发展的初始阶段，而这两种存在阶段也是形成社会思潮所必不可少的要素。基于社会变革的社会心理变化和被人民群众当作应对社会问题的思想武器的理论资源是社会思潮传播和发展的重要基石。

3.4.3　传播矩阵中不同类型社会思潮传播的演化规律

在本部分，笔者主要阐述圈层型社会思潮和互动型社会思潮在传播中的演化规律，兼论作为重要基石的理论资源和社会心理对于不同类型社会思潮传播演化规律的影响。

1）圈层型社会思潮传播的波浪振动演化规律

圈层型社会思潮是指在受教育程度较高的人群中被广泛接受和认可、通俗化程度较低的社会思潮，其演化规律表现为随着现实情境的变化而在舆论中反复出现。圈层型社会思潮的浮现、传播和扩散依赖于当前社会问题的性质：若社会问题与社会思潮核心理论指向一致，则社会思潮会影响特定人群；若社会思潮核心理论所指向的问题在当前不明晰，那么社会思潮则处于蛰伏期。理性逻辑是推动这类社会思潮传播的社会心理动力，高理论度决定了这类社会思潮的圈层型传播特点和波浪形演化规律。异质性的多元参与者主体和在现实社会分层基础上由相似价值观、立场和态度所形成的网络圈层互动结构说明，如果社会思潮的核心理论要素对于现实多样化利益诉求的包容度不够，那么可能难以跨越不同圈层之间的认知障碍与立场鸿沟，因此难以实现长时间、大范围、深层次的传播。

这类社会思潮核心理论的政治性和思想性远高于其社会性和大众性，不易与普遍社会问题或社会情境相结合，比如民主社会主义思潮中主张多党制的政治立场和资本主义改良思想使其主要活跃于思想界和政界的论争之中。高理论度使这种社会思潮具备阐释和接受环节的门槛，不易被广大普通人群所接触和接受，局限于学者、作家、艺术家等具有较高文化素养的人群之中。但也正是因为这种高门槛，使得圈层型社会思潮一旦为特定人群所理解，便立刻获得坚定的认同。以知识分子为代表的群体由于对未知信息的谨慎性和严谨态度，使得其在接触到社会思潮后不会轻易相信，而是会保持观望态度，在多方求证、追根溯源之后才会产生认同。其对社会思潮的认同是建立在自身脑力劳动的基础上，这种认同比较牢固，不易消解。这也从侧面说明若要对圈层型社会思潮的传播进行引导和治理，必须从批判这类思潮理论核心的谬误入手，只有从理性认识的层面击碎这类思潮的理论谬误，才能消解以知识分子为代表的人群对这类思潮产生认同的理性认识基础。在新媒体传播模式中，信息的多向流动与网民之间的多向链接只能进一步强化圈层内部对于社会思潮的共同认知，难以跨越由高理论度形成的社会思潮接受壁垒。但是，也不排除一些处于学术圈层和理论圈层之外的人出于虚荣心和营销原因，使用与圈层型社会思潮相关的词语在网络空间中发表观点,将一些社会问题和社会现象片面化、错误性地与圈层型社会思潮相关联,从而造成了一些错误观点和言论的传播。比如极力推崇个人主义的新自由主义思潮,在 2020 年初全民齐心抗疫的过程中,面对一些合理的居家抗疫措施时,部分网民鼓吹个人利益至上,歪曲政府的有效举措,损害政府在面对突发公共事件时的公信力。

图 3-3 说明了圈层型社会思潮传播演化规律,横轴表示时间,纵轴表示社会思潮受到的关注程度,图中曲线表示社会思潮传播演化规律。

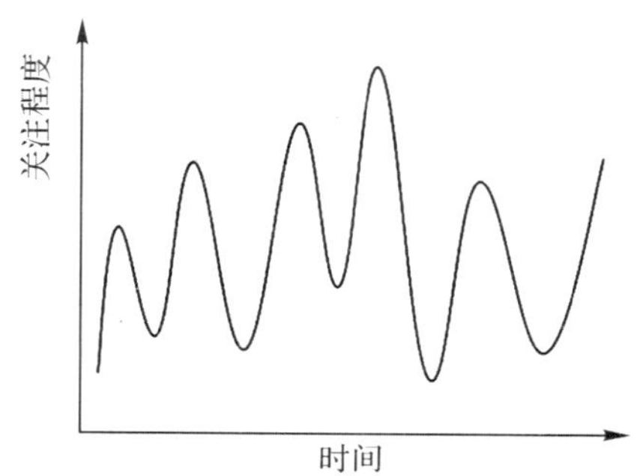

图 3-3 圈层型社会思潮传播演化规律

圈层型社会思潮传播的演化过程呈现波浪式振动,其演化具有反复性,会随着现实变化而反复出现,其波浪振动的频率与社会历史环境的变化频率一致。圈层型社会思潮具有高理论度,如果当前存在的社会问题与社会思潮核心理论所关注的领域关系不大,那么圈层型社会思潮将处于潜隐状态,直到社会历史环境出现变化,社会现实成为适合理论滋生、繁衍的土壤,圈层型社会思潮才会重新泛起。从图 3-3 中来看,演化过程的波峰体现着理论与现实贴合性较高的时期,波谷则表示理论与现实贴合性较低,社会思潮处于潜隐性的时期。

2)互动型社会思潮传播的波动上升演化规律

互动型社会思潮是指能够跨越圈层障碍在广大普通群众之中传播、流行,通俗化程度较高的社会思潮,其演化规律特征表现为与人们的互动程度正相关。与圈层型社会思潮相比,互动型社会思潮的类型特征是流变性,即抽象性、系统性程度不高的核心理论可以根据社会情境以及群众立场的不同发生变异，以液态形式从这一群体涌向另一群体，在多层嵌套的传播结构中自由流动，对不同社会文化背景的群众产生影响。情感逻辑是推动这类社会思潮传播的社会心理动力。多种传播方式在多样媒体的作用下形成碎片化、无向化的信息传播路径，加之网络媒介的开放性与互动性激发了个人以内容为纽带而产生了“弱连接”关系。在两方面的共同作用下，理论性较低的社会思潮出于深化传播效果的目的，会在公共讨论中重新组建融合了客观事实、社会情绪和自身核心理论的社会思潮传播内容，实现其在广泛人群中的传播。

互动型社会思潮的传播可以被看作社会思潮借助情感力量建构自身互动仪式市场的过程。根据柯林斯的互动仪式链理论①，人们之间关于共同的行动或实践的互动仪式是形成社会结构、推动社会变迁的最基本动力。成员们在参与仪式的过程中，通过相互关注产生情感共鸣，实现个人情感与群体情感之间的融合，形成固有的情感符号和群体内部的道德标准，从而建立起一种群体内部共享的情感体验和身份认同。在互动仪式链理论中，“仪式”是指人们在相互关注和互动过程中所建立和维持的群体认同感、成员身份感和共同的情感能量。这种情感能量可以影响人们互动的效果，人们在“仪式”中进行互动所形成的社会关系经由人们在具体情境中的人际接触而延伸和拓展，从而成为社会结构的一部分。因此，情感成为影响人们社会行为和建构社会结构的重要变量。对于互动型社会思潮的传播而言，在互动过程中，社会思潮核心理论持某种立场，维护和支持特定群体的利益，并使其理论通俗化，形成一系列符号和话语体系。群众基于自身立场将这些符号和话语体系作为纾解情绪、寻找认同和表达自我的方式进行模仿，一方面基于自身立场对这些符号和话语体系进行进一步的解构，另一方面将这些符号和话语体系作为相对固定的叙事模式，用以表达自身利益诉求。这种叙事模式在群体内的互动中被赋予共同的情感寄托，逐渐成为一种表达诉求的模仿样本。由于对关涉社会思潮核心理论的符号和话语体系的解构建立在群众不同的立场取向上，因此这

① 互动仪式链理论参见兰德尔·柯林斯的著作《互动仪式链》(商务印书馆 2018 年版)，特此说明。

种解构会随着群众所处的社会文化背景、具备的媒介素养、面对的社会公共问题的不同产生不同程度的异化。群众在异化社会思潮的核心理论的同时实现社会思潮的传播和扩散。

互动型社会思潮的代表是民粹主义思潮。民粹主义思潮理论内核的复杂性和多变性为其与具体社会问题的结合提供条件。民粹主义思潮起源于弱势群体和受压迫阶级的反抗，其包含的内容非常复杂，在不同的国家、不同的历史阶段都有不同的内容和表现形式。民粹主义的话语和符号体系倾向于将解决复杂社会问题的办法描述为二元对立的判定式口号，这类口号就是上文分析中指出的脱胎于符号和话语体系的用以表达诉求的模仿样本。这类口号偏重于将事件主体“标签化”，以二元对立的话语模式放大事件主体上的冲突性以掩盖事件本身的复杂性，意在通过对标签的认同划定利益圈层和建立情感共同体，通过对立话语和戏剧化表达获取围观群众的注意力，以冲突激发其共情。比如在房屋拆迁和司法审判这种官民体系的事件中，相关网络舆论中对地方政府和官员身份的负面审视大大超过对于事件真实性的剖析，“侵犯公众利益”往往成为群众对此类事件的第一认知。这类口号从审判精英的角度纾解了群众内心的不安全感和被剥夺感，成为群体内部建立自我认同感和共同情感的重要工具，使民粹主义从个体心理上升为群体情感。部分群众在情感的催化下对口号进行转发，从而强化具有共同立场的群体内部的互动仪式链，固化群体内部的集体意识，这种集体意识反过来又强化了判定式口号中“以唤醒网民情感为目的”的传播逻辑。利用民粹主义思潮建立的口号和集体意识在传播中外化为群众针对具体社会问题发表的网络舆论。群众在不断传播这种标签化判定式口号的过程中建立起以共同情感和身份认同为纽带的共同体，在共同体内部不断强化群体情感和集体意识，在共同体外部以情感逻辑与更多人建立感性连接，以对民粹主义的符号和话语体系的模仿和解构推动民粹主义思潮的进一步扩散。

图 3－4 说明了互动型社会思潮传播演化规律，横轴表示时间，纵轴表示社会思潮受到的关注程度，图中曲线表示社会思潮传播演化规律。

互动型社会思潮的传播演化呈现出随时间推移而不断扩散的趋势。演

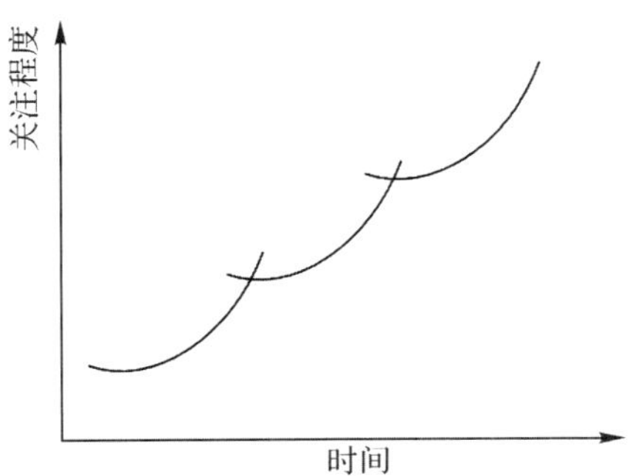

图 3-4　互动型社会思潮传播演化规律

化曲线的不连续是由于群众立场不同所造成的。虽然互动型社会思潮的传播是通过群众对社会思潮核心理论支配下的符号和话语体系的模仿而实现的，但是不同利益群体总是站在自身立场上对理论本质进行阐释和解读，这些构成了社会思潮再生产中的异质性成分。这会使社会思潮中的核心理论出现不同程度的变异，导致社会思潮在传播中会损失关注原有理论核心的群众，但同时也会收获接受变异理论核心的群众，由此造成了演化曲线的不连续和交叉表征。

新媒体传播模式下的社会思潮呈现出圈层型和互动型两种演化类型。圈层型社会思潮的高理论度使其主要在社会精英群体中传播。对于这种类型社会思潮的引导，首先要识别核心理论影响的关键人群，因为不同的精英群体也有其不同的理论关注点；其次要从剖析理论谬误、批判理论合理性入手，消解关键人群对社会思潮核心理论的理性认识基础，阻断社会思潮经由社会精英向普通大众扩散的可能路径。互动型社会思潮的理论流变性使其能够与具体社会情境结合，调动和动员普通群众在表达自我和寻找认同的过程中参与传播。互动型社会思潮更容易引起群众的认知变化，增加舆论环境中的不稳定因素。对于这种类型社会思潮的引导，要从正确认识社会思潮和网络舆论、识别社会思潮中的核心理论要素与网络舆论中的民众诉求之间的勾连关系入手，深刻认识和正确把握社会思潮理论产生流变的社会心理基础，同时也要正视情感力量在相互嵌套的传播结构中所具备的组织与动员力量。

3.4.4 新媒体传播模式对研究当前社会思潮传播的价值

理解社会思潮传播与媒介之间的相互形塑关系，离不开对社会思潮所处的社会语境和传播场景的分析。作为决定和支配社会思潮传播的社会存在的组成要素，新媒体传播模式是当前社会思潮传播的有效分析框架。不同类型的社会思潮在新媒体传播模式的支配性下，呈现出不同的传播演化规律。在这些规律的作用下，社会思潮在新媒体环境中表现出异于传统媒体环境下的传播特征。新媒体是一种复合性媒介。这种复合性媒介所构成的传播基础设施使传播参与者之间的互动关系更为复杂，使传播现象的目的更为多元。在互动关系方面，喻国明在解释麦克卢汉的“媒介即讯息”观点时指出，新媒介出现的价值在于通过重新分配社会资本、再度组合社会关系影响社会变革。这说明了新媒介的出现会推动社会关系的再生产，使新的社会关系出现[122]。在目的方面，Karahanna 等人提出，在社交媒体中，人们既可能出于个体角度进行展示和分享类的信息传播行为，也会产生涉及传播情境中多方个体的建立关系、达成合作类的信息传播行为[123]。以互联网和信息技术为代表的新媒体的兴起改变了社会思潮传播的既有社会基础和传播机制，使新媒体环境下社会思潮的传播特点超出了原有传播模式的解释范围，因此针对经典的拉斯韦尔 5W 传播模式，要将宏观的传播语境与微观的社会思潮传播现状相联系，做出具体化的调整，以保持对新媒体环境下具体传播现象的解释力。

第一，互联网发展对于个人传播能力和传播权利的赋能使得社会思潮传播的行动者呈现多元化特征，这导致社会思潮脱离以往的精英化传播，下沉为泛众化传播。在泛众化传播趋势下，社会思潮的传播由平面化向立体化、网络化转变。在传统媒体时代，媒介机构和组织等作为信息传播中枢拥有绝对的话语权，社会传播表现为“一对多”或“点对面”的构造。互联网的开放性、互动性打破了精英阶层、机构和组织对信息传播的渠道与信源的垄断，个人开始获得前所未有的话语权。当个体成为传播的基本单位时，科层制社会向颗粒度社会转型。在颗粒度社会中，个体对组织的依附程度减弱，成为独立的行动者。个人同媒介组织、机构一样，能够进行内容生产、价值创造和社会动员，成为信息传播网络中的节点。个体能量的激活提高了普通受众的地位，传播者和受众共同成为社会思潮传播的行动主体，传播主体呈现多元化。在社会思潮的传播中，不再存在界限明显的传播者与受众，而是由利益群体、社会精英、普通公众共同构成多元主体。这些参与主体会由于自身社会文化背景的不同而具有对社会思潮传播的不同作用。因此，不能将社会思潮传播的参与主体简单抽象为传播主体和受众，只有对多元主体进行分类讨论，才能准确把握当前社会思潮的传播样态。

第二，互联网"连接一切"的技术逻辑与现实的社会结构共同作用，使得社会思潮传播呈现出多主体互动的圈层结构。这种圈层结构由圈状共同体和层级式金字塔组成。圈是指人们在进行虚拟交往时与具备相似价值观、立场和态度的人所形成的共同体；层是指在现实社会分层的影响下，人们按照职业、文化水平、社会地位、媒介素养等因素在网络空间中形成不同层级，每一个层级的利益诉求和媒介使用目的不同。互联网的开放性和连接性使不同文化结构、社会背景的人能够脱离现实交往场景，在虚拟空间中进行信息的交换，进而产生新的社会身份和自我认同。但不可否认的是，由于网络空间很大程度上脱胎于现实空间，因此现实社会分层现象仍然存在于网络空间之中，人们建立新的社会关系的逻辑仍然脱胎于旧的社会结构、社会身份和社会背景。正如彭兰所指出的，人们在网络层级中具有一定的流动性，但这仍然是一种有限的流动性[124]。以农民工群体为例，即使移动互联网在技术层面为他们提供了打破地理因素对于形成社会关系的限制，但当他们遭遇不熟悉、不可靠的传播情境时，他们仍然倾向于选择家庭关系和熟人社区等传统社会关系去求助[125]。

在这个圈层结构中，处于同一个层级中的人们可以主动选择在不同的圈子中自由出入，也可以同时处于多个异质性圈子。这表明抱有相同利益诉求的人群内部可能存在不同的价值判断准则。受不同社会思潮传播的影响，人群被进一步分化，社会共识更加难以形成。同一个层级中的主体会以对社会思潮理解和认同程度的不同形成不同的圈子。有一些圈子能够借助主体间的弱连接跨越层级存在，实现观点和立场在不同阶层之间的共享和交换。理论度较低、容易与多种社会热点诉求相结合的社会思潮，如民粹主义思潮、泛娱乐主义思潮就容易被不同层级的人接受。但有一些社会思潮则很难突破层级的限制，比如理论度较高的生态主义思潮以及受到误读的女性主义思潮。这种圈层结构中主体所处的社会层级和影响他们对社会思潮认同程度的因素关乎社会思潮最终的传播范围和效果，因此，要对社会思潮传播的参与主体以社会层次和认知程度为标准进行分类讨论，分析他们在社会思潮传播中的不同作用。

第三，互联网和信息技术的发展使节点化的个体处于一种多样媒体(polymedia)的环境之中，人们对多样媒体的使用造成多种传播方式相互交织渗透的信息传播。对于社会思潮而言，多种传播方式的相互渗透交织导致非理性和情绪化表达在社会思潮的传播中占主导地位，这不利于网络空间中理性对话和社会共识的建立。

多样化的媒介使用条件使社会思潮的传播方式由单一途径传播向多元渠道渗透转变。多样化的媒介使用条件可以用多样媒体这一概念来解释。多样媒体是指不同于以往人们基于对成本和功能的考虑而在固定时间内选择使用单一媒体，人们更倾向于依据不同平台的定位而在同一时间内使用多种媒体[126]。新媒体环境是一种典型的多样媒体环境。不同类型的媒介高度相关并相互联结成为一种媒介矩阵。人们会在微博平台上搜索公众人物的信息和公共事件的最新发展状况，但会选择微信平台与同事交流工作、与朋友联系，电视、广播虽然依旧是人们消遣娱乐的选择，但此时它们提供信息的功能很大程度已经被新闻聚合平台所消解。多样媒体环境提高了信息在社会成员之间流动的速率，单位时间内每个人接触和发出的信息内容、类型都远超以往。新媒体环境中社会思潮传播中既存在一对一的交流方式，也存在一对多的散播方式和多对多的谈论方式，节点化的社会成员既可以是这些传播方式的发出者，也可以是触达端。这导致了社会思潮在传播中的无向化和碎片化。在碎片化和无向化的传播路径下，传播议题本身的感染力和节点之间的互动程度成为推动社会思潮传播的动力所在。

对于社会思潮传播而言，传播议题能在多大程度上激发网民同理心、勾起集体记忆进而引发共情，社会思潮就能在多大程度上影响整个网络舆论态势，情绪化、非理性表达就是深化普通议题争议性的重要抓手。多元化主体使对信息的筛选不再取决于精英阶层的事实判断和价值取向。情绪化、非理性表达对于参与主体文化程度、社会背景的高包容度使其能为各个社会阶层的成员所接受。通常认为关涉公民权利、利益分配、社会公平、官民关系等议题在不同阶层中争议性显著，能够引发舆论的集聚[127]。赵鼎新认为在触发集体行为的过程中情感起着关键作用[128]68。喻国明、马慧则进一步指出网络事件中蕴含的消极和负面情绪的传播机会、速度和感染烈度相对较高，而诸如正义感、爱国情感、忠诚感等正面情感是聚合群众注意力和影响力，在网络行动中实现集体认同的重要力量[127]。因此，情绪化和非理性表达可以引发不同圈层之间的信息流动、情感交流和价值认同，使不同圈层之间产生“涟漪效应”，进而扩展社会思潮传播范围、深化社会思潮传播效果。因此，对于新媒体环境中的社会思潮传播，单纯基于媒介特性进行特征分析已然显得阐释力不足，需要综合媒介特性、使用媒介的方式和情境、行动主体与媒介之间的关系去描绘当前社会思潮的传播图景。

第四，在新媒体环境中，社会思潮传播从由点及面的垂直线性传播变为同心圆式的扩散传播。在网络介质的拓扑结构的作用下，网络空间中节点化的个人随机产生的“弱连接”发挥了同心圆扩散过程中信息中枢与接收者之间的桥梁作用。这种作用使社会思潮新媒体传播过程中，其核心理论作为传播内容出现向上勾连、向下降维以及横向扩散的演化过程。新媒体环境中社会思潮由传播中枢扩散至整个传播网络需要实现其核心理论的通俗化，这个通俗化的过程实际就是社会思潮核心理论要素的变化，也就是传播内容是如何随着传播范围的扩散而演化的过程。

在新媒体环境中，知识和信息不再以系统化的论述形式进行传播，而是以碎片化的形式进行更为迷惑性和隐蔽性的传播[129]。向上勾连是指具体的个人诉求沿着社会思潮传播路径上升为普通的社会问题，社会思潮中的理论要素将个性的利益诉求统一上升为共性的公共话题。向下降维是指理论要素沿着社会思潮传播路径向现实问题靠拢，实现抽象问题通俗化，以减少触达公众时由于理解折扣导致的对理论要素的不认同。这里的“上下”是指社会思潮传播内容的抽象性程度高低。横向扩散是指传播者通过自身的社会关系网络实现社会思潮在同一个社会层级或者社会圈层中的扩散。普通网民之间的横向弱关系使社会思潮传播在网络舆论演化中发挥重要作用。在这里，与社会学中作为“社会资源或社会资本”的经典概念不同，本研究所提及的“关系”主要是指在传播视域中，参与者之间以及参与者的行为与技术中介之间的互动纽带。在社会思潮同心圆式扩散传播中，传播内容的演化过程实际上是社会思潮如何为大众所接受的过程。然而在传统的传播模式中没有体现传播内容的演化过程，对于解释分析社会思潮的传播而言欠缺应用度。

新媒体传播模式是传播模式历史演化的结果，它作为构成信息技术发展、媒介变革下社会存在的组成要素，具有对社会意识领域中社会思潮传播现象的支配作用。在社会思潮传播中，由新媒体环境中多元化主体和多样化媒体环境所导致的多主体互动的圈层结构、情绪化和非理性表达的主导地位以及传播内容在社会思潮不断扩散中的演化态势可以被新媒体传播模式中传播结构、传播方式和传播过程的有机统一和复杂性所解释。对于圈层型社会思潮传播而言，在多主体互动的圈层结构下，圈层的性质影响社会思潮的传播效果，导致社会思潮的传播态势随着其现实指向性的高低而变化。对于互动型社会思潮传播而言，在多样化媒介环境下碎片化、碎片化的传播路径和在开放互动的网络环境下社会思潮理论要素的通俗化趋势决定了社会思潮能够在传播中基于群众立场实现自身理论要素在不同人群中的流变。综合以上因素，新媒体传播模式由于其在传播方式、传播过程和传播结构三个维度上的有机统一性而成为当前研究社会思潮传播的有效分析框架。

4

社会思潮传播的主体间性新特征

在新媒体传播模式支配下，社会思潮传播具有一些新的重要特征，它的形成过程以及特征之间的递进关系解释了当前社会思潮舆论化现象的成因。社会思潮的产生与发展，从本质上来说也是人类的一种传播和交流活动。社会思潮是在传播过程中不断丰富自身内涵并且发挥其社会作用和影响的，社会思潮传播的功能与效果受到传播者、传播媒介和传播对象三者之间互动关系的支配。传播主客体的身份界限在新媒体传播模式的支配下模糊化，从而导致社会思潮传播过程中的主客体关系呈现出主体间性的重要特征。主体间性表现为在传播中，由于多重主体间的多种互动行为，社会思潮在新媒体模式的支配下以网络舆论的形式进行传播，呈现舆论化的效果特征。当社会思潮以舆论的形式传播时，会在生成议题、舆论传播内容和舆论演化路径方面出现新的重要特征。新媒体传播模式使人的主体意识回归，以媒介和媒介所有者为中心的传播活动逐渐成为以人为主的用户使用活动，社会思潮传播的主体之间产生互动、建立关系、劝服他人的过程就是新媒体传播模式支配下社会思潮的传播图景。

4.1 社会思潮传播中的主客体关系特征

4.1.1 新媒体传播模式下社会思潮传播的主体间性

间性在人文社会科学研究中是指一般意义上的关系或联系。主体间性是指主体与主体之间的关系。主体间性是与主体性相对应的哲学概念。在人的活动中，存在着作为主体的人与作为客体的对象之间的关系。这种关系强调主体相对于客体的优势地位，如笛卡尔的“我思故我在”、黑格尔的“绝对精神”、普罗泰戈拉的“人是万物的尺度”等观点，都体现着一种“主体-客体”的关系结构。然而，现代哲学出现了从主体性向主体间性的研究转向，根据关于主体间性的观点，人对自己和对社会的认识是基于自我与他人之间的互动，这种主客体关系模式不适用于分析社会历史领域里人与人的关系。在人与人的关系问题上，把某人作为他人的客体是不能成立的，需要另一种解释范式。主体间性是指主体与主体之间的相互性和统一性，即两个或多个主体的内在相关性，突出主体之间在交往互动中所形成的“交互主体”，它展示了一种“主体-主体”的关系结构[130]。主体性是一种主客二元对立的关系，主体间性是一种主客平等的关系，即客体也是主体，相当于主体与主体之间的关系。从主体性到主体间性的转向，超越了以主客体关系阐释人际交往的局限性，体现了人际互动的主体交互作用的本质特点。

在研究社会思潮传播的过程中，也需要实现由“主客体关系”的解释范式向“主体间性”的解释范式的转变。传播活动描述了传播者与受众，也就是传播主体与传播客体之间的作用关系。传统媒介环境下社会思潮的传播活动体现了以传播者为主体的主体性特征，传播者由于掌握传播媒介和传播控制权而成为传播活动中的绝对主体，受众被看作受传播主体操纵的群体或集合，他们只能接受来自传播主体的社会思潮内容，因此在传播活动中，受众一般是作为客体而存在的。新媒体传播模式提供了公众由客体向主体转化的条件，此时社会思潮传播是由传播的参与主体间的互动关系建构的，呈现出主体间性的新的重要特征。

1)传统媒介传播模式下社会思潮传播的主体性

学者林泰对社会思潮形成与发展过程的归纳比较客观地总结和概括了传统媒介环境中社会思潮的传播特点。他将社会思潮的传播过程概括为三级扩散模式。第一级是由引领社会思潮的理论家和学界、政界有影响力的人士组成的社会思潮核心层，他们从已有的思想资料中提炼出社会思潮的观点，这是社会思潮传播的直接源头。第二级是各类知识分子，他们负责将核心层制造的抽象理论观点，以多样化和世俗化的形式向广大群众进行传播。第三级是作为社会思潮的追随者和接受者的广大群众[5]10-11。从这里可以看出，在新媒体出现以前，社会思潮的接受者和传播者处于二元偏正结构的主客体关系中，传播主体决定着客体对社会思潮的认知。此时社会思潮的传播主要依托集会、讲座、论坛、印刷品等形式，表现为以知识分子为主的学界的学术论争与观点博弈。这种传播方式要求传播者首先具备对外来思潮或者先进思想的理解与接受能力，其次对受众的媒介接触能力和知识文化水平的要求都比较高，所以社会思潮能触达的受众并不占据社会公众的大多数。因此，知识分子作为传播主体拥有对社会思潮相关信息输出、分配和阐释的绝对权力，决定着群众所接受的思想和观点的呈现样态。部分群众作为社会思潮的接受者，或是完成信息接受的任务，对社会思潮内蕴的理论思想产生认同，或是受到知识分子传播的内容中有关利益诉求的动员，进而形成集体行动。这些行为都是社会思潮经由主体传播对人掌握的结果，社会思潮接受者自身相对于传播内容和传播过程的主体性和能动性尚未显现。所以此时社会思潮的传播是在传播主体和传播客体二元偏正结构的框架内运行的。

马克思主义在中国早期的传播过程就体现了这个特点。追溯社会思潮空前活跃的五四时期，马克思主义作为当时最具影响力的社会思潮依托《每周评论》和《星期评论》两份刊物，以李大钊、陈独秀等知识分子的评论文章完成马克思主义在中国从传入、传播到接受的过程[131]。自由主义思潮在20世纪90年代的传播也具有这个特点[132]147-149。这些文章作者通过对谁能正确认识中国现状、以怎样的方式和手段来认识中国现状的问题进行论争，实现对自由主义思潮和新左派思潮中核心理论观点的传播。这种传播是由当时社会思潮的传播环境所决定的。五四时期我国面临着民族独立的现实困境，知识分子的使命感使其期望从思想理论中寻找解决现实问题的方法；而20世纪90年代我国面临着由计划经济向社会主义市场经济转型中出现的一系列亟待解决的问题。

2)新媒体传播模式下社会思潮传播中的主体间性

随着传播模式的不断演化，社会思潮传播中主体-客体的传播关系向主体间的互动关系转变，表现出主体间性的重要特征。主体间性是在新媒体传播模式下社会思潮传播中对主客体关系特征的理论概括，网络环境中匿名化的公众开始具备以自主性、自觉性、能动性和社会性为表现的主体性，此时的社会思潮的传播过程表现为新媒体传播模式支配下少数精英与社会公众之间围绕社会思潮核心理论要素的互动过程。新媒体传播模式中社会思潮的传播主体依然是学者、媒体工作者、自由撰稿人等知识分子，但是他们对于社会思潮的传播策略受到了主体化后社会公众的影响。

在新媒体传播模式下社会思潮传播中，匿名大众的自主性体现为每一个人都拥有自我表达的能力和渠道，任何有话要说的人都能够对公共话题或者事件发表看法。个人表达意识的觉醒使原本隐匿于内心的社会心理通过舆论形式显露于网络空间中，积累新媒体环境下社会思潮传播所需的心理基础。在2019年由巴黎圣母院失火事件而引发的民族主义思潮传播中，部分网民罔顾历史背景和价值意蕴，将历史遗迹被毁与英法联军火烧圆明园两件事简单拼凑，触碰并唤醒公众的民族情感和民族记忆，通过公众的情感共鸣塑造对西方国家的对立情绪，引起非理性民族主义思潮在网络空间传播。

在新媒体传播模式下社会思潮传播中，匿名大众的自觉性体现为匿名大众能够在互联网的各种信息中意识到其中的利益冲突，并且通过心理认同与社会比较后建构起自身在利益冲突中的身份特征。这种利益觉察和自觉建构身份特征的意识成为普通大众参与社会思潮传播的具体行为。2016年的“雷洋事件”由于触发了包括部分中产阶层在内的群体性安全焦虑，从而引发有关司法公正的舆情，因此被视为民粹主义思潮的传播事件[133]。在网络民粹主义的声浪中，部分人面对社会矛盾时将自身置于潜在受害者的地位，实际体现了他们已经接受民粹主义思潮中二元对立的叙事框架和强调平民化倾向的观点，这是对抽象社会思潮观点无意识的“积极”认同。

在新媒体传播模式下社会思潮传播中，匿名大众的能动性体现为人们通过自我表达、分享信息、产生互动等行为拥有组织和动员他人的能力。通过在特定人群中构建横向传播组建共识性群体，继而利用网络集体行动扩大社会思潮传播范围，深化传播效果。随着社交媒体的兴起带来的全球化在文化交流领域的深化，有学者认为互联网环境重新建构了民族主义的形态、内涵和话语。传统民族主义强调本国之于他国的个体优越感和对他国的支配感[134]，激进的民族主义在中国互联网环境中表现为以亚文化言语、图像和符号为形态的中性的网络民族主义。相较于民族主义在共同体利益维护、文化建构与历史传承方面的内涵，在东西方文明持续碰撞和冲突下，中国的网络民族主义表现为网民在不同认知中进行身份建构与文化认同的过程[135]。但两者的相似之处都在于通过对特定符号的重复在人群中构造一种“群体性仪式”，在这个仪式中塑造并强化人们的文化身份。这种群体性仪式是横向传播的现实表现，其结果就是网民通过“群体性仪式”在网络空间中组建起具备共同身份认同的共识性群体。近年来几次显著的网络民族主义思潮的传播事件都起源于微博，利用公众的爱国主义情绪发酵于网络空间，进而发动网络集体运动，比如日本APA酒店右翼历史书事件[136]。这些事件的形成离不开网民之间的自发组织与参与，以参与“群体性仪式”作为身份认同标志，组建起共识性群体的行为恰好体现了人们在诠释社会思潮核心文本的基础上对其产生认同的传播效果。相关社会思潮的网络传播也是在事件和行动演化发展的助推下实现的。

在新媒体传播模式下社会思潮传播中，匿名大众的社会性体现为利益相同的人在意见交互过程中建立起新的社会关系，促进新的心理社群形成，成为社会思潮观点产生与传播的具体单位。心理社群的产生基础是人们共同的社会心理。心理社群通过为人们传递价值、主张和意见提供渠道，使人们实现自我的价值定位。社会思潮在具有共同价值取向的人群中传播，相似的观点不断被强调，使其更容易获得认同。与此同时，互联网信息分发过程中“回音室”“过滤气泡”和“信息茧房”等效应虽然会使社群面对同质化的信息环境，并且加剧社群之间的隔阂，但是社群内部就共同话题形成的相互声援也使特定社群内部具备对特定社会思潮更坚实的认同基础。

在新媒体传播模式下社会思潮传播中，社会公众由于具备了自主性、自觉性、能动性和社会性，由单纯传播客体向传播的参与主体转变，与以知识分子为代表的少数精英形成互动，形成群聚式传播主体，共同实现社会思潮的传播。主客体关系的变化使社会思潮的传播从单向扩散的播放模式变为双向交互的互动模式。社会思潮以其鲜明的现实指向性而在传播中对诸多社会问题具有吸附力，使各个阶层都可以借此发挥作用。社会公众对社会现实问题的评论和网络中呈现的社会矛盾成为少数精英提炼社会思潮思想观点的现实注脚和心理基础，社会公众在评论事件时对自身利益身份的自觉建构成为抽象社会思潮观点适应网络环境的演绎动力，而归属不同利益群体的公众在具有强烈情感联系和共同身份认同的虚拟社群中发表情绪性与动员性的言论，与精英提炼的思潮理论观点一道吸引其他受众，实现社会思潮掌握群众的传播目的。

社会思潮传播的目的是为了让社会公众对其核心理论产生认同，继而影响他们的行为。一方面，社会公众依然是社会思潮传播的客体；另一方面，如果没有公众对现实问题或热点事件的关注，社会思潮就无法实现掌握人的目的，更无法实现向现实运动转化的目的。因此，被赋权的公众也是传播社会思潮的主体。正如学者吴风所说，互联网的最大成功不在于技术层面，而在于通过信息处理技术和数字化网络创造出一个供所有人自由进出的新世界，使人类获得相对独立的全新的主体性，成为自由的创造性主体[137]63-65。

4.1.2 主体间性特征出现的客观条件

以互联网和移动互联网为代表的新媒体是相对于电视、广播等大众媒体而言的，是一种随着技术演进，不断继承和放大之前媒体的功能，并吸收新技术，发展出新的传播功能的媒体形态的集合。新媒体传播模式作为新的信息传播机制和范式，为社会思潮的传播提供了多样化的言论载体，其传播方式的交互性、传播过程的交融性以及传播结构的嵌套性为社会思潮传播中主客体关系的转向提供了客观条件。

1)传播方式的交互性为主客体关系转向提供交流路径

新媒体传播模式中存在着多种传播方式，并且这些传播方式之间存在交互关系，为社会思潮传播中主客体关系的转向提供了路径支持。微信平台以一对一、点对面的人际传播与群体传播方式为主；微博平台中既存在一对一的人际传播方式，也存在点对点的群体传播方式；以今日头条为代表的新闻聚合平台承载的依然是传统新闻中心的角色；亚文化交流平台产生针对社群内部的基于共同兴趣和价值的互动传播方式。这种建立在网络平台和虚拟社群载体基础上的传播方式是人际交流中面对面的传播方式，大众传播中的规模化、公开化的传播方式，以及群体中基于认同感和归属感的互动交流传播方式之间交互的结果。

多种传播方式的交互作用，可以形成社会思潮的理论要素、社会心理要素之间的广泛勾连，使普通舆论形成社会思潮舆论。带有情绪性、动员性和涉及公共利益的话题在人们的多向互动中凝聚为某种诉求，如果这种诉求因其本质内核与社会思潮的理论要素有相似之处而与社会思潮产生勾连，那么人们出于表达自我或者寻求认同的讨论、转发和点赞行为就在客观上推动了社会思潮的传播和扩散，由普通舆论变为社会思潮舆论。客体成为主体的条件是要能够与主体产生互动，只有客体摆脱了被主体支配的地位，才能实现与主体之间的共在与交往。主客体之间的互动需要一定的渠道与路径做支撑，传播方式之间的交互通过提供互动、交流和沟通的路径为社会思潮传播中主客体关系的转向提供条件。

2)传播过程的交融性为主客体关系转向提供交流空间

新媒体传播模式中同时存在着单向传播过程、双向传播过程和多向传播过程，传播过程之间的相互交融形成了一个容纳各种信息自由流动的场域，为主体间的对话与交往提供了开放性和公共性的交往空间。在这个交往空间中，每个个体、群体加入对话以及产生与他人对话的机会是均等的，每个人都拥有评论别人和被别人评论的机会，每个人也都拥有评论公共事件的能力和机会。在这个交往空间内，社会思潮的传播客体通过对话、评论、点赞、转发等行为与其他客体以及传播主体产生互动，传播客体之间也可以通过对话的行为相互产生认同，构建社群，提供社会思潮得以传播的言论空间。

在新儒家主义思潮的网络传播方面，国内目前存在着近百个具有新儒家主义色彩的网络平台[62]。这些平台中大部分都拥有被平台部分用户认可的意见领袖[138]。在孵化传播平台和选择意见领袖的过程中，作为传播客体的网民与“草根”的自主性、能动性作用不可忽视。正是由于他们在平台上的沟通交流，这些网络平台才不断积累文化认同，成为具有影响力的新儒家主义思潮的传播平台，也由于网民对于新儒家主义思潮代表人物的心理认同和行为支持，这些人物才得以成为意见领袖。网民的能力和地位也由此得以提升，彰显了其在传播过程中的主体性。因此，相互交融的传播过程通过建构平等、自由的交往空间为社会思潮传播中的主客体关系转向提供条件。

3)传播结构的嵌套性为主客体关系转向提供权力基础

传播结构是指传播参与要素之间的组成形式，其中蕴含了传播权力在参与要素之间的分配。新媒体传播结构的嵌套性为社会思潮传播主体间的对话与交往提供了平等的权力分配基础。互联网的普及使个人成为了网状传播结构中的节点,节点之间依靠现实的社会关系和网络形成的虚拟社会关系相互链接。现实的社会关系下产生了一对一的链接结构,这些一对一的链接结构又通过节点间虚拟的社会关系成为了多极化链接结构中的一部分。与此同时,网络空间中的意见领袖也能够产生一对多的等级化链接结构,这些等级化链接结构之间又会通过现实或虚拟的社会关系接入其他链接结构中。这样相互嵌套接入的链接结构稀释了原本集中于社会思潮传播主体的传播权力,使传播权力分散到每一个节点。原来是层级式权力基础,现在是同心圆扁平式权力基础,权力结构的不稳固和多变为主客体关系转向提供了条件。传播结构的嵌套解构了机构与组织对于传播权力的垄断,使传播权力从媒介端和精英端逐渐流动至全民范围。多样化的传播主体在跨越时空的条件下所形成的复杂关系导致传播权力的分化、转移。

个人节点化的现象使原本被动的受众具备了社会思潮传播中信息发布的控制权,社会思潮的传播成为一种公众参与的互动交叉传播。任何人在这个结构中发出的声音都有可能经过链接引发共同情感联系或者利益诉求的共鸣,进而形成社会思潮从舆论中迸发的情感基础,比如“不转不是中国人”“给他们点颜色看看”等非理性表达往往成为中国民族主义思潮在网络空间的话语动员策略,激发民族主义情感动能[139]。相互嵌套的传播结构从社会关系建构的角度激活了个人的传播权力,为社会思潮传播中主客体的关系转向提供条件。

4.2 主体间性作用下社会思潮传播的内容与效果特征

对于传播过程而言,传播主体、传播客体、传播媒介、传播内容和传播效果是其五个核心要素[7]16。那么,随着传播主客体在媒介变化下出现了主体间性的新特征,社会思潮传播通过依托热点事件、采取对立话语和日常化表达的内容特征,呈现出以网络舆论表现其理论要素的效果特征。

4.2.1 主体间性下的内容特征：搭载社会事件和理论要素大众化

在社会思潮传播的过程中，知识分子群体和网络中的意见领袖作为社会思潮的传播主体，将社会思潮中抽象的观念学说与社会现实矛盾相结合，利用热点事件削弱社会思潮的抽象化和理论化色彩，从事件中抽取出契合该理论的片段或者当事人言论，对其进行解读；或在客观评述事件的过程中"无意识地"加入社会思潮的核心理论，借由公共事件表达诉求；并且采取符合广泛社会公众，尤其是年轻网民认知结构、文化素养的话语方式，运用具有强烈冲击力和影响力的表达赋予社会思潮更多社会化、大众化的语境，进而使社会思潮的思想内核被社会公众所理解和认同。当社会公众作为传播主体时，他们一般不会在网络上讨论抽象的社会思潮，而是以表情、图片等符号化语言有意或无意地传递社会思潮的观点与诉求。他们对于藏匿社会思潮理论观点的热点事件和公共事件进行的评论、转发、点赞等互动行为都是在以开放性的文本传递思想信息和表达价值认同。在这个过程中，社会思潮的观点和诉求已经表现在他们的行为舆论中。

在去中心化和扁平化的传播结构中，社会公众以不同利益诉求和价值取向集结成相互分化的不同圈群，温和、理性的话语难以突破圈层传播，诉诸情绪的宣泄和裁剪事实的断言反而具备更广泛的传播力，会促使网民对祛除语境的细节产生认同感。因此，社会思潮的传播内容往往呈现一种非黑即白的二元框架和碎片化、日常化的表达方式。为了躲避不同圈层之间的价值倾向差异，传播者会以世俗化、氛围化和平实化的表达方式取代理论化和系统化的论述，以大众的日常生活为素材，以对立、夸张和情绪性表达为话语机制，消解、掩饰其正统、精英的意识形态性和政治意图，以此实现社会思潮在价值取向不同的圈群之间的传播和流动。在2017年，历史虚无主义者以学生家长的口吻炮制了一篇文章，称某革命烈士的遭遇过于血腥，对孩子造成了不良影响。该文作者在革命英雄与大众之间制造对立，但因为部分家长感同身受，在互联网中迅速传播，造成了极为不良的社会影响[140]。新媒体的互动性和强社交性给予网民充分的交流空间和情感体验。网民在对新近发生的热点事件进行评价的同时，也通过这种行为完成了对于自身社会身份的构建，并且在交流中与他人实现情感共振，获得情绪共鸣[141]。网民在互动过程中获得的情绪体验和心理共鸣都是对新媒体平台上的内容进行二次传播的鼓励，这其中也包括社会思潮的相关内容。

4.2.2 主体间性作用下的效果特征：社会思潮舆论化

依托热点事件使社会思潮传播内容中的理论观点逐渐日常化和具象化，由此导致社会思潮的核心诉求更加贴近当下公众的利益诉求。社会思潮的传播效果不仅是少数精英提炼理论观点并在群众中引起共鸣，还表现为在媒体、精英与大众的合力下，使社会舆论中的某种诉求与观点凝结为特定社会思潮的表现形式，在新媒体环境的开放交往空间与平等对话基础上形成了个人诉求与公共话题遥相呼应、网络舆论与社会思潮同频共振的局面。

在新媒体环境下社会思潮传播过程中，多重主体间的多重互动使社会思潮舆论化，即以网络舆论的形式表现社会思潮中的理论、观点和主张。社会思潮在新媒体传播模式下以网络舆论的表现形式而存在，网络舆论中的态度、观点和倾向是社会思潮中理论因素的现实体现。在传统媒介环境中，社会思潮依托集会、讲座、课堂、印刷品、文艺作品等渠道进行传播。社会思潮中的思想体系与理论内核表现为知识分子在这些渠道内针对现实问题所持的观点、态度和行为倾向。所以说，具体的言论是抽象的社会思潮理论因素的外化表现。那么在新媒体环境下，媒介技术使言论的外延拓展，呈现为由公开发表的讨论与意见构成的显性舆论，由情绪、态度等构成的潜性舆论，以及由点赞、转发等网络互动行为构成的网络舆论。网络舆论既是社会思潮在网络空间的表现形式，同时也作为社会思潮在新媒体传播模式中的具体传播内容来体现社会思潮的核心理论要素。社会思潮在传播过程中主动寻找社会主体，传播过程中的核心理论思想泛化为舆论。网络舆论体现着社会公众对公共事件和公共话题的情感、态度、观点、诉求，社会思潮并不简单体现社会诉求，而是会为了获取社会认同而与广泛或典型的社会诉求相靠近，从而导致舆情出现。舆情产生后，在有机运动成为舆论的过程中，网络舆论从社会思潮中寻找理论支撑，舆情中潜隐的情感因素上升为外显的观点诉求，引起社会公众的情感共振，从而实现对社会思潮核心观点广泛的社会认同。

4.3 新媒体传播模式下社会思潮传播的舆论特征

社会思潮传播过程中多重参与主体的多重互动导致社会思潮的舆论化，使得社会思潮依托一部分网络舆论在新媒体环境下进行传播。当舆论成为新媒体环境下社会思潮的表现形式时，社会思潮在舆论议题、舆论内容以及舆论演化路径上呈现以下特征。

4.3.1 舆论议题的泛化与聚焦

社会思潮传播者为了获得更大程度的认同，会选择将自己的思想理论泛化为普遍的社会需求，与此同时，社会思潮传播者也会将自己的诉求聚焦在民众普遍关心的领域。无论是泛化，还是聚焦，都是为了让社会思潮获取更多共鸣而主动采取的手段。社会思潮的表现形态则是社会思潮舆论议题的泛化与聚焦。

在新媒体传播模式下，社会公众能够与社会思潮的思想理论产生互动，互动中产生的情感力量造成社会思潮舆论议题呈现出泛化与聚焦两极分化的趋势。当社会思潮面向社会公众进行传播时，受各自认知结构、社会地位与过往经历的影响，社会公众在接收、理解社会思潮的同时，又赋予其新的意义，将更多的现象与社会思潮画等号，将个人的生活体验和感受迁移进社会思潮中的诉求和学说内，对社会思潮文本进行个人或群体的诠释。所以每下沉一个群体，意味着社会思潮的核心诉求和主张就出现了一次泛化。在思潮传播下沉的过程中，社会思潮自身对情绪性表达的依赖也推动了其核心诉求的泛化。当由网民组成的边缘群体进行社会事务讨论时，并不全是参与公共事务，往往有借由表达宣泄情绪释放压力的目的。李彪、喻国明指出，在社交媒体圈层化传播的当下，信息传播过程中的事实与真相逐渐让位于观点与情感[142]。标签化、情绪化的表达方式比单纯阐述社会现象和探讨思想理论更具有传播力，能够在具备共同价值追求和利益诉求的共同体中获得共鸣。当前人们对于现实问题的关注推动着社会思潮以最大程度掌握群众为出发点而产生聚焦点的转变。多数社会思潮不再囿于理论层面和政治诉求，而是表现为围绕教育、医疗、生态、就业、收入差距等民生问题[143]。因此，承载社会思潮的舆论议题在传播过程中要么泛化为公众的情感宣泄或观点表达，要么聚焦于公众关心的利益分配问题。人们在对社会思潮进行关注和传播时，往往交流的并不是事件本身或者社会思潮传达的诉求，而是在传播过程中人们附加上去的情感倾向和价值观念。

4.3.2 舆论内容的再建构化与通俗化

社会思潮是围绕不同群体的核心诉求与利益关切而形成的，这一点在其传播过程中体现为对传播内容的框定性。不同于传统社会思潮在传播过程中，其内容是由社会精英主导建构的一元化表达，在新媒体传播模式下，社会思潮以舆论形式表现，其传播内容是由公众参与的再建构化表达。在这种再建构化表达下，社会思潮不断地贴近有关公共话题与热点事件的网络舆论。

在新媒体传播模式下，受众也是传播者，当其再次传播时，是理解与解释之后的传播。传播者把自身的经验感受和情感因素赋予他所接受的观点，传播内容产生了再建构性特点。在主体间的多重互动之中，每一次互动，社会成员都会在交流意见和转发内容时加入自己的观点倾向和情感偏好。舆论传播的次数越多，意义再生产的次数就越多，承载的社会心理因素和情绪能量就越足。转型期民众焦虑不安的社会心态以及新媒体环境中公众的情绪化表达造成网民将自身的利益与情感诉求加诸社会思潮的概念内核之上，造成新媒体环境中社会思潮的舆论内容是在建构观念学说内核的基础上，以事件为核心，基于传播空间中的情绪共鸣和利益诉求再次被建构出来的。在这种建构过程中，社会思潮出现了多种叙事层面的话语策略。陈龙梳理了网络民粹主义思潮的话语策略，如扣帽子、散布假消息、人肉搜索、谩骂、渲染、限制不同声音等[144]。汤景泰从叙事角度指出了网络民粹主义的三种话语生产逻辑，分别是英雄叙事、悲情叙事和复仇叙事[145]。

网络的开放性与超链接性使其中的公共话题与热点事件为以舆论为表现形态的社会思潮提供了大量通俗化的具象资源。网民在转发评论信息时附上自己的观点经历，这本身是对原始信息的一种修改，但这种修改使得原始社会思潮的内容更加具有通俗化和生活化意蕴，亦使得原始社会思潮的思想理论更容易从网络传播下沉到人际传播中，从而获得大众的讨论和认可，实现其社会功能。社会思潮之所以能够迎合人们的“口味”，在人群中得到普及，是因为深层社会结构的变化和社会利益的调整对人们社会心理和思想观念所产生的影响。比如，民粹主义思潮在新媒体传播过程中呈现出以利益分配为导向的内容，而非原本诉诸政治权力的内容。这是因为在全面改革过程中，当前社会出现的暂时性的利益分配不均现象吸引了公众注意力，并在公众中形成意见共振，成为滋生社会思潮传播的现实土壤。

4.3.3 舆论演化路径的对接化

新媒体传播模式支配下的社会思潮在舆论演化上呈现对接化的路径。对接化是指自上而下和自下而上结合的过程。“上”是指以知识分子、社会精英、媒介使用能力较强和话语权较高的社会公众人物为代表的群体，“下”是指原本面目模糊的社会思潮接受者，即普通大众。

过去，社会思潮的传播以社会精英为中心发散，并且其思想和学说被民众接受需要较长的时间，常常反复。它所产生的舆论演化路径是自上而下的。比如 20 世纪 80 年代针对真理问题的讨论最早发轫于知识分子，普通群众是在社会现实发生变化后才渐渐认同，其接受方式是感受式认同，即把精英传播的思想观念和自己感受的现实变化联系起来。但是，在新媒体传播模式下，传播方式和传播过程维度的复杂性提供了思想表达的空间，网民可以自主表达自己对社会现象的看法，也可以自主表达自己的利益诉求。由于网民已经不是社会思潮的消极接受者，各个社会阶层都在借由社会思潮传播表达自己的需求和愿望，尤其在涉及民生问题的表达中，民众的参与度更高，比如教育公平、医疗卫生、食品安全、金融风险等议题[32]166。由于建构者身份的变化，社会思潮已经由理念学说演化为公众自身社会身份、角色意识和价值诉求的表达。如同学者陈伟军所说，在互联网中，社会思潮以碎片化、数字化和感性化的形式传播，主体的诉求更加世俗化、生活化[35]184。因此，社会思潮的舆论演化是知识分子或意见领袖主动将社会思潮的理论观点与普通网民的利益诉求和情感表达相对接，以实现公众对社会思潮的认同。在社会思潮的新媒体传播过程中，当下发生的热点事件或者突发性事件往往能够成为公众议论的焦点。然而由于新媒体传播碎片化的特征，公众无法掌握事件的全部信息，网络中的意见领袖或者现实生活中的知识分子借此对某一特定社会思潮的原始理论进行解构，抽取出符合多数人利益诉求的元素，并结合社会冲突的具体情况对理论元素进行包装，采取标签化和情绪化的话语方式，使社会思潮能够与当下社会事件相关的网络舆论共存。这种对社会思潮解构再建构的传播策略打破了社会思潮传播中个人理论素养对于认同和接受社会思潮的局限，实现了社会思潮传播的舆论演化路径在不同特质人群之间的对接。

新媒体环境中多元交互的传播方式、重叠交融的传播过程以及多层嵌套的传播结构为社会思潮传播中的主客体关系转向提供了交流路径、对话空间以及互动权力基础，使社会思潮的传播过程呈现主体间性的传播参与者之间的关系特征。主体间性说明社会思潮传播在新媒体传播模式的支配下表现为多重参与主体间的多种互动行为，因此社会思潮在新媒体环境中以网络舆论的形式进行传播，这就是社会思潮传播的舆论化。当社会思潮以舆论形式传播时，产生了舆论议题、舆论内容和舆论演化路径等方面的特征。深刻理解社会思潮传播中的主体间性特征以及在此特征支配下社会思潮传播过程中的内容特征和效果特征，有利于建立公共空间中交流的共同基础，并能正确辨别网络舆论中的社会思潮因素，从而可实现治理社会思潮传播乱象、引领虚拟空间思想文化健康活跃发展的总体目标。

5

社会思潮传播机制的构建基础、内涵阐释以及现实透视

新媒体传播模式与社会思潮传播机制两者之间是支配与被支配的关系。新媒体传播模式作为互联网时代社会存在的重要组成要素，支配了社会思潮的产生基础和演化图景。新媒体传播模式是新的信息传播机制和范式，社会思潮的浮现依赖于新媒体传播模式中所体现的社会矛盾和社会冲突，而社会思潮的传播依赖于新媒体传播模式所掌握和提供的媒介、渠道、平台和人群。依据上一章提出的社会思潮传播的主体间性特征，从公众角色转化的角度来分析社会思潮传播合乎研究逻辑。同时，经过梳理发现，传染病传播模型是研究复杂网络中信息传播和网络舆情演化规律的有效工具。因此，根据传染病传播模型中人群健康状况的不同对人群进行分类的思路和从人群状况的转化路径入手对传播情况进行调控的角度对构建社会思潮传播机制而言具有一定的合理性和启发意义。此外，社会思潮的传播不仅是社会思潮核心理论要素在网民群体中扩散和蔓延的过程，还是人们对这个核心理论要素的认知转变过程，具有过程性特点，是一个复杂的社会文化现象。所以，构建社会思潮传播机制不仅要借鉴传染病传播模型中的人群分类法则和转化路径设计原则，还要考虑新媒体传播模式对社会思潮传播的支配作用，同时，也应将导致人们认知变化的社会文化背景、社会心理因素和阶层差异纳入考量。在本部分，笔者在前人研究的基础上，将传染病分析模式中的模型建构思路和基本方法作为方法路径，意在建立新媒体传播模式下的社会思潮传播机制，重点剖析引导社会思潮传播的关键人群和关键环节，为科学有效引导社会思潮传播提供决策依据。

5.1 基于传染病传播模型对社会思潮传播机制的分析与评价

需要说明的是，对传染病这一生物学现象的分析，要辨析传染病传播模型和基于传染病传播模型的分析模式。传染病传播模型是用于分析抽象的病毒扩散过程所使用的思维工具，其原理是将人群按照健康状况的不同进行分类并探究其健康状态转换的条件，从而遏制病毒的扩散和蔓延。在模型思维的指导下，将人群不同状态转化路径与病毒蔓延图景描述相结合，才是基于传染病传播模型的分析模式。

5.1.1 传染病传播模型及其演化模型

学者们基于传染病扩散规律与舆情信息传播规律之间的相似性，将传染病传播模型应用于描绘舆情信息传播样态中。目前，互联网信息传播研究主要集中于信息传播过程和信息传播预测两个方面。网络信息传播是依靠特定社交关系实现信息流动的，因此，借助人群运行的传染病传播模型对于描述网络信息传播过程和传播规律、分析信息传播中的情感走向、预判与治理社交网络中的舆情状态以及预防舆情危机具有启发意义。学者们便将描述传染病传播的模型应用于在线社交网络中，并基于经典传染病传播模型制作了针对网络信息传播、网络舆情演化以及网络谣言扩散的各类改良模型。在此，笔者将对各类模型作简要梳理，并提出传染病传播模型及其演化模型对于研究社会思潮新媒体传播现象的方法路径启发及研究局限。

传染病传播模型及其演化模型经历了一个变量不断增加的过程。最基础的变量结构是将个体抽象为易感(Susceptible)者、确认感染(Infected)者和免疫(Recovered or Removed)者，个体由于病毒的感染而发生身份的转化，从而构建经典的传染病传播模型：SI 模型[146]和 SIR 模型[147]。在 SI 模型中，人群只有两种状态，即从易感者向确认感染者转换这一种路径。在 SIR 模型中，增加了由确认感染者向免疫者转换的痊愈路径。随着对传染病研究的深入，学者们提出了在传播过程中存在潜伏期，变量中增加了疑似感染(Exposed)者，于是出现了 SEIR 模型①[148]99。图 5-1、图 5-2 和图 5-3分别表示 SI 模型、SIR 模型和 SEIR 模型。

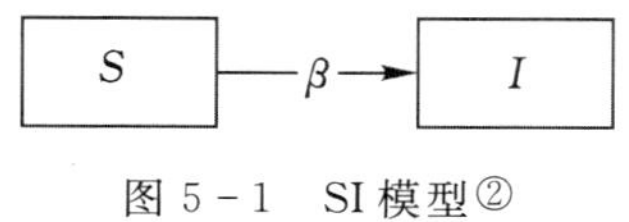

图 5-1 SI 模型②

① 关于 SIER 模型，后文 5.1.4 将会有具体阐释。

② 模型图引用自徐涵，张庆. 复杂网络上传播动力学模型研究综述[J]. 情报科学，2020，38(10)：159-167.

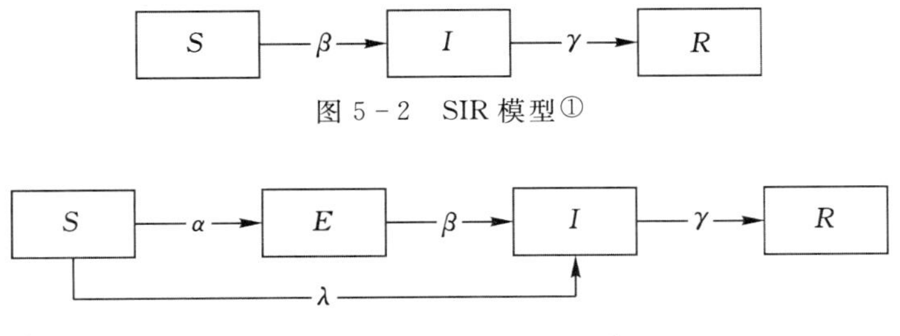

图 5-2 SIR 模型①

图 5-3 SEIR 模型②

徐涵、张庆的研究展示了不同模型中病毒的传播路径和人群的感染及恢复路径。在图 5-1 中，易感者 S 以 β 的概率转化为确认感染者。在图 5-2中，易感者 S 以 β 的概率成为确认感染者 I，确认感染者 I 以 γ 的概率恢复为免疫者 R。在图 5-3 中，易感者 S 中的一部分以 λ 的概率直接被感染，成为确认感染者 I，另一部分以 α 的概率成为疑似感染者 E，疑似感染者 E 以 β 的概率转化为确认感染者 I，确认感染者 I 则以 γ 的概率被治愈，成为免疫者 R，获得抗体，自动退出传染系统，不会被再次感染，也不会感染其他个体[149]。表5-1展示了以上模型中涉及的变量名称及其内涵。

表 5-1 传染病模型中的变量符号说明

符号	解释说明
$S(t)$	t 时刻易感者人数
$I(t)$	t 时刻确认感染者人数
$E(t)$	t 时刻疑似感染者人数
$R(t)$	t 时刻退出感染系统的人数，包括免疫者人数和死亡人数
α	单位时间内成为疑似感染者的概率
β	单位时间内由疑似感染者成为确认感染者的概率
λ	单位时间内直接成为确认感染者的概率
γ	单位时间内痊愈的概率

① 模型图引月自徐涵，张庆. 复杂网络上传播动力学模型研究综述[J]. 情报科学，2020，38(10)：159-167.

② 模型图引月自徐涵，张庆. 复杂网络上传播动力学模型研究综述[J]. 情报科学，2020，38(10)：159-167.

随着科学技术的进步，人们发现舆情在互联网中的传播过程与传染病基于人际交往的扩散过程具有相似的路径和机制，于是传染病传播模型逐渐被应用于互联网舆情传播中来分析谣言传播、舆情演化等现象，并同时衍生出一系列的改良模型。在谣言传播方面，Daley 和 Kendall 在 1965 年提出的 DK 模型就是将传染病传播模型引入谣言研究的产物。按照传染病传播模型的基本思路，Daley 和 Kendall 将处于封闭网络中的群众分为不知道谣言的无知者、传播谣言者以及知道谣言却不传播的窒息者，并由此建立谣言传播的数学模型[150]。这种按照对谣言的了解程度和传播行为对人群分类的标准成为此后学者研究的基础，同时也与经典传染病传播模型，即 SIR 模型中的人群分类标准具有相似性。2019 年，王雨嘉、侯合银将谣言传播置于具有小世界特征的复杂网络中，通过增加新变量和细化原有变量的方式，将经典 SIR 模型改进为 WT-SIR 模型，研究了综合外部力量，即辟谣者的出现，以及内部因素，即网民的兴趣衰减时，在不同辟谣手段下的谣言传播规则[151]。

在舆情传播方面，学者们在 SIR 模型和 SEIR 模型的基础上进行了较多的应用性拓展。这些应用于互联网具体信息传播过程中的改良模型遵循的规律有以下方面。一是在原有节点分类标准基础上引入节点的新状态。比如 Leskovec 等在 SIR 模型基础上提出 SIS 模型，认为确认感染者在成为舆情免疫者之后仍然会再次成为确认感染者[152]。在此基础上，有学者构建了社交网络中的 SIRS 模型[153][154]。在该模型中，人群依旧被分为易感者、确认感染者和免疫者，不同之处是 SIRS 模型中存在易感者之间的循环。该模型构建者认为易感者在感染并以一定概率被治愈后，并没有彻底获得免疫能力，而是会再次成为易感者并触发新一轮感染。丁学君认为在微博平台上存在一种网民与信息的接触状态，从而基于 SIR 模型构建了 SCIR 模型，揭示了微博舆情裂变式的传播特征[155]。二是考虑信息在传播中出现的变化而对节点转化路径进行改良。比如在 SEIR 模型基础上，崔金栋等从信息传播中话题衍生的角度提出了信息传播的 H-SEIR 模型[156]。三是针对网民的心理状态和情绪因素对模型中的参数或者参数之间的转化率进行改良。比如陈业华、张晓倩在 SIR 模型中加入网民的情绪变化因素，构建了 SIR_1

R_2舆情传播模型[157]。赵剑华、万克文结合网络用户的心理特征构建了基于SIR模型的社交网络舆情传播动力学模型[158]。林晓静等在SEIR模型基础上提出基于网民信任系数的饱和接触率，丰富了SEIR模型的理论内涵，并提升了其现实应用度[159]。

对人群进行分类的模型思维的引入为划分舆情演化阶段和识别谣言扩散关键点建立了具象化分析的基础。学者们将传染病传播模型应用于信息传播研究的目的是为了通过模型仿真信息在互联网，尤其是在社交网络平台上的传播过程，从中挖掘信息传播规律，为信息传播态势预测和控制谣言传播提供理论依据。

5.1.2 传染病分析方法对于研究社会思潮传播机制的适应性

传染病在人群中的扩散规律与社会思潮在人群中的扩散规律具有相似之处，这成为应用传染病传播模型进行社会思潮传播过程分析的方法论基础。同样，新媒体传播模式支配下的社会思潮传播在传播方式、传播过程与传播结构三个维度呈现出与传染病传播相似的特征，成为传染病传播模型适用于分析当前社会思潮传播的方法论依据。

就传播方式而言，社会思潮传播与传染病传播都依赖于人际传播。在传染病传播模型中，传染病按照病毒与人不断接触的方式进行传播，人际传播方式对病毒传染具有重要作用。在社会思潮传播中，自媒体、社交平台和互联网视听平台介入下的线上线下联动式的人际交往也是社会思潮在传播中动员、组织群众的重要方式。正是通过人际交往的方式，一个人的思想观念才能传递给另一个人。王云芳、焦运佳在分析网络民族民粹主义思潮的传播方式时提出，在日常使用的微信、微博和知乎等平台上，网民之间通过观点的交换形成了群体内部的一致性认同，构建出群体“回音室”，在这个封闭的“回音室”中，信息内容和价值倾向的同质化不断强化人群的民族主义倾向，亦强化人群在信息传播中获取的信仰和认同，原本温和的民族民粹主义群体可能在这种强化认同下变得激进[139]。原本相互联结的群体可能因为不同的价值认同而相互隔离，小群体内部同质化的价值认同在极化效应下，在一定程度上会催生极端集体行动[160]。至此，网络民族民粹主义思潮在网络“回音室”效应下，通过人与信息之间的相互接触完成了社会思潮影响、掌握群众的传播目的。人与人之间的观点交换与交流是社会思潮传播的主要方式。所以，传染病和社会思潮在传播方式上的相似性成为将传染病分析模式应用于社会思潮传播分析的适应性之一。

就传播过程而言，社会思潮传播和传染病传播都存在潜在传播路径。传染病要实现不断传播，需要病毒在人群中的不间断流动，某一个病毒携带者与一个正常人发生交往性的接触，病毒就由携带者传播到这个正常人身上，致使正常人感染病毒。社会思潮要实现不断传播，需要相关思想观念在社会公众中不断获取认同。思想观念的传播类似于病毒的传播，社会思潮传播和传染病传播在没有外力阻碍的情况下，都是通过提高交往频率和扩大交往范围来实现单个社会思潮和单个病毒的传播速率的。在传染病传播模型中，其传播的内容是病毒，那么其传播过程是围绕病毒的流动展开的。病毒的流动方向是沿着人群的接触方向顺延的，如果在传播过程中采取一定防疫措施，阻断人与人之间的接触路径，就切断了病毒的传播过程。例如在 SEIR 模型中，存在病毒携带者，若决策者识别该节点并采取措施将其与健康人群隔离，就可以阻断携带病毒的人群与易感人群之间的感染路径，缩小感染范围，实现对传染病的控制和对传播过程的阻隔。所以，在外界因素不介入的情况下，一个携带病毒的人最多能够接触并感染多少人决定着该病毒传播过程的持续时间，切断潜在接触路径成为有效控制手段。而在社会思潮传播中，社会思潮的舆论化致使社会思潮的传播过程是围绕关涉社会思潮的网络舆论的流动展开的。由于在新媒体传播模式下社会思潮传播的泛众化，容载社会思潮的网络舆论是在社会思潮传播的信息中枢和外围社会公众的互动中实现围绕核心理论要素的流动，这也类似于病毒在人群中的传播过程。如果在社会思潮传播过程中采取措施，就能够打破信息中枢和社会公众的互动链条，阻隔可供社会思潮相关网络舆论获取公众认同的渠道。陈琳、单宁对社会思潮传播过程进行调研后指出，要加强在重要时间节点前后对社会思潮的监测与研判，积极化解非理性言论[161]。这就是要通过提前预判潜在传播路径、削弱社会思潮舆论的情感色彩来降低公众对错误思潮言论的认同度。所以，传染病和社会思潮在传播过程上的相似性成为将传染病分析模式应用于社会思潮传播分析的适应性之二。

就传播结构而言，社会思潮与传染病的传播结构都存在随机性。传染病的传播结构表现为病毒以由不同状态的人在交往中所产生的接触关系为纽带而不断扩散，形成不同的传染类型，如：近距离交谈；工作中的交往接触关系，比如医生和患者；集体生活中的交往接触，比如学生在学校食堂吃饭；集会中的交往接触，比如参加大型展会等。这些类型的组织原则是人在日常生活中可能产生的各种交往性的接触关系，这些接触关系的存续具有很大随机性，所以导致传染病的传播结构呈现不稳定性。在新媒体传播模式下，社会思潮的传播结构表现为：社会思潮的理论内核隐藏于针对具体利益问题的网络舆论中，持不同立场的网民在线上交往或线下交往中选取关涉不同利益诉求的理论进行解读，或者接受和认同符合自身利益诉求和立场的理论，将解读后或接受和认同后的理论内化为自己对具体利益问题的态度和看法。这种传播结构的构成要素由持不同立场的网民和社会思潮的理论内核组成。这种传播结构受到网民具体的立场取向和所处的利益背景的支配，网民对于理论内核的选择、阐释、理解和认同都存在很大的随机性，社会思潮的理论内核与针对具体问题的通俗化表达有时并不是一一对应的关系。所以，社会思潮的传播结构会随着网民立场的改变而改变，与传染病传播结构一样呈现不稳定性。所以，传染病和社会思潮在传播结构上的相似性将成为传染病分析模式应用于社会思潮传播分析的适应性之三。

但是对于社会思潮传播而言，网民的心理状态对于其对社会思潮舆论所持态度影响很大，并且对于整体网民群体而言，社会阶层之间的差异、不同群体之间的差异，以及是否会受到舆论压力的影响都会影响不同人对社会思潮的态度。因此，相较于传染病分析模式，社会思潮分析模式的结构应该更具复杂性和流动性。这就涉及应用传染病分析模式在新媒体传播模式下分析社会思潮传播的局限性问题。

5.1.3 传染病分析模式对于描述社会思潮传播机制的局限性

目前已有学者将模型思维应用于研究社会思潮的特征。比如，桂勇等从类型学角度基于对现象的观察归纳提炼出“立场取向＋理论内核”的网络左翼社会思潮的构成和认知模型[162]；张静、王欢从结构维度出发，建立了由微信内容因素、微信环境因素、受众因素、社会教育因素构成的影响微信中社会思潮传播的分析模型[163]；石立春等运用扎根理论分析了606个网络民粹事件，建立了网络民粹事件诱发、生成、演绎过程中的议题特征模型[164]。这些研究将数量分析方法和模型思维引入社会思潮研究之中，实现了从质化研究到量化研究的飞跃，为社会思潮的传播提供了分析框架，同时也从数量结构的层面解释了社会思潮演化的趋势特点。但是从模型角度出发分析社会思潮的传播对于定位社会思潮传播中的关键环节和关键人群的维度而言，仍然存在较大的研究空间，而这两个维度正是引导社会思潮传播时需要关注的重点维度。这就为引入以人群分类为特征的传染病传播模型用以分析社会思潮传播提供了契机。

应用传染病分析模式中的模型思维能够在一定程度上具象和系统地描述某一现象的演进趋势，对于研究社会思潮传播而言具有重要的方法论意义。但是传染病传播模型是用来分析生物学现象的，社会思潮传播作为一种社会文化现象，涉及人们的认知转变过程，其传播状况和传播机理都要比传染病传播复杂得多。因此，虽然后续应用于互联网信息传播的传染病传播改良模型为构建社会思潮新媒体传播模型提供了方法路径方面的启发，但是对于社会思潮在新媒体传播模式下的传播现象来说，这些模型在人群性质判定和路径建构方面仍然显得阐释力不足，不足以充分说明分析当前新媒体传播模式下社会思潮传播的状况和趋势。其局限性具体表现在以下方面。

第一，忽略参与传播人群的不同性质。建立社会思潮传播模型时不能忽视人群的社会性，不能把不同社会性质的人群看作没有社会差别的同质性群体。对于参与传播的人群来说，所有传染病传播模型及其演化模型的建构者都没有考虑到群体的社会性差别，实际上是将人群统一定义为生物学意义上的人，对人群中社会阶层的差异和圈层差异对于信息传播的影响考虑不够。传染病传播模型的建构者把传染对象理解为生物学意义上的人是符合传染病传播规律的，但社会思潮的传播对象是社会性的人，不是生物学意义上的人。社会思潮的传播和扩散是建立在人们对社会热点和舆论话题的看法之上的，要基于人们的认知水平和社会心理进行考量，这两者会因为人们所处的阶层或群体的不同而不同。若是将所有人一视同仁，就难以辨别对社会思潮传播起关键性作用的群体，导致其相应的引导和治理工作效率不高。

第二，难以体现复杂的传播路径。在路径演化方面，社会思潮传播的路径比传染病传播的路径更为复杂。传染病传播是一个自然过程，只要病毒与生物细胞发生接触，就会在生物学规律的作用下发生传播，但是社会思潮的传播是一个社会过程，这就是社会思潮传播与传染病传播的区别之处。传染病传播本身处于无组织状态，社会思潮传播处于有组织状态，因此在建构路径时，传播主体的主动型与被动型都要被纳入考量。传染病传播模型是建立在自然传播框架下的。传染病传播的逻辑过程是病毒直接感染人或者通过人际接触感染人，这是一个无中介的直接行为。社会思潮影响人需要通过一个对社会思潮内核进行再解释和再接受的过程，即把社会思潮理论与社会诉求相结合的过程，这是一个基于人对理论进行通俗化的中介行为。此外，社会思潮传播路径的复杂性还体现在，在传播过程中，除要考虑公众的心理状态和情绪因素外，公众的价值认同因素也应作为变量影响因素被纳入考虑范畴。最后，由于新媒体传播模式具有复杂性，不同属性的公众群体之间也会产生交互，从而影响社会思潮的传播路径。公众角色并不会终止于免疫者，由于社会思潮的传播基于热点事件和热点话题，话题的衍生性会使原本已经成为免疫者的公众群体再次对某些诉求产生共鸣，从而再次参与社会思潮的传播。因此，社会思潮新媒体传播模型应该是一个开放且循环的模型。

5.1.4 SEIR 模型对于分析社会思潮传播机制的适应性与局限性

这里以 SEIR 模型支配下的传染病分析模式为例，具体说明将传染病传播模型应用于新媒体传播模式中分析社会思潮传播机制的适应性与局限性。由前述梳理可知，SEIR 模型是以 SIR 模型为基础，在传播路径中加入疑似感染(Exposed)者。而所谓疑似感染者，是指已经受到病毒感染，但并没有发病症状，似乎与正常人一样，但实际上已经是具备不被识别的感染能力。

如果直接借鉴 SEIR 模型具体分析社会思潮传播，可将传播过程中社会思潮的核心理论要素和诉求视为传染病中的病毒。那么，将分析传染病传播的 SEIR 模型的各变量分别替换为社会思潮传播过程中的相关变量即可。易感者 S 代表易受社会思潮核心思想影响的网民；疑似感染者 E 代表接收到社会思潮核心思想，但并未完全被影响，也并未决定是否传播的网民；确认感染者 I 代表完全被社会思潮核心思想所影响并且参与传播的网民；免疫者 R 代表已经不受社会思潮影响，也不再传播的网民。以 $S(t)$ 表示 t 时刻易受社会思潮影响的网民数量，以 $E(t)$ 表示 t 时刻立场中立的网民数量，以 $I(t)$ 表示 t 时刻参与传播社会思潮的网民数量，以 $R(t)$ 表示 t 时刻退出社会思潮传播的网民数量，那么，表示 t 时刻不同人群新增人数的方程如下。

$$\begin{aligned} S(t) &= -\alpha E(t) - \lambda I(t) \\ E(t) &= \alpha S(t) - \beta I(t) \\ I(t) &= \beta E(t) + \lambda S(t) - \gamma I(t) \\ R(t) &= \gamma I(t) \end{aligned} \tag{5-1}$$

其中，社会思潮的传播速率 v 为单位时间内新增的感染者占总体人数的比例，社会思潮传播的引导率 h 为单位时间内免疫者占总体人数的比例，假设单位时间为 t，总体网民数量为 N，那么

$$v = \frac{\beta E(t) + \lambda S(t) - \gamma I(t)}{N}$$

$$h = \frac{\gamma I(t)}{N} \tag{5-2}$$

以上公式显示，若社会思潮传播符合SEIR模型的基本假设，那么社会思潮的传播速率与单位时间内疑似感染者人数和易感者人数的增加速度成正比，社会思潮的引导率与单位时间内免疫者人数的增加速度成正比。也就是说，若要引导社会思潮传播、控制社会思潮对人群认知的影响，应该在控制易感者的数量、调控易感者向疑似感染者的转化路径的同时，提高免疫者的数量。

然而，SEIR模型忽略了社会心理对于社会思潮传播的影响，这种心理层面的忽略体现在两个方面。

第一，对于特定人群社会心理要素的忽略。对于传染病传播而言，疑似感染者具有进一步扩大传染病传播范围的作用，其关键特征是未知潜在的病毒传播者，即人体接收到病毒，具备传染能力，但还未传播病毒。与传染病传播模型中的疑似感染者类似，在社会思潮传播中，也存在着能够扩大传播范围，但在当前不被识别的“潜伏者”人群。社会心理状态是影响这部分人群是否继续传播社会思潮的重要因素。在社会思潮传播中，根据用户心理的不同，可以将疑似感染者分为三类，这三类人对接收到的社会思潮有不同的处理方式：第一类是受从众心理影响，认为如果没有找到持有相同意见的发声者，没有必要继续传播；第二类是受整体社会压力影响，认为继续传播或许会给自己带来不利影响，不敢继续传播；第三类是接收并认同社会思潮的信息，选择继续传播。作为“潜伏者”来说，若借鉴SEIR模型中的转化路径，前两类用户由于心理因素的作用不会由疑似感染者转化为确认感染者，那么此时信息传播的路径就会被切断，只有最后一类用户能够转化为确认感染者。从这个意义上来说，在社会思潮传播中接触到信息但并未传播的群体是否具备传播社会思潮的能力由他们的心理状态和所处的社会环境决定，疑似感染者人群对传染病传播模型而言是确定的，但对于社会思潮传播来说是不确定的，所以这部分用户不能简单地被归类为社会思潮传播的“潜伏者”群体。因此，对于接收到信息但并未决定是否传播的这一类人群而言，SEIR模型中的人群分类标准忽略了在互联网传播中用户心理对于信息流动的影响。

第二，网民对信息来源的信任度和网民之间的相互信任度会影响全体网民是否参与社会思潮传播。信息来源的可信度以及网民之间的相互信任度会通过影响网民的社会心理进而影响网民的传播行为。在社会思潮传播中，如果网民知道传播者以前传播过假消息或者面对公信力不高的传播机构，那么就会对该信息源所提供的信息持怀疑态度，网民极有可能停止传播行为，从而切断信息的传播路径。不论网民此时是属于社会思潮传播的易感者，还是疑似感染者，都不会转化为确认感染者。信息来源的多样性程度也会影响网民的传播行为。如果网民所处的信息环境中只存在提供社会思潮思想理论的信息来源，当前信息环境中没有能够与之抗衡的信息来源，易感者和疑似感染者向确认感染者的转化速率会加快。如果网民所处的信息环境中还存在大量社会主流价值信息来源以及批判社会思潮中错误言论的信息来源，这些信息能够与社会思潮思想理论相抗衡，能够影响一部分网民，使其不容易接受社会思潮的思想理论。这样就能在一定程度上减缓易感者直接向确认感染者转化的速率，也能控制疑似感染者的数量。网民对彼此之间以及对信息来源的信任度会影响他们是否参与传播，从而影响社会思潮传播路径的产生；网民所处信息环境的丰富性程度也会影响网民对社会思潮信息的接受程度，即影响社会思潮的传播效果。这些都是利用SEIR模型在构建变量和变量转化规则时所缺乏的。

通过具体分析SEIR模型，我们发现，传染病传播模型涉及了病毒传播的方式特征和人群的结构特征，其中人群分类思想对于研究以人们认知转变为目的的社会思潮传播而言，具有重要启发意义。但是社会思潮传播作为一种社会文化现象，其传播本质是一种抽象的思想理论以通俗化和碎片化表达隐藏于具体利益诉求中，并在持某种特定立场的群众中获取认同，进而掌握群众的过程，其传播机制还应体现群众思想变化的过程性特征。与此同时，群众对这种通俗化和碎片化表达中的抽象理论的认同和接受程度取决于其自身的社会文化结构、认知水平和社会地位，而这三者与群众的社会心理状况息息相关。因此，笔者在传染病传播模型的方法论基础上，综合考量社会思潮传播中的传播过程规律和认识过程规律，加入对网民社会心理状况的考量，并考量网民不同社会心理状况的形成因素，构建社会思潮传播机制，描述和定位新媒体传播模式支配下社会思潮传播中的关键环节与关键人群。

5.2 新媒体传播模式支配下的社会思潮传播机制模型

社会思潮传播机制的构建需要借鉴传染病分析模式中的模型思维，综合考虑新媒体传播模式的支配作用、社会思潮传播规律以及人们对社会思潮认知状况的影响因素。

林晓静等在其舆情传播模型中按照是否接触到舆情信息以及是否参与传播这两个标准将 t 时刻的网民分为四类：未知类 $S(t)$、潜伏类 $E(t)$、传播类 $I(t)$ 和免疫类 $R(t)$[159]。本部分基于 SEIR 传染病传播模型的基础假设和林晓静等研究的分类标准，结合社会思潮在传播过程中与主流意识形态的博弈过程以及新媒体传播模式中的复杂性特征，建立社会思潮传播机制，作为分析社会思潮传播态势和趋势的工具。

5.2.1 社会思潮传播机制的形式化表述：假设、背景与符号表达

首先，我们假设，社会思潮的传播是建立在社会思想文化激荡、社会文化建设需求的基础上。社会思潮的传播不是任意的、无条件的，而是受制于主流文化的传播，若某一社会思潮有助于主流文化发展就对其支持与强化，若不利于主流文化发展则予以抵制与批判。

其次，该机制借鉴了社会分层思想，以职业类型为参照，将全体网民依照对社会思潮认知水平的不同进行分层。在社会学中，社会分层是描述社会成员的职业类型、经济收入、社会地位和政治立场的分布状态的概念与方法，社会分层可按照不同的社会维度来划分。除显著地按照年龄和性别进行分层外，社会分层的依据一般是按照职业结构进行划分，如工人、商人、手艺人等[165]272-279。社会分层理论中的职业划分标准对于深刻理解不同层次的网民在当前社会思潮传播中的地位和作用，构建新媒体传播模式支配下的社会思潮传播机制具有重要启发作用。网民在社会思潮的传播中不仅表现出社会职业上的区别，也表现出知识层次上的区别。对于强调思想认同的社会思潮传播而言，网民对社会思潮的认知水平也应当被纳入网民分类标准的考虑范畴，要把职业、知识水平和文化类型综合考虑。因此，笔者在

职业分层标准的基础上，又综合考量网民的文化水平、媒介素养和网络技术掌握情况，按照对社会思潮认知水平的不同将网民分为以农民、工人为主的体力劳动者群体，学生群体，教师、医生、政府工作者群体，技能型专业人士群体，企业中的普通非体力雇员群体，高级管理人士群体，灵活就业群体七个不同层次的群体。在每一个群体内部，网民在接受社会思潮传播过程中会产生角色的分化，其分化过程将在后文中详细论述。

最后，进行社会思潮的传播动力假设。社会思潮的传播动力是由网民对自己生活中遇到的实际问题的感性关注所引起的精神张力。对于网民群体而言，民生问题和自我发展问题是其切身关注和体会的问题，对这些问题的正确与合理解决需要兼具感性态度与科学思维。一旦网民无法将这两者统一，就会产生基于实际问题的精神张力。这种精神张力表现为来自现实的民生问题与自身利益需求未被满足所导致的出于解惑和寻找自我发展的情感需求。这种情感需求一旦遇见某一与其观点一致、能够解答网民内心矛盾的社会思潮的基本理念，网民就会表现出认同甚至传播的意愿和行为。网民是否对相关舆论信息进行转发和评论可用来界定网民对思潮舆论的认同状态。

那么，按照对社会思潮传播内容的接受状态的不同可将 t 时刻的网民划分为以下几类：第一类是未知类，即对于社会思潮不了解也不知道的网民群体；第二类是默认类，即接收到社会思潮的理念和诉求，但是并没有传播的网民群体；第三类是传播类，即认同社会思潮并且参与传播的网民群体；第四类是止播类，即出于某种原因不再传播社会思潮的网民群体。与此同时，社会思潮的传播是基于网民对网络舆论中蕴含的思想观点的认识状态，所以对变量的设定要同时符合认识论特点与传播特点。

根据社会思潮新媒体传播状况，本研究引入社会思潮传播引导者群体G。这个群体包括认识到社会思潮核心理论的错误本质以及社会思潮舆论形式的煽动性、蛊惑性的网民群体，这一群体中既有党的理论工作者，也有知识分子、网络意见领袖等社会人士。同时将对思潮传播的免疫者按照免疫之后的状态进行分类讨论。笔者认为在社会思潮传播机制中，免疫者在脱离传播机制时，也就是社会思潮传播内容不再影响其行为时，不同的人对于社会思潮的立场是有差异的,可以被分为对社会思潮核心理论要素的屏蔽立场、认同立场和理性反对立场。

在SEIR模型中符号的角色内涵的基础上,社会思潮传播机制中具体节点代表的角色及对应符号如下。

S(Susceptible)——社会思潮传播未知者,即对社会思潮观点还未认同的人。

I(Infective)——社会思潮传播认同传播者,即接受并传播社会思潮的人。

N(Neutral)——社会思潮传播中立者,即接触、了解,但并未完全接受社会思潮观点的人。

G(Guide)——社会思潮传播引导者,即对网络中思想观点纠错扶正的人。

R(Rejected)——社会思潮传播拒绝者,即不传播社会思潮,并不再接触相关舆论的人。

RP(Recovered Positive)——社会思潮传播认同免疫者,即不传播社会思潮,但内心认同社会思潮观点立场的人。

RN(Recovered Negative)——社会思潮传播理性免疫者,即不传播社会思潮,并认识到社会思潮观点的片面性和抽象性的人。

其中,中立者群体是指接触到社会思潮舆论并产生共鸣,但未决定是否转发参与传播的网民群体,也就是知道、了解,但并未完全接受社会思潮在传播中所传递的立场观点的群体。这类群体存在着持续关注的心理状态,即网民会对社会思潮理论要素及核心诉求出现在网络舆论中的合理性以及后续相关信息进行持续关注。

中立者与认同传播者之间的区别在于网民是否会对社会思潮舆论信息进行转发,成为次级传播者以扩大社会思潮舆论的影响范围。认同传播者群体作为社会思潮舆论的坚定传播者,致力于社会思潮传播的广泛和深入化,会在网络舆论的基础上,将社会思潮的理论要素进一步通俗化,做概念转化工作。这一类人对于社会思潮通过舆论掌握群众而言具有重要作用。认同传播者会随着时间推进转化为免疫者群体中的认同免疫者,在遇到具有共鸣度的承载社会思潮舆论的热点事件时，又会转化为认同传播者。

引导者群体是指运用主流意识形态或者主流价值观等话语与社会思潮在网络空间产生博弈的网民群体。这一类群体对于网民是否接受社会思潮舆论以及接受什么样的社会思潮舆论起重要作用。

在免疫者群体内，认同免疫者是指在接受、知道社会思潮舆论后，内心认可社会思潮理论要素，并对社会思潮核心诉求产生共鸣的群体。由于存在对社会思潮的认同感，认同免疫者群体成为社会思潮继续传播的群众基础。而在传播方式多元交互的新媒体传播模式中，第二类免疫者的存在会影响中立者群体对社会思潮的立场和认知。

在不传播思潮的人群中，拒绝者与理性免疫者的区别在于：拒绝者是由于主观上对社会思潮不感兴趣而拒绝接触和传播社会思潮；理性免疫者是在与外界信息交互的过程中主动意识到社会思潮舆论的错误性，这部分人对社会思潮的拒绝和接触是建立在对社会思潮片面性、抽象性和错误性的理性认识之上的。

5.2.2 社会思潮传播机制及其基本特征

1)社会思潮传播机制的基本构成

根据以上假设、背景和符号描述，我们构建了社会思潮传播的 G-SNIR 机制。社会思潮传播机制由传播参与主体、社会思潮舆论扩散路径组成，反映了附着于热点事件和热点话题的社会思潮舆论在不同性质的网民群体之间的扩散路径以及在这个过程中网民在不同认知状态中的转化关系。

对于社会思潮传播而言，该机制需要放置于社会分层的前提下进行分析。根据之前对网民进行的分层，在以农民、工人为主的体力劳动者群体，学生群体，教师、医生、政府工作者群体，技能型专业人士群体，企业中的普通非体力雇员群体，高级管理人士群体，灵活就业群体七个不同层次的群体中，社会思潮传播机制都存在。从理论分析的层面出发，对网民进行分层的意义在于，参与主体所处的社会层次是影响社会思潮传播速率的重要因素，不同层次的网民对社会思潮舆论的共鸣度和认同度不一样，因此，不同社会层次的网民在不同角色之间的转化率就不一样。也就是说，未知类网民对于社会思潮舆论的接受度和认可度会由于社会层次的不同而变化。结合实际来看，借助社会分层理论分析网民群体，对于研究新媒体传播模式下社会思潮传播的意义在于：第一，对于网民整体而言，能够勾勒出不同群体受社会思潮传播影响的整体图景，辨析出不同层次人群受社会思潮影响的程度；第二，对于特定层次群体而言，能够较为直观地展现群体内部是如何被社会思潮舆论所影响的，对于判断关键人物在传播链条中的位置而言具有重要作用。也就是说，对于新媒体传播模式支配下的社会思潮传播而言，在每一个网民群体中，都存在 G-SNIR 机制，由于所处的层次不一样，模式中网民角色之间的转化率也不一样。结合上文列举的社会思潮传播机制中的具体节点及对应符号，G-SNIR 社会思潮传播机制如图 5－4 所示。

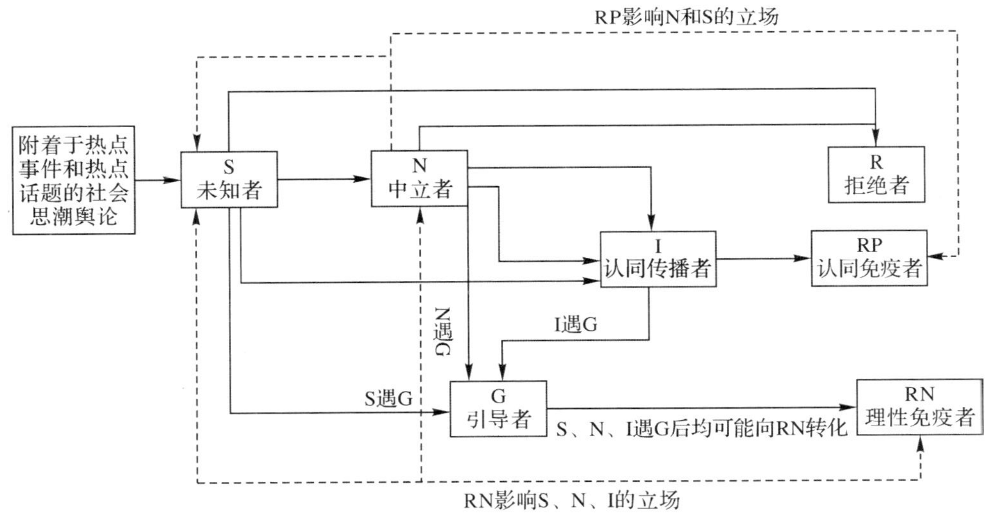

图 5－4　G-SNIR 社会思潮传播机制①

① 对该模型图的绘制受到王雨嘉、侯合银在其《小世界网络中基于一种改进模型的谣言传播研究》中提出的改进 WT-SIR 谣言传播模型的启发，特此说明。

图5-4中展示的社会思潮新媒体传播的规则以及规则支配下的路径如下。

首先，对于网民的角色转换关系而言，要区分是否有引导者的介入。引导者会影响中立者和认同传播者向认同免疫者的转化速率，即影响社会思潮的传播速率。同时，引导者的介入会加快未知者、中立者以及认同传播者向理性免疫者的转化速率，即加快主流意识形态对社会思潮的引导速率。

在没有引导者介入的情况下，社会思潮存在三种传播情况。第一种情况是未知者接触社会思潮舆论后，可能由于对其中蕴含的理论要素不感兴趣，对核心诉求没有产生共鸣，主观上屏蔽了社会思潮相关舆论，从而直接转化为屏蔽状态的拒绝者，此时网民状态转化路径（以下简称转化路径）为S—R。第二种情况是未知者接触社会思潮舆论后，先转化为中立者，后期由于对社会思潮理论要素和核心诉求产生强烈认同，转化为社会思潮的认同传播者，继而转化为认同免疫者，转化路径为S—N—I—RP。第三种情况是未知者接触社会思潮舆论后立即产生强烈认同，直接转化为认同传播者，继而转化为认同免疫者，转化路径为S—I—RP。

在有引导者介入的情况下，社会思潮的传播情况发生了变化，也存在三种传播情况。第一种情况是引导者与未知者接触，可能使未知者直接向理性免疫者转化，转化路径为G—S—RN。第二种情况是引导者与中立者接触，可能使中立者直接向理性免疫者转化，转化路径为G—N—RN。第三种情况是引导者与认同传播者接触，可能使认同传播者向理性免疫者转化，转化路径为G—I—RN。由于在未知者、中立者和认同传播者三个群体之中，网民对社会思潮理论要素和核心诉求的认同度逐层递增，因此引导者对其向理性免疫者转化的速率随着人群认知状态转变次数的增加而逐层递减。

其次，新媒体传播模式中多向互动的传播方式使以其作为运行场域的社会思潮传播机制呈现出开放式、循环式的运行特征。理性免疫者在信息二次传播过程中会成为潜在的引导者，从而影响未知者、中立者和认同传播者对社会思潮舆论的认可度与共鸣度。认同免疫者也会影响中立者与未知者对社会思潮舆论的认可度与共鸣度。

最后，调节该传播机制中的关键点在于引导者的介入程度，包括介入时间和引导效率，以及网民对社会思潮传播者的信任程度，它们构成了影响网民是否转发社会思潮舆论信息的关键因素。

2)**社会思潮传播机制的基本特征**

由于社会思潮传播机制是在新媒体传播模式的主导下形成的，因此也遵循新媒体传播模式在传播方式、传播过程和传播结构三个维度上的综合集成。社会思潮传播机制在这三个维度上表现出如下特征。这里的特征主要说明了社会思潮传播机制构建中的两个要点：第一是对传染病分析模式中模型思想的扬弃，第二是新媒体传播模式对社会思潮传播机制的支配作用。

从传播结构上说，社会思潮传播机制呈现出传播态度多样、传播主体多元的多主体互动结构，由核心传播者、一般传播者、立场摇摆者、引导者共同构成。在第四章的讨论中笔者提出，当前社会思潮传播在主体间性作用下表现为社会精英和普通大众围绕社会思潮的核心理论要素的互动，这里的传播模式则阐述了各主体在互动中的价值功能和关系。核心传播者是指机制中的认同传播者群体内网络话语权和网民信任度较高的人，这类人承担着推动社会思潮传播的任务。在新媒体传播模式中，核心传播者可以影响其他一般传播者，尤其是立场摇摆者对社会思潮的认知。一般传播者是指认同传播者群体内的普通网民，这类人具有依靠自身社会关系散播社会思潮的功能。立场摇摆者是指传播机制中的中立者群体，这类人是社会思潮传播者和引导者争取的中立人群。可以说，立场摇摆者的认知转变可以决定某一社会思潮是否能够产生跨越层级传播的效果。引导者以参与公共讨论、设置议题等形式试图隔离立场摇摆者和社会思潮传播者，以此入手扭转社会认知状况。

从传播方式上说，社会思潮传播机制表现为阐释性解读方式，即社会思潮通过舆论形式对网民进行价值观渗透和影响时，网民会将自身价值取向、利益诉求、情感需求与社会思潮中的思想理论进行拼接组合，从自身立场出发重新解读和阐释社会思潮中的理论内核，从而形成分众化的价值观念。这些价值观念的形成方式受到群众自身所持立场和所处具体情境的影响。

社会思潮的传播方式涉及社会思潮的思想理论和与思想理论相接触的群众的立场。不同层级的群众基于自身立场，将接收到的有关社会思潮的思想理论进行通俗化阐释，在群体成员的相互影响下，扩大社会思潮的传播范围。这种阐释和解读的方式对于群众自身立场和所处情境的依赖程度较大，立场取向和具体情境会影响对社会思潮的阐释和解读，可能会导致社会思潮的核心理论在传播中产生变异或出现不同社会思潮的合流。正如桂勇等所指出的，处于相同立场的群众对不同社会思潮产生的同质性理解和阐释为不同社会思潮的融合提供了可能性[162]。但是，如果群众所持有的立场取向发生了变化，或者其所面临的社会问题得到了解决，那么他们可能会失去对社会思潮持续关注的现实动力和心理基础，就会暂时退出对社会思潮的传播。

从传播过程上说，社会思潮传播机制在运作中表现出核心传播者与引导者之间，针对社会问题和社会矛盾，以多重思想观念相互博弈从而影响普遍社会心理的过程。社会思潮传播中这种认识转变的过程性是其区别于传染病传播的根本性特征。社会心理是社会思潮得以展开传播和实现传播目标的一个重要因素和基础。社会思潮的本质是要以特定的思想和理论去影响人们的行为，其传播开始于抽象学术理论向具体现实问题的降维，最终要外化于人们在实践层面的现实运动。不论是现实行为的产生，还是思想观念的转变，都必须建立在一定的社会心理基础上才能实现。社会思潮的核心传播者正是利用普遍存在的社会心理，以其思想理念诱导社会心理向负面情绪转变。有学者指出，民粹主义思潮之所以能够在当前社会拥有众多拥护者，与人们在改革进程中由于经济利益受损和公共服务缺失带来的不安全感息息相关[166]。民粹主义思潮中的“平民利益”“底层关怀”“关注弱势”等核心理念，打着追求绝对公平的名义，夸大社会发展和改革进程中的各种社会问题，以形成具有民粹主义倾向的群体。而社会思潮的引导者，则是通过两种方式与社会思潮的思想观念进行博弈，要么以对社会思潮思想观念错误性的批判扭转人们对社会思潮的认知心理，要么以对正面事迹的宣传消解错误社会思潮赖以传播的社会心理基础。比如 2020 年，为了纪念抗美援朝战争胜利 70 周年，大量相关纪录片在中央广播电视总台和各大卫视播放，在网络平台引发追剧热、讨论热，产生“叫好又叫座”的传播效果。纪录片通过大量国内外历史影像、文物、档案，大批战争亲历者的回忆，知名专家的解读以及国际上一些亲历者、研究者的讲述，有力地澄清了对客观事实的歪曲和诋毁，塑造了正确的民族集体记忆，从而使孕育民族主义思潮的广泛的社会心理更加积极、正面和健康，削弱历史虚无主义借助解构历史而产生的狭隘民族情绪的心理基础。

5.2.3 社会思潮传播机制的属性和规则

在新媒体传播模式中，社会思潮经由网络舆论，借助热点事件和热点话题发酵，最终期望达到的传播效果是让更多网民认可其中的理论要素，对内蕴的核心诉求产生共鸣，最终自愿成为社会思潮的次级传播者。通过图 5 - 4 可知，中立者作为网民身份转变的枢纽节点对社会思潮的传播而言至关重要，引导者节点在主流意识形态与社会思潮的博弈中起到了一定作用，认同传播者作为社会思潮传播的核心节点对社会思潮传播效果的好坏起重要作用。若要规范社会思潮传播过程，在多元化社会思潮中建立社会共识，要深刻把握三类关键节点的属性、三类节点之间的耦合关系，以及社会思潮舆论的属性与关键节点属性之间相互影响、相互制约的关系。

1)*关键节点属性描述*

在 G-SNIR 机制中，社会思潮舆论传播主体是不同属性的网民组成的多元行动者，其中包括普通网民、政务类内容发布者和理论宣传者，以及网络意见领袖。在 G-SNIR 机制中，这三类网民可以对应三类对社会思潮传播起关键作用的节点：普通网民是中立者的重要来源，政务类内容发布者和理论宣传者是引导者的重要来源，网络意见领袖是认同传播者的重要来源。

从图 5 - 4 可以看出，中立者作为知道但未完全接受社会思潮观点的人，拥有三种身份转化的可能，而影响身份转化的因素则是其与认同传播者和引导者之间的关系。林晓静等基于具有饱和接触率的网络舆情传播模型提出了模型中的信任系数。林晓静等通过实证方法指出，信任系数是指对于一位信息未知者来说，如果他知道传播者曾经传播过不实信息，就会对他所传播的信息持怀疑态度，信任系数与未知者变成直接免疫者的概率之间成反比[159]。同样,信任系数也存在于社会思潮传播中的中立者与认同传播者之间。认同传播者过往发表观点的可靠性越高,则中立者对其的信任系数越高,越容易受其影响。

中立者向认同传播者转化的概率与中立者周围认同传播者和引导者的数量有关。林晓静等还通过公式推演出网络舆情传播阈值 R_0。R_0 与传播率和接触率成正比,与直接免疫率和免疫率成反比。也就是说,舆情的次级传播者越多,接触到舆情传播者的普通网民越多,舆情的传播范围就越广;而接触到舆情却不相信舆情的网民越多,或者由于自我学习和在主流话语引导下不相信舆情的网民越多,舆情的传播范围就越小。按照林晓静等的观点,R_0 越小,越有利于控制网络舆情扩散态势。在 G-SNIR 机制中,如果中立者在关注社会思潮舆论后续态势时先遇到了引导者,那么,相比转化为认同传播者的概率,中立者有更大概率会转化为理性免疫者。反之,如果认同传播者要想争取中立者的话,就要保证中立者所处的信息环境中自己群体的数量大于引导者的数量,即提高认同传播者的数量以截断中立者与引导者的接触。这样做就是降低中立者对于社会思潮舆论的免疫率,提高社会思潮舆论的传播率,从而提高社会思潮传播中的传播阈值 R_0。

引导者和认同传播者在 G-SNIR 机制中是两种相互对抗的角色。引导者在 G-SNIR 机制中扮演社会思潮舆论传播的阻碍力量。引导者的阻碍力量是通过降低社会思潮舆论的传播率以及网民对社会思潮舆论的接触率实现的。降低传播率可以通过缩短由未知者出发的传播链条的长度来实现,即减小社会思潮的认同传播者出现的概率或者提高中立者向理性免疫者转化的概率。在 G-SNIR 机制中,降低接触率可以通过降低对于未知者而言的认同传播者的信任系数来实现。与此同时,在 G-SNIR 机制中,引导者介入的时机影响理性免疫者出现的概率。所以,从引导者自身属性来看,合理规划引导者介入模型的时机以及正确选择引导者使用的话语方式是提升网民对社会思潮舆论的免疫率、削弱关涉社会思潮的非理性言论损害舆论秩序的重要途径。

与引导者的阻碍角色相对应,认同传播者在 G-SNIR 机制中是促进社会思潮舆论传播的核心力量，是作为意见领袖在新媒体传播模式支配下传播社会思潮的活跃主体。社会思潮舆论是新媒体传播模式中传播内容的一种形式。在拉扎斯菲尔德提出的“意见领袖”概念基础上，王戈等提出“网络社会思潮领袖”这一概念。他们认为，网络社会思潮领袖进行意见表达、设置议题的主要目的是为了在系统的社会思潮理论体系下宣扬某种社会思潮，并非单纯释放情绪和追求影响力[167]。对比认同传播者在机制中的作用，可以发现该群体与网络社会思潮领袖在发声目的上具有一致性。认同传播者是基于对社会思潮舆论的认同从而成为次级传播者的，他们转发相关舆论或者发表相关观点会对社会思潮舆论中暗含的理论观念进一步解构，并将其解构为更易于被中立者和其他易感者理解、认同、接受的内容形式，以促进社会思潮舆论的进一步传播。那么，从这个意义上讲，认同传播者作为社会思潮传播主体的活跃性体现在社会思潮意见领袖的地位上。认同传播者借助意见领袖所具备的议程设置功能影响那些价值取向中立、从众性高的网民；对于从众性不高的网民，其影响程度则由网民对认同传播者的信任系数决定。

2）**内容属性描述**

在 G-SNIR 机制中，随着网民角色的不断变化和关键节点的互动，模型中的传播内容，即舆论中暗含的社会思潮理论要素的属性也发生了改变。这种内容属性的演化与网民的行为特质相关，并且影响着整个舆情信息生态环境。

社会思潮的理论导向性决定了其在传播过程中会发生内容属性的变化，系统化、抽象化的思想观点会开始具备抽象勾连性和片面合意性，以蓄意迎合不同层次网民的信息消费习惯、利益诉求和价值取向。社会思潮不同于社会心理和社会意识的关键在于内在理论要素的存在[33]。如果没有了理论要素，那么社会思潮就会沦为普遍的社会心理或者普通的社会意识[19]。社会思潮传播的目的是使大众认同其理论要素，从而能够以理论为指导动员和组织大众进行现实层面的行动。内容属性上的勾连性与合意性的强弱会影响网民对社会思潮舆论的认同度，进而影响网民角色的转化，最后影响网民对社会思潮理论要素的认同度。勾连性的抽象程度和合意性的片面程度越高，社会思潮的核心理论要素能够解释的社会现象就越普遍，能够覆盖的社会群体就越广泛，也就能够获得更多的社会认同。因此，社会思潮舆论的内容属性会影响其在网络空间的传播效果。内容属性是社会思潮能否掌握网民，并实现其传播目的的关键要素之一。

在社会思潮的流行和接受方面，存在着利益决定观念，以及公众筛选社会思潮的机制[168]。随着网民角色的变化，社会思潮的理论要素开始具备抽象勾连性和片面合意性。

抽象勾连性是指社会思潮中的理论要素起到了将个人诉求和公共议题相勾连的作用，以此在个人通过发表意见寻求社会认同和情感支持的同时实现社会思潮在网络舆论中的传播与扩散。这种勾连之所以是抽象的，原因是在勾连时不顾理论要素的具体应用情境以及个人诉求和公共议题所处的具体社会文化语境，其勾连难以真正解决具体的社会问题。以新自由主义思潮为例，该思潮在人民论坛问卷调查中心评选的十大社会思潮中，于2011—2015年连续位列前三位，极具影响力。在新自由主义思潮中，以价值观念上的“个人主义”和经济领域对市场竞争的强调为主的“自由主义”逻辑构成其理论要素[168]。这种理论要素与受后现代主义影响的青年“反主流”“解构权威”“热衷批判”的心理相迎合[129]，使处于思想叛逆期的青年在建立竞争意识和“民主”意识的同时，产生对原有价值观的质疑，无意识地生成对新自由主义思潮的认可与认知。

片面合意性是指社会思潮在传播中，其理论要素往往隐藏其真实意图，倾向于用大众易于接受的娱乐化、戏谑化、段子化的表达方式，即迎合大众心理的通俗表达方式建立起与大众的合意空间，获取共鸣。喻国明在研究中指出传播的致效规则，他认为在如果传播过程中要想影响他人，必须与作用对象建立一种存在共同兴趣、诉求和利益的“合意空间”。信息只有经由这个抽象的“合意空间”，观点才能通过表达影响他人[169]。同样，在社会思潮传播及掌握群众的过程中，随着网民角色的变化，社会思潮中理论要素的属性也会愈加潜藏和多变，表现为片面抽取自身观点学说构筑起包容性更高的“合意空间”，以适应不同社会层次中不同群体之间异质性的价值认知、言论倾向和利益诉求。

由于社会思潮的理论要素充当着组织和动员大众进行某种现实运动的功能[33]，因此社会思潮的理论要素本身或者在某种情况下是具有负面社会作用的。中国目前正处于社会转型期，不同阶层、不同群体在社会转型期所产生的愿望、诉求和经验体现为新媒体传播模式中分散的言论。这些言论如同散落在不同地方的珠子，而新媒体传播模式中的社会思潮就好像穿珠子的线，它内含的理论要素通过与高度抽象化的现实问题相勾连，为不同阶层、不同群体在不同方面的诉求提供了一种思想上的解决方案。基于这种建立在抽象现实基础上的片面性的合意空间，社会思潮通过认同感将这些不同的珠子串在一起，形成一股基于非理性认识的动员力量，继续影响他人对于社会现实的立场与看法。社会思潮理论要素的属性在演化过程中具备一定程度的隐患因素，当隐患因素由量变到质变达到一定的临界点时，会对整个新媒体传播模式中的舆情信息生态环境造成一定负面影响。这里的隐患因素更多是指在社会思潮影响下扭曲的舆论给人们造成的心理恐慌。

3) **社会思潮传播机制中互动状态评价规则**

社会思潮传播机制中的互动状态评价规则主要反映为机制中关键节点之间的耦合关系。所谓耦合，是指两个或两个以上元素之间的紧密配合和相互影响。具体到传播机制，是指其中认同传播者、中立者和引导者耦合关系下的三种规则。

第一，网民核心诉求与社会思潮理论要素是否一致决定中立者群体的立场和态度是否转变。由于受到从众心理的影响，以及在信息茧房中得到放大的“沉默的螺旋”效应，网民倾向于非激进型表达，以免遭受到异样的眼光，甚至网络暴力，舆论环境因此显得较为保守，但是人们仍然会在形形色色的社会冲突之下抱有不同的社会心理状态。中立者群体的角色转化受到其所遇到的群体的立场影响。中立者群体在面对社会热点中的社会思潮舆论时，其初始态度受自身社会心理状态支配。如果社会思潮舆论触及中立者群体内心的利益诉求，他们就容易受到认同传播者的影响，产生转发社会思潮舆论或者发布相关舆论的行为；反之，他们则会继续保持中立态度。若中立者在其网络关系中没有接触到认同传播者群体，即使其心里存在某些利益诉求，也可能害怕由于“势单力薄”而选择不发声。因此，对网民核心利益的关照程度决定了其对于社会思潮的认同状态。根据西安交通大学李明德教授团队发布的2020年十大中国社会思潮新媒体传播影响力排行榜，民粹主义思潮位列榜单前列。民粹主义思潮中蕴含着来自社会底层的诉求，多涉及社会公平正义，与当前社会转型期民众的关注点一致；并且每一次的舆论发酵都是利用具有悲情色彩的新闻故事来形成公众情感和意见的共振[145]。诉求与关注的一致加上情感与意见的聚合使民粹主义思潮能够在整体舆论环境中产生大量认同者和拥护者，这样就削弱了人们想要发声时对于是否有相同观点者为自己站台的疑虑。因此，认同传播者群体是否能将中立者群体同化，取决于中立者群体自身心理状态以及具备相同立场的认同传播者群体的观点能否触达中立者群体。

第二，群体利益诉求与社会思潮核心理论要素的契合度决定网民的共鸣度，而共鸣度高低决定社会思潮传播范围的大小。认同传播者群体通过发布符合社会思潮理论要素的观点影响整体网民对社会思潮舆论的认同程度，认同传播者群体自身观点发布的态度倾向和观点强度是重要影响因素。该群体作为对社会思潮理论要素的认可者以及对社会思潮核心诉求的共鸣者，会结合自己的社会经历，围绕社会思潮舆论发布相关观点，对热点事件或话题进行进一步解读，以促进社会思潮在整体网民群体中的大众化、通俗化传播。该群体的态度倾向由该群体利益诉求与社会思潮核心诉求的契合度决定。

态度倾向是指认同传播者的观点相对于主流价值观所呈现的正面、负面倾向。由理论观点形成思想潮流经历了两个阶段：第一是理论观点附着于热点话题和热点事件所产生的舆论中；第二是公众在内蕴理论观点的舆论内找到共鸣并产生认同，这种公众认同使“窄众化”的思想理论变成“大众化”的思想潮流。因此，如果公众的利益诉求与社会思潮的共鸣度越高，公众对社会思潮在传播中产生的舆论认同度就越高，越倾向于发表与社会思潮同向，但在价值取向方面与主流价值观背向的言论。所以，如果认同传播者群体的利益诉求与传播中的社会思潮在舆论中表现出的诉求相契合，那么该群体在传播中更倾向于产生非主流言论；如果契合度不够，则说明该群体在社会思潮传播中遇到了引导者，导致本身的价值取向发生了改变。而认同传播者群体观点发布的强度由该群体所处的社会层级决定。

观点强度是指认同传播者群体的观点引起关注的程度以及发布观点的频次高低。由前面的分析可知，G-SNIR 机制是置于社会分层的前提之下的，各类社会层级中都存在该机制，各类社会层级中都有社会思潮传播的未知者、中立者、认同传播者、免疫者和引导者存在。但是不同层级之间存在社会资本、媒介素养和网络信息技术掌握程度的差异，不同层级的认同传播者群体所能产生的观点强度不一样，能够影响到的网民范围也不一样。有学者指出，在互联网视听平台中的内容会进一步通过微信等社交媒体快速传播[163]。因此，熟练掌握网络传播话语方式、能够在多种传播平台之间转换的认同传播者，其观点强度一定超过不熟悉网络传播话语、使用单一传播平台的认同传播者。并且由于不同层级对于社会思潮的认知程度不一样，对社会思潮认知程度较低的认同传播者群体更倾向于直接转化为认同免疫者，而非成为社会思潮舆论的次级传播者。

所以，认同传播者群体自身的身份特征和社会文化特征决定了其观点发布的态度倾向，该群体在整个社会结构中所处的层级决定了其观点发布的强度，两方面共同构成认同传播者群体对整个网民群体和舆论环境的影响规则。

第三，引导者与认同传播者对传播阵地争夺力的大小是影响社会思潮传播格局的关键。在笔者提出的传播机制中，引导者与认同传播者之间存在竞争关系。竞争关系体现在由于价值取向的不同，两者之间由于对社会思潮的认知不统一而产生对新媒体传播模式中话语权的争夺。对话语权的争夺就是对传播阵地的争夺。在社会思潮处于传播状态时，引导者会立足于理性认识对舆论中的情绪化要素与错误思潮内核进行批判，这会形成与认同传播者之间的观点对立与话语权竞争。而引导者与中立者之间存在前者引导后者的关系。在新媒体传播模式下，多元交互的传播方式使引导者和中立者之间存在着信息流通和信息共享。引导者通过了解中立者产生的信息流转，准确认识中立者具备的身份特征、心理状态和行为特质，可及时准确地将其转化为理性免疫者。引导者通过在社会思潮传播过程中提高各类人群向理性免疫者转化的速率以作为影响整体舆论环境的驱动力。在

G-SNIR机制中，未知者、中立者、认同传播者在遇到引导者之后都可能转化为理性免疫者，而理性免疫者在新媒体传播模式的多向信息传播过程的影响下也会向引导者转化，去影响新出现的未知者、中立者和认同传播者，促使他们向新的理性免疫者转化，而新的理性免疫者在信息流转和共享中又会成为新的引导者。在这个过程中，对于社会思潮舆论的理性分析以及对社会思潮中错误理论的批判会逐渐占据舆论环境的主流。引导者的增多，也会减少中立者的数量，因为此时舆论环境中对于社会思潮的理性认识占据主流，面对依附于热点事件的社会思潮，网民能够保持客观理性的立场去看待。

5.3 社会思潮传播机制的案例梳理①

从前面的分析可以得知，对于社会思潮舆论传播中可能导致的传播乱象和思想混乱，各个社会层级中的中立者群体是关键节点，引导者介入传播模式的时机也很关键。

经过前面的分析得出，引导者、认同传播者和中立者是三个关键节点。并且，三个关键节点之间的互动转化规律是有效引导社会思潮的重要依据。因此，根据 G-SNIR 机制，对社会思潮舆论的科学有效引导可以通过两种方式实现：首先是引导者通过争取中立者群体，阻断公众成为社会思潮认同传播者的转化路径；其次是通过识别认同传播者的身份特征，实现其与未知者之间的隔离，从而降低未知者向认同传播者、认同免疫者的转化率。

结合上述推论，笔者以极端民族主义思潮的互联网传播状况为例，阐述当前社会思潮引导中存在的问题。

5.3.1 极端民族主义思潮互联网传播状况

本部分介绍极端民族主义思潮的内涵以及其 2019 年在中国新媒体平台上的典型表现。

---

① 本部分案例、言论和数据来自西安交通大学李明德教授团队发布的《2019 年中国社会思潮新媒体传播报告》《2020 年中国社会思潮新媒体传播报告》。

极端民族主义思潮的理论要素是支持西方民族国家形成的民族主义，是指共同体内部对集体的认同感、归属感的集合，本质上是一种非理性和排他性的情感和意识，缺乏价值内核。这种意识不仅集中于共同体内部对于发展的愿望，也体现在对待其他共同体的态度与原则上[131][170][171]。中国的民族主义观点主张通过现代化的社会发展达到国家独立、自主和自尊的目标[131]。这个观点表现为爱国主义，即理性地认识中国的发展经验和未来前景，以中华民族和中国人民的根本利益为行为指导，避免情绪化、暴力的行为和空泛、非理性的言论。但同时也存在以爱国主义为幌子，利用公众的民族情感、民族集体记忆和价值诉求煽动民族对立情绪，鼓吹民族孤立思想，扭曲网络舆论中的爱国主义，以扭曲的爱国主义为理论内核，借助社会热点事件，危害社会公共安全和舆论稳定的极端民族主义思潮在网络空间的借势传播。

在 2019 年的中国新媒体平台上，极端民族主义思潮隐匿于与爱国主义和民族感情相关的舆论中，在情感导向下以爱国主义为幌子大肆传播。极端民族主义思潮具备情感性和传染性。公众的情感成为推动极端民族主义思潮传播的重要动员因素。情感的演化会更改舆论议程，在新媒体的情感聚合效应下激发隐含极端民族主义的网络舆论热潮。极端民族主义思潮传播的典型案例是 2019 年在新媒体平台上，网民关于巴黎圣母院失火与重建圆明园所产生的舆论冲突。其起因是巴黎圣母院失火被部分网民与英法联军火烧圆明园相联系，在社交媒体上引发关注。巴黎圣母院是西方文明的一个典型标志，因为雨果的同名小说而被国人所熟知。失火事件发生后，立即在社交网络上引起了广泛讨论。在 2018 年 12 月 1 日至 2019 年 12 月 1 日期间，在微信平台上发布的相关文章数量达到 17938 篇，每篇文章平均阅读量达到 14.75 次，最高阅读量超过 3 万次；在微博平台上，与之相关的微博数量为 33518 条，其中原创微博数量为 23574 条，评论数量为 64987 条；相关短视频播放量达到了 3884 万次①。网民在微博相关话题、微信群、朋友

① 数据来自清博大数据对 2018 年 12 月 1 日至 2019 年 12 月 1 日包括微博、微信、短视频平台、论坛搜索引擎、今日头条等平台上相关言论的挖掘与抓取。

圈、相关社群等渠道中进行讨论、分享与转发，形成了以网络社群为主的私人化领域和以公共传播为主的公开化领域传播相互嵌套的传播格局，极端民族主义思潮在网民的互动和信息的交互中实现传播。

5.3.2 对于社会思潮而言是否争取中立者群体和中立舆论

根据 G-SNIR 机制，中立者代表的是对于社会思潮传播的态度摇摆人群以及其可能产生的围绕社会思潮传播的中立舆论。中立者群体中既能分流出对社会思潮毫不关心的屏蔽者群体，也能分流出认同社会思潮理论和诉求的认同免疫者群体，还能分流出认清社会思潮本质的理性免疫者群体。因此，能否争取这个群体及其舆论内蕴的价值导向，是社会思潮能否经由舆论发酵获取大多数网民认同的关键。

对于极端民族主义思潮传播而言，巴黎圣母院失火事件在社交媒体上的传播初期体现了围观群众对于历史遗迹被毁的惋惜之情，之后被部分网民与英法联军火烧圆明园事件相联系，传播内容由对古迹被毁的惋惜转向对受害国家的冷嘲热讽。传播的情感取向产生变化，整体呈现出狭隘的民族主义倾向。

爱国主义是现代化进程中重要的社会动员工具，也是凝聚国民的重要意识形态，为新时代中国的发展提供了价值基础。然而，一些看似爱国主义的表达使用历史错位的话语策略，以历史上某个国家对待中国的方式看待该国现在的遭遇，以“表达自我”的叙事手段获得群体内部的存在感和认同感，实际则是传播打着爱国主义旗号的极端民族主义思潮。中国曾经艰难的发展历程使民族情感中的“受害者”色彩强烈，同时近年来改革开放取得的成就又增添了民族情感中的自豪感，二者的矛盾是极端民族主义思潮传播者能够打着爱国主义旗号的情感基底。在此案例中，部分网民自诩“爱国者”，将为文化损失和生命逝去而哀悼的民众称为“叛国贼”“汉奸”，为中国“大仇得报”而欢呼。这种非理性的极端言论正是网民情感中受害者色彩与民族自豪感之间矛盾的体现。

极端民族主义思潮传播者正是利用了网民情感中的这种矛盾，实现其对中立者人群的争取。对于大多数网民而言，在此事件以前，他们并不会怀揣对法国的敌视情绪，极端民族主义思潮传播所需的社会心理基础极弱。然而，网络的开放性和联通性使得一些事件在罔顾历史背景和价值意蕴的情况下被简单拼接，触碰并唤醒公众的民族情感和民族记忆，引起公众的情感共鸣。这种情感力量在新媒体的聚合和放大作用下积累了极端民族主义思潮传播所需的社会心理基础。在巴黎圣母院失火事件中，社交媒体中的舆论在初期体现了民众对于人类文化遗产被毁的惋惜和痛心。后期对巴黎圣母院失火与英法联军火烧圆明园的简单嫁接把近代中国斗争史所引发的屈辱、悲情和愤怒的民族情绪转化到当下的事件中，一部分人的情感由惋惜演化为嘲讽和愤怒，舆论的关注点也随着情感的演化有所转移，出现"风水轮流转""法国是在自作自受""大英博物馆也应该被烧"等言论。在这种扭曲对接事件历史价值和当前价值的片面联系中，极端民族主义思潮传播者利用情感演化和新媒体在社会热点事件舆论聚势中的作用，转移舆论的焦点，放大舆论中的极端民族主义色彩，实现社会思潮的扩散。

5.3.3 对于引导者而言是否隔离中立者和认同传播者

节点化的网民在新媒体传播模式中形成自由嵌套的传播结构，阻断社会思潮中立者和认同传播者之间的联系是引导者实现有效引导的关键环节。当社会思潮的传播已经初具规模时，对这两个群体进行有效隔离能够控制社会思潮在更广泛群体中的扩散和蔓延。对于极端民族主义思潮在以上案例中的传播来说，扭曲的"爱国主义者"利用民族情感中的矛盾点争取到部分中立者，并再次利用中立者的民族情感，将其转化为极端民族主义思潮的认同传播者，即成为社会思潮传播的核心群体。以上案例中的极端民族主义思潮并未蔓延至线下，这是由于当时并没有与之相关的现实问题的暴发。但是，在当前复杂多变的国际局势面前，国内的特殊节日以及国内外的一些突发事件极易点燃民族情感中的矛盾点，造成极端民族主义思潮的出现和传播。这样披着爱国主义色彩的极端民族主义言论戕害科学的爱国主义，传播非理性的爱国主义，煽动极端民族主义情绪，塑造不健康的民族心理。如果不加以规范和引导，会在中国新时代的发展进程中释放破坏性力量。

对于上述这种部分中立者被社会思潮认同传播者所争取的情况，若要对社会思潮进行引导，就要及时将主流意识形态以及引导者群体介入传播，将价值立场不坚定和不了解事件情况的网民与社会思潮的认同传播者进行隔离，阻断社会思潮的传播链条。在以上案例中，虽然大部分网友对此持理性态度，但是这部分网友并未形成引导者群体，也并未被主流意识形态和主流价值观所充分团结，因此他们并未发挥社会思潮传播机制的分析框架所指明的作用。当前民众对于理性爱国主义的认识和理解不深刻给了极端民族主义思潮传播者机会。若组织团结此部分网民成为引导者群体，批判极端民族主义思潮中扭曲的爱国主义理论要素，既能在强化理性爱国主义教育的同时加深他们对国家与民族的认同，从理性认识和感性认识上阻断极端民族主义思潮产生的可能，又能削弱民族情感中的“受害者”色彩，一定程度上缩小极端民族主义思潮的情感根基。

6

新媒体传播模式支配下社会思潮的引导方略

新媒体传播模式作为传播模式演化的高级形态，呈现出以传播方式的多元交互、传播过程的重叠交融和传播结构的自由嵌套为表现的复杂性特征。新媒体传播模式在传播方式、传播过程和传播结构三个维度所呈现的复杂性，使其支配下的社会思潮传播出现了舆论化的效果特征。对受新媒体传播模式支配的社会思潮传播而言，参与其中的网民在角色变换之中实现了对社会思潮舆论的再传播或者批判。在上一章，笔者基于社会思潮舆论的传播状况归纳得出了社会思潮传播机制，该传播机制对于社会思潮的引导工作有两点启示。首先，对社会思潮舆论持中立态度的人和与社会思潮舆论争夺话语权的人是两类关键人群，在一定条件下，这两类人能够扭转社会思潮的传播态势；对社会思潮舆论背后理论要素认同的人是社会思潮传播中的领袖类人物，这类人主导着社会思潮的传播。其次，网民的诉求回应和心态调试对于社会思潮能否掌握群众至关重要。

诚然，社会思潮的传播态势是社会心态、利益诉求与价值取向的综合反映，但是，社会思潮泛滥所产生的信息选择的多样性和价值取向的模糊化，在一定程度上冲击和消解了主流意识形态的主导权和控制力。结合现实指向性和理论导向性在社会思潮传播中的作用来看，社会思潮的产生建立在现实利益冲突及其产生的公众社会心理和集体情绪之上。某种理论要素在此时与公众心理产生共鸣，公众通过认可或评论关涉该理论要素的舆论能够使自己的个体矛盾与公共议题相勾连，使自己与其他利益相关者相勾连，此时少数人认同的思想理论成为了多数人认同的社会思潮，并在网络空间蔓延开来。因此，理论要素的表现形式和社会公众对其的认可度成为社会思潮传播是否顺利的重要因素。

在本章，笔者立足于传播模式在社会存在中的地位，按照社会思潮传播中的关键人群和关键要素，从需要遵循的原则、需要实现的要求以及具体引导途径三方面论述新媒体传播模式支配下社会思潮的引导方略。

6.1 社会思潮引导方略的建构原则

对社会思潮引导方略的建构，必须考虑社会思潮与其产生基础之间的内在关系，以及社会思潮自身的生成逻辑、传播理路和演化策略。社会思潮的传播特征及其传播态势都受新媒体传播模式的支配，因此，传播模式与社会存在之间的关系以及社会意识对社会存在的反作用原则要求主流意识形态主导性原则的存在。对于社会思潮传播而言，新媒体传播模式、多元参与主体、多样化的社会思潮表现形式共同构成其运转系统。社会思潮实现其传播效果需要该系统内部的协作配合，对社会思潮进行合理有效引导的前提是建立一个协同运转的系统。因此，系统协同原则是应然选择。新媒体传播模式下的社会思潮，其传播内容与网络舆论内容交相混杂，呈现隐蔽性，以单纯管控网络表达引导社会思潮已经质效不足，应该对社会思潮传播过程加以治理以实现对社会思潮的引导。

6.1.1 主流意识形态主导性原则

在新媒体传播模式对社会思潮传播的支配中，对社会思潮的引导要坚持主流意识形态的主导性原则，坚持党在社会思潮引导工作中的领导地位，将政治方向摆在社会思潮引导工作的第一位。在第二章，笔者论证了传播模式是社会存在的组成要素，而社会思潮作为社会意识的一种表现形式，按照唯物史观中社会存在与社会意识的辩证关系，其传播状况是受传播模式的水平和状态支配的。因此，新媒体传播模式的水平与状态支配了社会思潮在其中的传播状况。以主流意识形态为主导的原则对社会思潮引导工作提出了四点要求。

第一，坚持党性与人民性在社会思潮引导中的统一。关于党性和人民性的关系，习近平同志已经作出深刻指示："党性和人民性从来都是一致的、统一的。"[3]154 在对社会思潮的引导中，党性与人民性的有机统一体现为坚持党对思想文化工作的领导与人民在社会思潮引导中主体地位的统一。社会思潮引导方向的正确性体现在，通过批判社会思潮的错误内涵和制止传播中所激发的迷惑性、煽动性言论继续传播，使广大群众明辨是非、凝聚共识，塑造公众的正确价值认知，使党的方针政策更加深入人心。对社会思潮引导的目的是为了提升人民对于党的执政能力与执政水平的认同度。因此，党的领导体现在对"举什么旗、走什么路"的问题保持清晰认知和坚定立场，要坚持正确政治方向，走正确政治道路，持正确政治立场。人民的主体地位体现在：一方面，社会思潮的引导效果由群众诉求的反映情况和群众困惑的解决情况决定；另一方面，社会思潮传播的主体间性决定人民是社会思潮传播过程中的重要力量。正确引导社会思潮的工作中，党性与人民性的统一体现在：首先，坚持党对宣传思想工作的全面领导，坚持党管媒体、党管意识形态的宏观原则，中观层面的所有宣传思想工作部门和机构，以及微观层面的宣传思想工作的参与者都要坚持正确的政治立场，在思想上坚决同党中央保持高度一致，在行动上坚决维护党中央权威；其次，把握新媒体环境中的正确导向，发挥好新媒体平台在传递群众诉求方面的桥梁和纽带作用和解决群众合理的困难诉求方面的动员作用，将体现党的主张、反映群众真实诉求以及服务和教育引导群众三方面统一于平台的内容生产中；再次，坚持以正面宣传为主，以真实客观、观点鲜明的信息内容挤压虚假、负面内容的生存空间，用中国人民和中华民族优秀文化及光荣历史加强爱国主义、集体主义和社会主义教育，以人民群众中的先进典型和感人事迹满足人民的精神需求，引导人民群众全面、客观地看待中国发展与外部世界现状。

第二，牢牢把握马克思主义在意识形态工作中的话语权，强化马克思主义传播观在社会思潮引导中的指导地位。当前，在开放的互联网环境中，多元思想文化的交融碰撞一方面通过中外优秀文化的相互交流活跃思想，为社会增添活力，另一方面却会促使错误有害思潮迷惑人心，动摇人民群众的价值观念，侵扰主流思想文化和主流意识形态的文化阵地。马克思主义是我党的行动指南和思想武器，必须坚持并强化马克思主义在意识形态工作中的指导地位。习近平总书记强调："在坚持马克思主义指导地位这一根本问题上，我们必须坚定不移，任何时候任何情况下都不能有丝毫动摇。"[172]9习近平新时代中国特色社会主义思想是马克思主义中国化的最新成果，要坚持不懈用习近平新时代中国特色社会主义思想武装全党、教育人民，推动全社会学懂弄通做实，提升马克思主义在人民群众中的影响力和号召力，引导全社会坚定主心骨。错误社会思潮的风起云涌是由于其发起者利用互联网开放性、匿名性的技术特质和碎片化、隐蔽性的传播特性进行了一系列的自我调适，使社会思潮在传播中不断迎合利益分化的社会群体，加剧不同群体之间的对立，动摇人民群众的共同思想基础。马克思主义传播观是马克思主义者对于传播现象和信息传播活动总的观点和看法，其核心是无产阶级革命导师和中国共产党历届领导人对无产阶级社会中信息传播的性质、功能、原则、规律的一系列基本观点，是马克思主义的立场、观点和方法在传播领域的体现。对于新媒体环境中的社会思潮引导而言，马克思主义传播观要求以实事求是的态度对待社会思潮所反映的现实社会问题，以现实问题的解决倒逼社会思潮生命力的衰退。要以唯物主义方法论认识和把握错误社会思潮，准确把握其理论要素，以此作为批判社会思潮的依据。坚持具体问题具体分析的处理办法，对于不同性质的社会思潮，要采取不同的引导方法，不能一视同仁；对于社会思潮传播的不同阶段，也应采取不同的引导策略。马克思主义传播观是维护主流意识形态安全、纠偏非主流社会思潮的发展态势、驳斥错误社会思潮、巩固党领导人民实现中国梦的共同思想基础。

第三，坚持一元价值导向与多元思想观念的辩证统一。在多样化社会思潮并存的网络空间重塑马克思主义、社会主义的一元主导地位，是在改革进入深水区、人们思想观念进一步分化的背景下，实现网络空间意识形态安全治理的必然选择。在世界多极化、经济全球化和信息技术深度嵌入传播现象的背景下，多元思想文化的进一步交流、融合、交锋已是不可避免的事实。但是为了防范美国等西方国家对中国实施的以所谓“普世价值”“人权思想”等为核心的意识形态渗透，同时也为了保证思想文化领域的健康规范发展，在进行社会思潮引导工作时，要建立以马克思主义为主导、以社会主义核心价值观为共同价值取向和以先进文化为引领抓手的多元思想文化发展格局。一方面，树立社会主义核心价值观在国民价值体系中的主导地位，以正确理想信念为轴，寻找人民群众在思想观念领域的最大公约数。社会主义核心价值观契合当前中国社会发展要求，是符合社会存在需要的社会意识，既是全党全社会的价值共识，也是对全体公民的共同要求。社会思潮引导工作的有序有效开展，离不开社会主义核心价值观的引领。这种引领能力需要以社会主义先进思想文化、典型人物事迹和积极价值取向作为精神支撑，以习近平新时代中国特色社会主义思想作为理论供给，实现社会主义核心价值观对多元社会思潮的引领和对网民价值判断、社会行为的规约。

另一方面，以先进文化整合社会思潮中的合理因素，摒弃其片面和有害思想，形成能够反映中国社会性质和意识形态本质的思想观念，建构激励人民群众团结奋斗的精神力量。社会思潮所带来的多元思想观念也是思想文化活跃的表现，能够增强民众的主体意识，避免社会过度同质化。吸收借鉴其中的有益成分能够提升主流意识形态的包容性，提高其话语的吸引力，对于激发主流意识形态活力具有积极意义。

第四，坚持将马克思主义和社会主义核心价值观作为引领青年群体思想观念的风向标和团结青年群体的黏合剂。习近平总书记指出："要高度重视对青年一代的思想政治工作，完善思想政治工作体系，不断创新思想政治工作内容和形式，教育引导广大青年形成正确的世界观、人生观、价值观，增强中国特色社会主义道路、理论、制度、文化自信，确保青年一代成为社会主义建设者和接班人。"[4]220 青年群体是网络"原住民"，对网络有较强的依赖性，加之该群体正处于思想观念的形成时期，辨别是非的能力不强，十分容易受到错误社会思潮的影响和蛊惑。青年群体作为全面建设社会主义现代化国家的生力军和突击队，他们的价值取向决定了未来社会的整体价值取向。党的十八大报告指出，用社会主义核心价值观引领社会思潮，凝聚社会共识[173]12。作为"信仰感召力"和"意识统一力"，社会主义核心价值观能够影响并导控群体和个体的思想观念，使之凝聚为一个具有向心力和战斗力的群体[174]。因此，要用马克思主义引导青少年形成基于科学理论、历史规律和中国国情的思想观念和价值取向，以社会主义核心价值观下的话语体系引导因错误社会思潮而产生的负面舆论。此外，面对社会的深刻复杂变化和媒体平台上的社会思潮渗透，在社会分化的基础上，青年群体的价值观念进一步分化，给凝聚共识增加了困难。伴随社会的快速变革和社会群体的快速分化，青年群体分散在新经济组织、新社会组织、社区、网络空间、"北漂"、个体工商户里。同时，经济社会的快速发展使得青年群体拥有整体较为完善的工作学习和生活条件，一些社会思潮的感性化与世俗化传播已经潜移默化地影响了青年群体的生活方式和思维模式，这使得青年群体在社会融入、同辈交往、自我认同等思想领域面临新的问题与挑战。因此，需要强化对青年群体的思想政治教育工作，将分散在各个空间、各个领域的青年群体团结起来，形成青年群体的同心圆，发挥青年群体对其他社会群体的模范作用。通过青年群体向全社会传递先进思想、引领社会风气，从青少年价值塑造入手，以价值观教育与因错误社会思潮而产生的负面舆论进行斗争，提升网民整体的价值判断能力和道德责任意识。

6.1.2 系统协同性原则

对社会思潮的引导是一项涉及多元主体、多个环节的系统工程，需要将引导的整体性、系统性和协同性贯彻落实其中。对社会思潮的引导要在系统思维中坚持协同性原则。系统思维是以普遍联系、相互制约的观点看待事物，注重整体统一，是典型的马克思主义思维方式。协同性来源于协同概念，这个概念来自德国物理学家赫尔曼·哈肯。协同是指协调两个或两个以上的不同资源或个体，使其在同步协作中各自发挥优势，从而完成某一目标的过程或者能力。协同的重点是指元素和元素之间的相干能力，通过这种相干能力，元素以协调合作的形式发挥系统的最大作用。元素各自之间的协调和协作会推动系统整体的演化和发展，协同的结果是系统整体的发展。所谓协同性，就是指事物的元素之间属性相互增强。向积极方向发展的协同性，产生 1＋1＞2 的效果。在一个系统内，若各子系统或者要素相互存在障碍，这样的系统只能走向无序或解体。相反，若系统内要素能够很好地配合、协同，多种力量就能集聚为一个大于各股力量总和的总体性力量，形成大大超越原各自功能总和的新功能。

社会思潮引导工作关乎网络空间的意识形态安全，涉及多元参与主体，需要建立以党的领导为核心、多元主体共同参与的工作体系，需要每个参与主体都树立起明确的权责意识，强化不同主体间在中国共产党领导下的协调配合。在社会思潮引导的实践中，多元主体的协同主要发生于政府的各个部门、各级政府、主流媒体、互联网平台、自媒体、普通网民之间。在具体的实践场景层面，多元主体协同的引导方式实际已经体现在社会思潮传播的不同阶段中。新媒体环境下社会思潮发挥作用是通过在传播中影响网络舆论的走向和网民群体的价值认同而实现的，其作用发挥经历了三个阶段，分别是作为理论观点为网民所接触、作为价值取向为网民所认同、作为行为和思考方式引导网民在某些情境下的行为。在这三个阶段中，对于错误的理论观点，政府宣传部门可以组织理论工作者对其进行批判和斗争；对于危险价值取向，舆情部门可以监测并识别舆论中显现的片面思想观念和煽动性言论，并与政府其他相关机关以及互联网平台合作对发表煽动性言论的账号实行行为限制；对于个人不当的传播行为，媒介平台可以限制其媒介使用权限，普通网民也可以自发抵制；对于平台不当的传播行为，政府有关部门可以对其采取惩罚措施，也可以加强对机构人员的把关和监管，从源头上杜绝不当行为。

社会思潮引导工作涉及多个社会环节，需要多个部门高效配合与协同应对。社会思潮传播的生命力在于社会转型期内广泛存在的社会利益冲突和热点、敏感事件，以及由此产生的舆论。再者，社会思潮本身是社会情绪和思想理论的综合，没有社会心理基础，思想理论就无法成为广泛传播认同的社会思潮。所以，缓解社会情绪也是引导社会思潮的必要手段。社会思潮能否广泛传播，根源在于：一是广大人民群众的根本利益是否能够得到保障，利益诉求能否得到及时有效的回应；二是新媒体传播模式支配下的社会思潮舆论能否得到及时规范的引导；三是能否有效疏导和缓解群众由于现实问题而在舆论场中显现的负面情绪。这三个问题的解决涉及多个政府部门以及传播平台和机构的配合，因此，系统协同原则是有效进行社会思潮引导工作的应然选择。

6.1.3 以治理带动引导原则

作为一种社会现象，社会思潮传播自身的思想文化和物质实践双重属性表明其引导工作必须遵循以对社会思潮传播的治理带动对社会思潮的引导的原则。其中，社会思潮传播是指社会思潮在新媒体传播模式中的具体传播过程。这里的治理包含两方面内容。

一方面，针对社会思潮的思想文化属性，治理由错误社会思潮的传播所引发的意识形态领域的价值混乱。错误社会思潮通过消解人们对中国特色社会主义的道路认同、理论认同、制度认同和文化认同来威胁主流意识形态安全[120]。依据社会存在决定社会意识原理，要分类甄别可能为错误社会思潮提供活动场域以及孵化错误社会思潮的网络空间，从治理错误社会思潮产生和传播的物质基础出发，引导社会思潮作为多元思想文化代表发挥积极作用。

另一方面，针对社会思潮传播的周期性特征，对新媒体传播模式中为错误社会思潮传播提供便利的客观条件进行治理。社会思潮的传播具有周期性，社会思潮通过内在理论要素与特定时期社会矛盾的结合而获得传播热度，随着社会矛盾的解决或转移，社会思潮的传播热度和生命力也会随之消退。治理社会思潮传播的重中之重在于把握好社会思潮发生发展的关键时间点，以及在哪一个时间点采取何种措施能够达到最好的效果[175]。新媒体传播模式中的传播过程维度反映信息的流动过程，传播结构维度反映传播参与主体之间的空间关系，综合两个维度能够为判断社会思潮传播关键点和采取应对措施提供理论依据。

6.2　社会思潮引导方略的设计要求

对社会思潮的引导，本质上是主流意识形态的传播活动，是主流意识形态在新媒体传播模式中扩大传播力，实现良好传播效果的活动。在这个传播活动中，传播主体包括以党报党刊为首的主流媒体、政务新媒体以及处于引导者角色的网民。其中，主流媒体和政务新媒体的传播策略和传播内容受社会治理主体的支配，引导者群体的传播行为受到新媒体传播模式复杂性的支配。这些多元参与主体在传播主流意识形态以及主流价值观的同时，缩小社会思潮传播主体在新媒体传播模式中的生存空间和话语权，以此来保障主流意识形态和多元思想文化之间的动态平衡。因此，在本部分，笔者主要论述在新媒体传播模式的复杂性背景下，按照社会问题治理与传播模式治理相协同的原则，主流媒体、政务新媒体以及作为引导者群体的网民如何在主流意识形态的传播中回应与批判社会思潮。笔者认为，及时有效回应现实诉求是重要根基，批判错误舆论与加强正面宣传是关键措施，以法治思维规范传播秩序是内在保障。

6.2.1 及时有效回应现实诉求

对于政府等社会治理主体而言，及时有效回应现实诉求，是实现主流意识形态回应与批判社会思潮效果的重要根基。在社会剧烈转型期，若官方无法对民众的现实诉求进行及时有效的回应，民众解惑的欲望会促使其自行寻找社会认同和情感支持，而意在满足多数人现实诉求的社会思潮往往会吸引民众的目光，为民众提供个人诉求与社会议题之间的勾连方式，使民众在接纳并传播思潮内容的同时获得认同与支持。“人民群众往往是从日常生活的感性状况中感知理性，去感受理论的力量，从身边物质状况的改变去感知社会思潮的涌动。”[22]63 因此，回应现实问题的时效性和力度决定了主流意识形态话语的吸引力能否战胜隐蔽多变的社会思潮话语。主流意识形态的公信力和权威性体现在能有效回应和阐释现实问题，回应公众所关切的问题，澄清公众对社会热点的不当认知，解答人们的思想困惑[48]。在对现实问题的阐释方式上，习近平总书记强调：“对广大网民，要多一些包容和耐心，对建设性意见要及时吸纳，对困难要及时帮助，对不了解情况的要及时宣介，对模糊认识要及时廓清，对怨气怨言要及时化解，对错误看法要及时引导和纠正。”[176]这对政府宣传部门、党领导下的主流媒体和政务新媒体提出了不同要求。除此之外，这三方主体也要遵循系统协同原则，打破行政层级与管理机制的壁垒，以提升主流意识形态的传播力为共同目标，在回应公众现实诉求时发挥好三者之间的协同作用。

作为政府宣传部门，要发挥好把握舆论导向的功能和舆情监测与预警功能。把握舆论导向是指通过及时回应公众所关心的议题，提升政府公信力，以政府在群众心中的正面形象和积极作用引领社会思潮传播引起的舆论。要正视公众在获取信息、释疑解惑方面的合理需求。及时有效地公开真实信息有助于政府舆论应对能力和公信力的提升。在利益分化的社会背景下，面对一些建设性意见和建议、群众合理的诉求以及由突发公共事件引发的舆情危机时，一些政府宣传人员在发布权威信息、引导网络舆情上存在失语失声的行为。公众对自身利益的关心和某些政府部门对公众利益的漠不关心之间形成的落差与权威信源在信息公开方面的不及时为社会思潮在网络空间获取群众认同提供了情绪基础。政府是社会治理的核心主体，在面对社会治理过程中出现的群众思想困惑与利益冲突时，只有针对性地对网民所关注的问题进行回应，才能从根本上消除群众在公共议题上对政府的质疑，从根本上树立群众心中政府在与错误社会思潮争夺话语权时的正面形象，进而提升政府正面宣传主流意识形态的公信力和权威性。政府宣传部门在社会思潮引导工作中的舆情监测与预警功能是指在重大事件发生前后要加强对重点社会思潮可能引发的网络舆情的监控，为主流媒体和政务新媒体提供价值导引和情绪抚慰功能时提供准确依据，同时也为现实诉求的出现提供具体指向。比如，在政治性节日、国际局势变化以及历史性题材影视剧放映前等关键时间密切关注民族主义思潮的舆论动向；在政府出台经济、金融措施前后密切关注新自由主义思潮的舆论动向，并做好危机预案。

主流媒体要发挥好媒体作为“社会公器”的舆论监督功能和社会监测功能。一方面要敢于披露社会问题，持续跟进解决措施以消解公众由于不了解事实而产生的负面情绪；另一方面要敢于在社会问题面前表态，以果决的言论立场安抚网民情绪。要从源头消解公众接纳和传播社会思潮的情绪和心理基础，以理性回应与及时表态提升主流意识形态的阐释力。习近平总书记在党的新闻舆论工作座谈会上指出：“新闻媒体要直面工作中存在的问题，直面社会丑恶现象，激浊扬清、针砭时弊。”[54]7 新闻工作中存在的问题和社会丑恶现象往往都是人民群众关心的问题和人民群众集中反映的现象。习近平总书记提到的两个“直面”，就是要求新闻工作者对这些问题要积极关注报道，及时解疑释惑，及时反映人民群众的呼声和诉求，引导群众，推动改进工作。我国坚持党管新闻媒体的原则，新闻工作者作为构成社会思潮引导阵营的最基本单位，在突发事件面前，要能够提供权威信息，在新政发布之时，要能够协助政府使群众理解政策价值和政府立场，在公共议题面前，要能够引导网络舆情态势和社会价值取向。那么，错误社会思潮也就失去了能够与社会热点问题相结合，实现其通俗化，从而为广大群众所接触和认同的现实条件，主流意识形态也就可以拥有更充足的传播土壤。

政务新媒体要发挥好其在社会转型期在正面宣传、政务信息公开、建构公共对话以及疏导社会负面情绪方面的功能[177][178]，充当政府与群众之间良性互动的桥梁和纽带。张志安、章震指出，在现有的政务新媒体格局之中，政务微博、政务微信和政务微头条三足鼎立，由于自身性质不同，这三者分别侧重不同的社会功能。政务微博充当着信息枢纽的角色，强调网络问政和社会治理能力的发挥；政务微信着力打造政务服务平台；政务微头条滚动发布政务信息[179]。相比主流媒体在政策解读上严肃、系统的话语方式，政务新媒体所采取的片段化、常规化和生活化的日常表达方式和感性话语模式更加能够赢得网民的认同，也能够减少由于文化水平不一而造成的对政策的认知和理解偏差。对于引导社会思潮而言，政务微博要加强对政策的通俗化解读，尤其是可能产生利益冲突的教育、医疗、拆迁等政策，避免由于公众对政策的理解偏差给社会思潮造成传播空间。政务微信要与主流媒体协同配合，以政务信息服务平台和理性公共对话平台助力主流意识形态的话语权建设；当主流媒体进行政务信息公开之后，面对网络舆论中的各种讨论，要科学设置相关议题，对社会中存在的虚假信息和恶意谣言进行澄清与辩驳，改变公众的错误认知，积极传播正能量，提升网民思想上的凝聚力和向心力。

6.2.2 正面宣传与思潮批判同向而行

习近平总书记指出："要高度重视网上舆论斗争，加强网上正面宣传，消除生成网上舆论风暴的各种隐患。"[59]55 习近平总书记在全国宣传思想工作会议上强调："要深入开展网上舆论斗争，严密防范和抑制网上攻击渗透行为，组织力量对错误思想观点进行批驳。"[59]52 引导社会思潮和做强主流思想舆论、提升主流意识形态传播力需要新闻舆论工作部门和宣传思想工作部门在加强正面宣传和开展针对社会思潮的舆论斗争两方面双管齐下。网络意识形态斗争尖锐复杂，但网民整体文化素质与甄别能力不足。面对互联网中此起彼伏的各类错误社会思潮以及蛊惑性、煽动性舆论，以科学理论提升网民政治辨别能力和理论素养能力，旗帜鲜明地对错误社会思潮以及社会思潮传播引起的负面舆论展开批判，强化正面宣传在社会思潮引导方式中的指导作用，二者同向而行，是实现主流意识形态引导社会思潮、引领正确舆论导向的关键措施。习近平总书记对此作出重要指示,“坚持团结稳定鼓劲、正面宣传为主,是宣传思想工作必须遵循的重要方针”[3]155,“对一般性争论和模糊认识,不能靠行政、法律手段解决,而是要靠马克思主义真理的力量,靠深入细致的思想政治工作,用真理揭露谎言,让科学战胜谬误”[59]50。

只有坚持正面宣传与思潮批判同向而行,才能使社会思潮的引导工作发挥出最大社会效能。正面宣传和思潮批判是统一的,二者互为前提。第一,正面宣传和思潮批判具有一致的出发点。正面宣传基于党和人民根本利益的立场,真实、客观地反映我国发展现状和取得的成就,准确到位地传递党的大政方针。思潮批判同样基于党和人民的根本利益,及时向网民披露社会思潮的理论要素与现实社会问题解决之道之间的理论错位,以澄清网民认识中的模糊地带,减少由于认识不清而立场不坚定的网民,夯实全体网民对党和国家的价值认同与文化认同。第二,正面宣传和思潮批判具有相同的社会责任。正面宣传和思潮批判都是为了提升主流意识形态的传播力,为改革发展营造良好的舆论氛围。正面宣传和思潮批判相结合,一方面以正面宣传向群众传递正确的立场、观点和态度,引导群众建立正确的是非观、善恶观与合适的美丑观;另一方面通过对社会思潮的批判引导群众对一般性争论和模糊认识持正确立场,揭露错误思想理论的片面性和与社会主义制度的矛盾性。第三,正面宣传和思潮批判具有相同的认识论根基。党的正面宣传旨在从事实出发客观反映我国目前发展现状,激发群众自信,提振民族精神,为社会发展提供正能量;思潮批判意在通过揭露错误思想理论对客观事实的扭曲化呈现和片面化反映,引导群众正确认识我国当前的社会发展现状和社会矛盾,对多元化思想理论形成正确的态度,为主流意识形态传播提供思想支持。两者都遵循唯物史观中“从事实出发、从客观实践出发”的认识论。

做到正面宣传与思潮批判同向而行,需要坚持以下策略。第一,使思想理论宣教与社会公众的利益发展相连接。加强正面宣传的本质是准确、及时地宣传党的路线、方针、政策,实事求是地反映社会公众的呼声和要求;对社会思潮的批判建立在对造成社会公众利益冲突的现实条件的正确、理性、深入的分析的基础上。因此，只有将社会问题与群众心声融入党的正面宣传和思潮的理论批判之中，反映绝大多数社会公众的共同利益诉求，满足绝大多数社会公众的思想解惑需求，从而提高正面宣传的感染力和思潮批判的针对性，才能使正面宣传和思潮批判共同作用，助力思想文化建设工作。第二，统筹处理好正面宣传、思潮批判和舆论引导三者在社会思潮引导工作中的相互关系。正面宣传作为党的新闻舆论工作的基本方针，规定了开展思潮批判和舆论引导工作的根本立场和工作原则。无论是对错误思想理论观点的批驳，还是对多元舆论的引领，都要秉持着在重大原则问题上坚守正确立场、积极关注与社会公众利益相关的问题、从宏观上反映与把握事物的全貌的立场和原则。思潮批判是实现正面宣传和舆论引导工作的必要举措。中国互联网络信息中心数据显示，截至 2020 年 6 月，在学历结构方面，我国网民中受过大学专科及以上教育的占全体网民的 18.8%，在职业结构方面，学生占比 23.7%，是占比最多的群体[180]。这说明，当前网民对各类信息的分辨能力不足，并且容易受到西方思想的蛊惑。在这种情况下，对于社会思潮传播中的错误内涵要进行旗帜鲜明的批判，以确立网民心中的正确认知，避免因为接受错误思想而对主流意识形态产生不信任；对于因错误社会思潮而引发的对党和政府以及社会主义制度的负面舆论要进行有力引导，以最大限度凝聚社会共识。对此，习近平总书记深刻指出，“要深入开展网上舆论斗争，严密防范和抑制网上攻击渗透行为，组织力量对错误观点进行批驳”[181]40。只有廓清公众心中的模糊性认识，才能具备形成正确思想理论辨别标准的认知基础，只有通过思潮批判瓦解公众对于错误社会思潮的价值认同，公众才能自愿自觉认同、接受和支持正面宣传和舆论引导工作的开展。舆论引导是正面宣传和思潮批判所要达到的最终效果。舆论引导的目标是营造风清气正的网络空间，塑造健康良好的舆论环境，这正是批判错误社会思潮、治理社会思潮传播乱象所要实现的目的。网民中的引导者群体要提高科学理论素养，在面对纷繁变化的社会思潮时，能认清社会思潮产生的社会背景，厘清社会思潮传播的现实基础，辨明社会思潮背后的理论脉络。在此基础上，深刻认识错误社会思潮的理论要素与现实社会问题解决之道之间的理论错位，并及时向网民予以披露，以澄清网民认识中的模糊地带，减少由于认识不清而立场不坚定的网民，夯实全体网民对党和国家的价值认同与文化认同。第三，全面、持续加强正面宣传力度，把握好时度效，更好地凝聚社会共识。习近平总书记强调，开展正面宣传"要注重提高质量和水平，增强吸引力和感染力"[54]7，"让群众爱听爱看，产生共鸣，充分发挥正面宣传鼓舞人、激励人的作用"[3]155。提高正面宣传的质量和水平，要重点加强重大主题宣传、重大活动和重大事件宣传、重大典型宣传，努力提高宣传艺术，提高正面宣传的吸引力、感染力和说服力，这样才能突出新闻舆论工作在正面引导和弘扬正能量方面的作用，激发人们内心向上向善的精神力量。积极的精神力量和正面典型所起到的示范和带头作用是社会思潮引导工作顺利有效开展的精神保障。

6.2.3 以法治思维规范传播秩序

从宏观角度出发，以法治思维和制度建设来规范社会思潮的传播秩序，从而实现对社会思潮的引导，这既是推进国家治理效能提升的客观要求，也是新媒体传播模式支配下社会思潮传播演变轨迹的必然选择，同时也符合以治理带动引导的原则。党的十八大以来，以习近平同志为核心的党中央把全面依法治国纳入"四个全面"战略布局，统筹推进科学立法、严格执法、公正司法、全民守法，国家治理的法治体系更加完善，法治环境更加优化，全面依法治国取得前所未有的历史性成就[182]。党的十九届五中全会围绕"国家治理效能得到新提升，社会主义民主法治更加健全，社会公平正义进一步彰显"做了全方位的顶层设计和多领域的制度安排。在互联网日益成为社会基础设施的当下，以法治思维引领互联网健康发展、保障互联网领域内制度运行已经成为提升国家治理效能的客观要求。当社会思潮中的核心理论要素与现实社会矛盾相结合，通过影响、掌握群众的思想观念，实现从思想论争向现实运动的转化时，其传播秩序已经成为制度管辖的范围。坚持法治保障，充分发挥法治思维在应对社会思潮传播中的引领、规范和保障作用；强化制度建设，加快构建与完善网络内容生态的相关法律法规。这两方面是坚持和发展中国特色社会主义的本质要求和重要保障，也是提升国家治理效能的必然要求。

从现实层面出发，互联网平台作为建立和维护传播秩序的重要行为主体，以法治思维规范互联网平台的传播秩序是实现主流意识形态回应与批判社会思潮效果的内在保障。资本的影响和操控使互联网平台成为新媒体传播模式中社会思潮传播的主要场域，严重影响主流意识形态传播所需的传播秩序。当前，资本在传媒领域的渗透逐步深入，资本面前利益大于责任，这导致一些互联网平台在内容建设把关方面长期处于越轨或者缺位状态，使一些刻意迎合公众低级兴趣、追求刺激、抨击主流价值体系的社会思潮，以及各种消极性、负面性甚至反动性和颠覆性的社会思潮与价值观念在网络空间大肆传播[183]。同时，在资本的介入下，互联网平台将盈利作为首要目标，搁置其社会职能，导致其在主流意识形态与社会思潮博弈中产生利益与责任的错位，致使一些错误社会思潮搭载社会话题，以迎合公众猎奇心理的戏谑化、娱乐化的形式隐蔽传播危害意识形态安全的价值观念。这些错误社会思潮和价值观念充斥网络空间，影响网民的社会心态，助长网络空间中的浮躁气息，操纵社会舆论，弱化社会治理主体对社会思潮引导的效果，在削弱主流意识形态话语的生存空间的同时威胁舆论安全。面对这样的现状，回应现实问题和引导思想观念的解决策略已然不够，需要秉持依法治网的理念，建立健全网络空间内的法律法规，完善互联网生态中内容建设、信息服务、社会治理等方面的法律法规，实现维护网络意识形态安全体制机制的法治化。

维护网络意识形态安全体制机制的法治化要从理念转变和制度建设两方面着手。首先，在理念上要确立法治思维对于引导社会思潮传播和主流意识形态回应与批判社会思潮效果的重要性。互联网是社会思潮传播的主要场域，也是社会思潮与主流意识形态博弈的重要场域。即使作为社会治理主体的政府在舆论危机后能够对相应的平台给予警示和惩处，互联网所承载的多向互动的传播方式、重叠交融的传播过程和自由嵌套的传播结构特征，以及网民在社会思潮传播中角色不断转换的现实，客观上也消解了单个主体的传播责任，给追责增加了困难。因此，要完善互联网领域立法，以法律法规提前明确互联网中的行为边界。要进一步完善网络信息服务与网络信息管理方面的法律法规，明确网络参与主体的责任边界，确保参与主体的权责明晰；以法规形式细化公民参与网络传播的行为规范，对危害网络空间传播秩序的行为进行仔细甄别和详细认定，要使惩处危害传播秩序的行为有法可依，要对网络言论进行充分引导和规范。其次，在制度建设方面应遵循“立破并举”和“软硬兼施”的策略，以制度规范平台和传播个体的行为，同时也以制度保障互联网平台和社会公众良好媒介素养和正确理想信念的构建和养成，可从传播参与者的外部制度和自我监管两方面着手，为规范传播秩序提供制度保障。

“立破并举”是针对资本介入下互联网平台内容建设中的把关缺失现象和传播平台的社会责任缺失现象提出的，以建立健全相关法律规定，加强制度建设、平台方和平台使用方的底线意识。通过明确新媒体传播模式中内容监管的权责边界，做到对错误社会思潮破坏传播秩序的治理有法可依、有规可循，靠法律制度约束和限制平台中的庸俗、低级和色情信息的传播，净化网络环境。“立”是指对于宣传导向性内容的生产领域，第一要确立党报党媒以及国资平台的主导性地位，建立健全资本在内容生产领域和分发领域的准入政策和监管体系。比如，在2021年各新闻单位对持证记者进行核验的基础[①]上，进一步推广完善自媒体和网络意见领袖在内容生产领域的实名制管理系统，从体制机制上防止未经审核与违规生产的内容动摇网民价值体系。第二要以完善的法律法规体系提升监管力度，降低资本对网络舆论的操纵程度。我国近年来颁布的与网络舆论相关的法律法规逐渐增多，如《中华人民共和国网络安全法》《中华人民共和国突发事件应对法》《中华人民共和国政府信息公开条例》《中华人民共和国外国常驻新闻机构和外国记者采访条例》等。国家网信办也针对各类互联网平台的不同特点，先后出台了关于互联网论坛、微博博客、互联网直播、互联网广告等领域的信息

① 中国记者网发布《国家新闻出版署关于开展2020年度新闻记者证核验工作的通知》(以下简称《通知》)。《通知》要求各新闻单位于2021年1月20日至2021年3月19日对新闻记者持证情况开展年度核验。核验范围包含2019年12月2日至2021年1月1日，报纸、新闻性期刊、广播电台、电视台、新闻电影制片厂、新闻网站、县级融媒体中心等新闻单位新闻记者持有新闻记者证情况。《通知》指出本次核验工作的两项重点任务分别为持证人员符合法定许可条件情况和持证人员遵规守法情况，即核验持证人员是否为新闻单位编制内或正式聘用的专职人员。此外，《通知》还要求核验是否存在擅自以记者职务身份开设微博、微信等自媒体等。

服务管理的相关政策和规范性文件，对各类互联网平台的服务主体资质、用户注册、信息发布、传播行为等进行了规范，同时也对网民行为进行了规制。但是以“条例”“办法”“规定”为主的法规的监管范围与效应不足。应该针对当前互联网平台中社会思潮传播的突发性、隐蔽性、被操纵性等特点，修订建立互联网领域专有法律法规，提升法律监管范围和效应。“破”是指对于肆意扰乱传播秩序的参与主体，必须依规对其进行处理，并及时向社会公开，一方面向公众澄清错误认知，教育和引导广大网民；另一方面，以典型个体教育其他参与主体，使其树立正确的互联网信息传播参与意识，主动维护健康良好的传播秩序。2021 年初，新浪微博用户仇某明（网名辣笔小球）在卫国戍边官兵誓死捍卫国土的英雄事迹报道后，为了博人眼球，发布有关歪曲卫国戍边英雄事迹、诋毁和贬损卫国戍边英雄精神、侵害英雄烈士名誉和荣誉的微博内容，引发公众强烈愤慨，造成恶劣社会影响，后被人民法院以侵害英雄烈士名誉、荣誉罪判处有期徒刑 8 个月。2021 年，某 19 岁网民用多个账号发表侮辱南京大屠杀死难者的内容，遭到公安机关刑拘。在 2019 年凉山火灾之后，各地公安机关公开通报至少 13 起侮辱英烈的警情。公安机关和人民法院对这些为博人眼球而肆意扰乱传播秩序的行为主体的处罚措施体现了法律法规对于网络舆论相关主体追责的重要作用。只有健全完善法律规定，才能在错误社会思潮传播过程中对各类乱象的治理有法可依、有规可循。

“软硬兼施”是指在建立健全制度机制方面，一方面，建立健全理想信念教育制度，并以充实的教育内容为本，以学校与公共空间相配合推进其常态化，为人民群众树立正确理想信念提供制度保障；另一方面，推动建立自媒体舆论追责机制，为社会公众建立网络表达的底线意识提供规则支撑。在建立健全理想信念教育制度上，第一，要充实巩固理想信念教育的内容根基。坚持马克思主义在意识形态领域的指导地位，对反马克思主义的各类社会思潮要进行旗帜鲜明的批判。加强各类史实教育，加强爱国主义、集体主义、社会主义教育，弘扬党和人民在百年奋斗中形成的伟大精神，引导人们坚定“四个自信”，增强坚守共同理想、实现共同梦想的信心和决心。第二，将理想信念教育与学校教育相结合，将社会主义核心价值观、马克思主义中国化最新成果等理想信念教育的核心内容融入教书育人的每个环节，使其内化于心、外化于行。第三,发挥博物馆、爱国主义教育基地等公共空间引发情感共鸣、催生价值认同的功能,实现理想信念教育内容的入眼入耳入脑入心。

自媒体舆论追责机制的建立可从以下策略入手。第一,平台做好准入监管,微博等公开性互联网平台可建立实名制 ID 认证机制,保证传播主体身份的真实性和唯一性,便于在相互嵌套的传播网络中锁定传播秩序的破坏者。第二,政府等舆情监测和治理部门提升大数据应用能力,准确识别、定位互联网空间中的破坏性言论和谣言信息。第三,应将网络失范行为纳入普通网民的个人信用体系评价中,将个人的虚拟社会责任等同于现实社会责任,提高扰乱传播秩序的个人成本,推动建立公众在网络表达上的底线意识。

6.3 社会思潮引导方略的具体实现途径[①]

当前社会思潮的传播受到新媒体传播模式的支配,社会思潮传播中的规律性特点由新媒体传播模式在传播方式、传播过程和传播结构三个维度上的复杂性同构共生。社会思潮引导工作的目的在于发挥社会意识对社会存在积极的反作用。依照本书的唯物史观方法论原则,社会意识的状态与水平取决于社会存在的状态与水平。因此,需要回归决定与支配社会思潮传播的社会存在范畴解决问题。所以,笔者从新媒体传播模式的三个维度出发探讨社会思潮引导方略的具体途径。

6.3.1 方式维度:以协同运作机制提升社会思潮引导合力

社会思潮引导是一项复杂的系统性工程,涉及多元参与主体和多个环节,需要提升引导工作中的系统性、整体性和协同性。在系统协同原则指导下,新媒体传播模式中多主体多向互动的传播方式要求建立与舆情治理相协同的社会思潮引导机制,这是提升社会思潮引导合力,有力引导社会思潮

---

① 本节内容在公开发表的基础上修改完成,详见李明德,王含阳.新媒体传播模式及其对舆情治理的新要求[J].西北大学学报(哲学社会科学版),2021,51(2):151-159.

的关键。社会思潮传播的风险与网络空间的舆情危机往往同构共生，社会思潮的引导机制也需要从舆情治理的角度入手来建立。舆情危机一般建立在社会治理过程中利益关系不平衡、不协调的问题在网络空间的呈现之上，而这些现实问题的暴发给错误社会思潮的传播提供了可乘之际，互动产生的负面情绪堆积也会使普通事件发酵为敏感或冲突事件，使网民产生思想解惑的欲望，推动其成为错误社会思潮传播中的中立者或者认同传播者，在扩大社会思潮传播范围的同时，为舆情生态和意识形态安全埋下隐患。因此引导社会思潮在主流意识形态框架下传播是舆情治理在社会思潮传播方面的重要内容。当前社会思潮引导中的难题在于危害主流意识形态的错误社会思潮以网络舆论为掩体，遮盖其真实目的，并诱导公众对正常的引导工作和正面宣传产生负面情绪，扰乱正常思想文化工作节奏和思路。多主体多向互动的传播方式致使社会思潮的传播处于不稳定、不确定的过程中，其中潜在的舆情危机更容易从网络空间蔓延至现实社会，所以必须从舆情治理的角度看待社会思潮的引导工作，从引导社会思潮的角度看待舆情治理工作，使舆情治理与社会思潮引导工作相融合、相协同，形成融合协同的社会思潮引导机制。

协同运作机制是指社会治理机构、理论宣传机构与舆情预判机构建立联动机制，围绕疏导线下矛盾、缓和线上情绪的目标共同运作。首先，从根本上讲，对社会思潮的引导是对人们的社会意识和价值观念的一种规范行为，它建立在各类生产生活等社会制度的健全程度和落实情况之上。社会治理机构主要负责解决引发舆情危机和导致社会思潮传播的社会问题，推动社会分配、社会保障、民主监督等制度的建立健全，跟进相关政策法规的落实情况是否公平、公正和公开，以实际问题的解决化解错误社会思潮借题发挥的现实情境。其次，融合协同的社会思潮引导机制要在党的领导下实现多元协同。理论宣传机构作为党的宣传思想战线最前沿，主要负责统筹、组织、领导包括理论工作者、宣传工作者、文艺创作者、知识分子、公众人物、网络意见领袖等在内的多元主体，通过常态化的联络机制建立起广泛、全面、多层次的协同战线，解决群众的思想困惑，科学解释社会矛盾的存在原因与解决出路，揭露错误社会思潮所呈现的片面社会样貌，以主流意识形态观点引导公众转换对待社会思潮的立场和观点。理论宣传机构要发挥党的带头作用,进行协调联动,强化不同层次主体之间的协同,使各个主体在不同场景下发挥应有的特长,将个体的优势转化为多元主体协同引导的效能,实现对社会思潮的有效引领。舆情预判机构主要负责识别和把握社会思潮传播中的关键时间点,从动态时间维度提升社会思潮引导工作的前瞻性、针对性和连续性。同舆情一样,社会思潮的传播具有周期性特征。社会思潮在传播中的产生和发展表现为一个"出现—传播—高潮—消退"的阶段性动态过程,一些重大时间节点和突发事件可能会使这个动态过程中出现多个传播的高潮。对此,舆情预判机构需要在这个动态过程中紧密跟进社会思潮传播中的各类舆情,通过对大数据的整合归类,预测社会思潮的发展趋势,提前部署好引导工作,对具有不同发展规律的社会思潮进行分类引导。

在协同运作机制中,社会思潮引导方式与舆情治理方式相协同是协同治理机制的重要理念。对社会思潮的引导要依照舆情预判所提示的问题进行。如果舆情危机呈现出由国际倒灌国内的趋势,那么对由舆情引发的社会思潮的引导要采取源头治理方式,治理的重点是对错误社会思潮的辨析,强化对与错误社会思潮相对应的理性社会舆论的营造和传播,压缩错误社会思潮在信息流动过程中的存在空间;与此相对应,面对新媒体传播模式中社会思潮传播参与主体间的多向互动,在开展引导工作时,也需要关注当中重点人物和重点群体的言论影响,关注和分析其所在的网络信息平台和社交平台的互动路径和属性,以便形成相应的管控措施。如果舆情危机由社会底层的矛盾引发,那么,对关涉舆情的社会思潮的引导要依赖于舆论引导层面的措施来化解因社会矛盾而产生的负面情绪,以全面宣传党的方针政策进行舆论引导,并正确宣传社会治理机构的合理解决之策,化解群众的疑虑和不解,在社会治理机构和诉求民众之间搭建沟通桥梁。

舆情预判机构、社会治理机构和理论宣传机构在社会思潮引导机制中的具体协作方式如下。在协同运作机制中,舆情预判机构对关涉社会思潮的网络舆论进行及时准确的舆情预判是融合协同引导机制中的重要环节。在舆情预判机构和社会治理机构的协同配合中,舆情预判人员以"侦察兵"角色介入社会治理工作,通过对舆情的预判为社会治理机构提供有效信息。

社会思潮传播参与主体在多向互动中产生不同社会情绪，舆情预判人员通过对不同情绪的识别与定性，对可能产生利益冲突的领域与人群进行预判，为社会治理机构提供社会矛盾的潜在呈现方式，使社会治理机构提前谋划，消除负面因素，提前解决或者预防滋生社会思潮舆论的社会问题。社会治理机构在日常工作中要大力推动各级各类机构落实国家战略，增强制度执行力和社会治理效能，以解决实际问题、缓和社会矛盾、化解群众情绪。在社会治理部门与理论宣传部门的协同配合中，当社会治理机构提前介入社会矛盾后，理论宣传部门应该依据预判动态积极动员和培育相关人员进行舆论议题设置，多向度及时发布全面真实的信息回应公众质疑，将公众对社会问题的感性认识转变为理性认识，为社会治理营造理性舆论环境。通过舆情预判机构、社会治理机构和理论宣传机构“三管齐下”的措施，能够从社会思潮传播所需的社会问题基础、社会心理基础和价值误区基础三方面削弱错误社会思潮或者关涉社会思潮的非理性舆论的吸引力和感染力，从手段和措施方面提升社会思潮引导合力。

6.3.2 过程维度：以真实信息瓦解社会思潮舆论化的心理根基

新媒体传播模式中多层多向的传播过程增强了社会成员之间的信息流动性，提高了信息传播效果的不确定性和不可控性。这一方面为社会思潮传播提供了生存空间，助推错误社会思潮在多向多元信息流中自我调适，迎合公众需求。在多层多向的传播过程中，海量信息在不同社群、圈群之间自由流通，当有突发事件出现时，若公众对真实信息的需求无法被满足，煽动性、诱导性的不良信息就会乘虚而入，占据信息流通空间，使反映客观真实的信息无从传播，谣言、虚假信息和负面情绪助推产生舆情事件，为社会思潮传播提供可乘之机。另一方面，一定程度消解了主流媒体和政府在规范社会思潮中的公信力。在多层多向的信息流动中，信息流动的速率远远高于以往，而传播权力分散在各个参与传播的个体上，在公共危机和民众诉求面前，社会力量的声音往往先于政府和主流媒体发布的权威声音。但社会力量的声音往往包含着不同的心理诉求和行为选择，也会受到不同社会思潮的裹挟。当突发事件发生时，若权威声音缺位，多元立场取向的解释会加剧舆论场的浮躁氛围，促使个人心中的恐慌与焦虑投射为普遍的社会心态，为错误社会思潮的渗透提供便利条件；若权威声音姗姗来迟，且并未全面真实地反映事实，公众就会表现出对权威声音强烈的逆反心理，采取与政府和主流媒体相反的态度或倾向，不认可其在公共危机和民众诉求方面的公信力，进而对其引导社会思潮的话语和措施产生不信任感。

新媒体传播模式多层多向的传播过程要求以系统化的信息发布机制和常态化舆情应对机制保证全面真实的信息在传播过程中的主流地位，及时披露真实信息，增强政府以及政务新媒体的公信力，瓦解社会思潮舆论化的心理根基。系统化的信息发布机制能够在各领域、各层级和各方面保证全面真实的信息占据信息流通渠道的主流，以真实性规范信息传播过程中的秩序。在新媒体传播模式中，多层次、高密度地发布权威信息，增强传统媒体和官方机构媒体在回应公众关切上的专业性和针对性，能够舒缓公众由于信息不对称而引发的负面情绪。准确、客观地发布真实信息，是对新媒体传播模式中信息流动规律的正确认识，也是对信息流动复杂性、不确定性和不可控性的有效制衡。这样一方面化解了舆情中隐性成分的能量集聚，在消解舆情危机的同时，提高了政府和主流媒体在引导社会思潮方面的公信力，另一方面，公众对自己的所处的情境也能够有更加客观准确的认知，政府的一些措施也能够更好地得到执行。当政府的措施得到良好执行并获得正面效果时，也从侧面提升了政府和主流媒体在公众心中的公信力。新闻发言人制度是政府部门发布权威信息、澄清谣言、展示政策价值、阐明政府立场和引导社会价值取向的重要渠道和手段[184]。为此，要进一步研究完善互联网新闻发言人制度，从新闻发言人选拔、议题设置、话语表达方式、传播渠道等方面不断提升新闻发言人的社会功效。建立系统化的信息发布机制一是要打破新闻发言人与政策核心决定者之间的层级阻隔，提升政府信息的流通速率，此外还要提升政府公务员队伍的媒介素养和沟通能力，提高信息发布中政策解读和传达的准确性。习近平总书记也指出领导干部要充分利用好媒体，做好信息公开，提升在舆论引导方面的主动性和实效性。“领导干部要增强同媒体打交道的能力，善于运用媒体宣讲政策主张、了解社情民意、发现矛盾问题、引导社会情绪、动员人民群众、推动实际工作。”[50]334

二是要实现新闻发布形式的多样化与网络化。面对网络化的舆论环境，各级政府机构应该进一步完善网络新闻发布平台建设，发挥社交媒体、短视频平台在政务信息公开和促进政府与公众交流方面的作用。通过发布真实信息提升政府公信力，以完善新闻发布的人员结构和拓展新闻发布的传播渠道，实现权威信息发布机制的系统化，阻断由于信息公开不透明、不及时、不准确造成的盲从与极化的社会心态形成路径，从而瓦解社会思潮舆论化的心理根基。

常态化的舆情应对机制能够在舆情演变的过程中，于危机之前准确预判舆情危机，以真实客观的信息化解群众因为舆情事件而产生的不安全感和愤怒情绪，以政府机构之间的沟通协调实现对社会思潮舆情的全方位、全领域的回应与疏导，防止舆情事件演化为舆情危机。我国目前正处于社会转型期，一些领域所存在的矛盾冲突使舆情事件有时无法避免。尤其是在面对重大突发公共事务时，要让社会公众了解政府的应对措施，消解社会不良情绪。常态化的舆情回应机制能够为治理者及时、合理、有效地疏导与应对民众产生的负面情绪与合理质疑，使客观、准确、公正的回应与信息占据舆论空间，建立多向信息流中的主流认知，从而消解由于社会情绪堆积而产生的舆情危机，瓦解舆情危机之下可能导致社会思潮传播的负面社会心理基础。舆情应对机制贯穿舆情产生演变的全过程，需要加强顶层设计，根据舆情发生发展各个阶段的不同状态和社会思潮在其中的渗透情况作出不同部署。为此，一要坚持以真实、客观内容回应舆情的原则，引导公众建立对当前社会发展现状的理性认知，引导网民全面、客观、公正地反映社会发展问题和社会现象。同时要求新闻媒体发挥舆论监督作用，直面社会问题，发表事实准确、分析客观的报道。习近平总书记曾深刻指出如何在新闻报道中真实反映社会现实："要根据事实来描述事实，既准确报道个别事实，又从宏观上把握和反映事件或事物的全貌。"[50]333 二是建立社会思潮舆情的研判预警机制，广泛收集信息、掌握舆情状态并快速作出反应。在社会思潮舆情酝酿、产生、快速发展、高潮和消退的不同阶段有针对性地实施舆情回应措施。三是建立社会思潮舆情应对的协调沟通机制。社会思潮舆情的产生和出现涉及社会生活的方方面面，要实现理论宣传机构与社会治理机构、舆情研判机构等其他机构之间的公共资源和舆情信息的整合，以搭建关于社会思潮舆情的信息共享平台，加强不同层级政府机构在应对社会思潮舆情上的协调互动，提升舆情应对的合力。四是建立舆情回应绩效考评机制，综合社会公众、舆情研判机构和政府三方的反馈意见，以舆情回应的效果评判督促整体回应机制完善与提升，实现舆情应对机制的有效常态化运转。

6.3.3 结构维度：以关键主体强化主流意识形态阵地建设

新媒体传播模式交互嵌套的传播结构特征要求在社会思潮传播的多元参与主体中建构社会化的正能量主体，使其成为传播结构中具有影响力和正面效应的关键节点，成为科学有效引导社会思潮发展的关键抓手，在多元舆论场中强化主流意识形态话语的传播阵地，维护主流意识形态在舆论场中的主导地位。在个人自由链接的传播结构中，多元主体间的随机组合会放大群体情绪的感染效应，负面情绪相互感染会动摇辨别能力不高的网民的正确价值取向，从而提高社会思潮传播中价值取向中立群体向社会思潮传播核心群体的转化率。因此，在社会思潮传播参与主体中需要建构引领价值导向和树立主体行为规范的角色，发挥关键主体引导大众科学、公正、客观评价社会发展的作用，使网民树立对我国社会主义初级阶段和深化改革攻坚克难阶段的复杂情形，引导网民发表善意理性的言论。

关键主体是指在社会思潮引导的多元协同主体中建构社会化的正能量主体，他们与主流意识形态的引导形成互补力量。社会化体现关键主体的性质，他们是区别于政府的理论宣传人员、主流媒体的工作人员等官方类行为主体，以散布于网络社群、虚拟社区、高校等网络空间和现实空间中的社会化行为主体为主。关键主体的社会化性质说明其具备实现主流意识形态话语通俗化和联系公众的优势。关键主体能够消解官方行为主体宣传下主流意识形态话语的严肃性和理论性，也能提高其传播内容相对于社会公众的亲和力和吸引力，让公众更能产生共鸣，从而成为社会思潮的官方引导力量和社会思潮传播的民间行为主体之间的制衡力量。这类行为主体具备较高的媒介素养和媒介话语权，在新媒体传播模式中体现为能够产生更多的与其他主体之间的链接，并且能够通过这些链接撬动异质化圈层之间的区隔，实现不同性质圈层的贯通和对不同层级社会成员的动员。正能量体现为关键主体在多元协同主体中所起到的思想引领和舆论导向作用。这些行为主体具备较高的媒介素养，在互联网空间中具备一定的话语权和感召力，并且具备一定的理论素养和甄别能力，能够识别错误社会思潮并且破解其在舆论场中的渗透策略，澄清理论是非。这些行为主体还能以科学的思维方式对待社会矛盾，以客观态度公正分析社会问题，以理性态度引导公众情绪。关键主体这一角色是本研究提出的社会思潮传播机制中引导者角色的现实对应。依据对社会思潮传播机制的研究，关键主体介入社会思潮传播的时机对于主流价值占据舆论场至关重要。因此，关键主体要重视舆论演化规律，抢占引导时机。在社会思潮舆论甫一出现，立刻对社会思潮中的错误思想和舆论中的负面情绪进行“定调”，应及时矫正负面舆论，从而在社会思潮传播中强化主流价值取向，扭转中立价值取向，孤立错误价值取向，廓清网民价值观念和认知模式中的模糊地带。

从关键主体的界定来看，建构关键主体需要从三方面着手。首先是吸纳社会化力量。将知识分子、虚拟社区活跃账号主体、有影响力的网络公共人物等具有一定文化素质和较高网络话语权的参与主体吸纳、塑造为社会思潮传播中的正能量主体，使其与政府、主流媒体等传播主流意识形态的官方代表形成积极互动，能够在主流意识形态话语与社会思潮话语博弈中发表引导性意见，成为官方话语和公众讨论之间的中介。其次是以主流价值观塑造社会化力量的正能量话语。在社会化主体中，要强化对其的社会主义核心价值观的宣传和教育，使其形成在主流意识形态主导下的话语体系并应用于与其他网民的公共讨论之中，以正能量话语引导网络空间中的言论秩序。最后是建立社会治理主体与正能量主体之间的长效沟通机制。正能量主体由于其社会化性质，能够在社会思潮传播和流行的过程中向社会治理主体反馈民众真实期盼与合理诉求。而社会治理主体能够通过正能量主体向网民树立网络舆论负面清单意识，使全部社会思潮传播的参与主体树立清晰的行为边界，从而约束极端错误言论的出现和传播，为理性话语建立充足的传播空间。

参考文献

[1]徐海波.马克思主义价值的当代诠释[M].北京:人民出版社,2007.

[2]新华通讯社课题组.习近平新闻舆论思想要论[M].北京:新华出版社,2017.

[3]习近平谈治国理政(第一卷)[M].北京:外文出版社,2014.

[4]习近平谈治国理政(第三卷)[M].北京:外文出版社,2020.

[5]林泰.问道:改革开放以来的社会思潮与青年思想政治教育研究[M].北京:中国社会科学出版社,2017.

[6]郑雯,桂勇,黄荣贵.论争与演进:作为一种网络社会思潮的改革开放——以 2013—2018 年 2.75 亿条微博为分析样本[J].新闻记者,2019(1):51-62.

[7]麦奎尔,温德尔.大众传播模式论[M].祝建华,译.上海:上海译文出版社,2008.

[8]郭庆光.传播学教程[M].北京:中国人民大学出版社,2016.

[9]马费成,宋恩梅,赵一鸣.信息管理学基础[M].3 版.武汉:武汉大学出版社,2018.

[10]沈阳,冯杰.两微一端重大事件信息扩散模式对比研究[J].现代传播(中国传媒大学学报),2019,41(2):63-67.

[11]李明德,蒙胜军,张宏邦.微博舆情传播模式研究:基于过程的分析[J].情报杂志,2014,33(2):120-127.

[12]罗贤春,庞进京,袁冰洁.媒介环境变迁中的政务信息传播模式演进[J].图书馆学研究,2017(2):95-101.

[13]韦路,方振武."控制辩证模式":信息传播新模式的发展与转向[J].国际新闻界,2017,39(8):82-102.

[14]李洁.当代中国社会思潮治理的途径和方式研究[D].北京:北京科技大学,2018.

[15]梁启超.清代学术概论[M].北京:中华书局,1954.

[16]辞海[M].上海:上海辞书出版社,1979.

[17]中国大百科全书(哲学卷)[M].北京:中国大百科全书出版社,1995.

[18]吴仁华.社会思潮十讲:青年师生读本[M].福州:福建教育出版社,2014.

[19]佘双好.当代社会思潮的内涵、特征及其研究意义[J].学校党建与思想教育,2011(19):7-11.

[20]梅荣政.用马克思主义引领社会思潮[M].武汉:武汉大学出版社,2008.

[21]王家忠.社会思潮的起源、作用及发展趋势探析[J].齐鲁学刊,1997(2):56-60.

[22]邓卓明.社会思潮专题研究[M].北京:中国社会科学出版社,2012.

[23]何梓焜.社会思潮问题略谈[J].现代哲学,1991(1):22-25.

[24]王炳权.深入理解社会思潮的基本内涵[J].高校理论战线,2010(11):36-40.

[25]冯海波.把握社会思潮本质 构建社会思潮引领机制[J].理论研究,2009(Z1):14-16.

[26]邓卓明.论社会思潮的类型与特征[J].西南师范大学学报(哲学社会科学版),1995(2):14-19.

[27]邓卓明.当代国外社会思潮专题研究[M].重庆:西南师范大学出版社,2002.

[28]刘书林.社会思潮研究与"两课"教学改革[J].思想理论教育导刊,2003(9):62-65.

[29]邢贲思.当代世界思潮[M].北京:中共中央党校出版社,2002.

[30]朱士群.当代中国社会思潮:回应与引领[J].安徽师范大学学报(人文

社会科学版),2008(4):390－394.

[31]王炳权,梅荣政.论社会思潮的传播与控制[J].求实,2005(11):83－85.

[32]宫京成.大众传媒回应与引领当代社会思潮研究[M].北京:人民日报出版社,2016.

[33]步德胜,邓卓明.社会思潮内涵的再认识[J].重庆邮电学院学报(社会科学版),2006(5):712－714.

[34]王炳权.论社会思潮的传播与调控[J].学校党建与思想教育,2012(15):11－13.

[35]陈伟军.社会思潮传播与核心价值引领[M].北京:人民出版社,2017.

[36]唐晓燕.意识形态建构理论的源与流:从马克思到列宁[J].学术论坛,2018,41(4):61－65.

[37]马克思恩格斯选集(第1卷)[M].北京:人民出版社,2012.

[38]马克思恩格斯选集(第2卷)[M].北京:人民出版社,2012.

[39]王永贵.列宁意识形态理论的思想精髓及其现实意义:纪念列宁逝世90周年[J].学术界,2014(4):59－67.

[40]列宁选集(第2卷)[M].北京:人民出版社,2012.

[41]卢卡奇.历史与阶级意识[M].杜章智,任立,燕宏远,译.北京:商务印书馆,1992.

[42]葛兰西.狱中札记[M].曹雷雨,姜丽,张跣,译.开封:河南大学出版社,2014.

[43]孙乃龙.社会意识形态危机与规避[M].北京:中国社会科学出版社,2013.

[44]俞吾金.意识形态论[M].修订版.北京:人民出版社,2009.

[45]陈锡喜.意识形态:当代中国的理论与实践[M].北京:中国人民大学出版社,2018.

[46]冯宏良.国家意识形态安全与马克思主义大众化:基于社会政治稳定的研究视野[M].天津:天津人民出版社,2017.

[47]叶鑫.意识形态概念的历史演进:从马克思到列宁[J].理论月刊,2018

(3):23－29.

[48]肖唤元,郑晶晶.新时代网络意识形态话语权构建的四重“论”域透视:学习习近平总书记关于网络意识形态工作的重要论述[J].社会主义研究,2020(1):9－16.

[49]李明德,李巨星.国家主流意识形态网络传播的效果评估体系研究[J].当代传播,2019(2):12－19.

[50]习近平谈治国理政(第二卷)[M].北京:外文出版社,2017.

[51]习近平在中共中央政治局第三十六次集体学习时强调 加快推进网络信息技术自主创新 朝着建设网络强国目标不懈努力[N].人民日报,2016－10－10(01).

[52]习近平.在网络安全和信息化工作座谈会上的讲话[M].北京:人民出版社,2016.

[53]习近平.干在实处 走在前列:推进浙江新发展的思考与实践[M].北京:中共中央党校出版社,2006.

[54]中宣部新闻局.习近平总书记党的新闻舆论工作座谈会重要讲话精神学习辅助材料[M].北京:学习出版社,2016.

[55]本书编写组.党的十九大报告辅导读本[M].北京:人民出版社,2017.

[56]决胜全面建成小康社会 夺取新时代中国特色社会主义伟大胜利——在中国共产党第十九次全国代表大会上的讲话[M].北京:人民出版社,2017.

[57]中共中央文献研究室.习近平关于全面建成小康社会论述摘编[M].北京:中央文献出版社,2016.

[58]习近平主持召开中央全面深化改革领导小组第四次会议强调 共同为改革想招一起为改革发力 群策群力把各项工作抓到位[N].人民日报,2014－08－19(01).

[59]中共中央党史和文献研究院.习近平关于网络强国论述摘编[M].北京:中央文献出版社,2021.

[60]罗燕.新媒体社会思潮的传播及引导[J].人民论坛,2017(29):128－129.

[61]方付建.网络空间社会思潮发展方式研究:基于思潮网站的分析[J].宁

夏社会科学,2013(2):26-30.

[62]李明德,乔婷.新儒家主义思潮网络传播的表征及其引领[J].内蒙古社会科学,2020,41(5):180-186.

[63]安娜,林建成.新媒体条件下社会思潮传播的特征及其引领[J].社会主义研究,2016(6):118-124.

[64]吴海江,包炜杰.新媒体环境下高校社会思潮传播机理及其对策探究[J].思想理论教育导刊,2017(6):67-70.

[65]陈娜.转型中国的多元社会思潮与媒介表达困境[J].南京社会科学,2018(4):108-112.

[66]方付建.网络空间社会思潮传播策略研究[J].电子政务,2012(12):76-79.

[67]方付建.网络时代社会思潮发展动向研究[J].电子政务,2015(8):44-50.

[68]MCKUEN M. Speaking of politics: Individual conversational chioce, public opinion, and the prospects for deliberative democracy[M]. Urbana: University of Illinois Press, 1990.

[69]MCLEOD J, SCHEUFFLE D, MOY P, et al. Understanding deliberation: The effects of discussion networds on participation in a public forum[J]. Communication Research, 1999, 26(6): 743-774.

[70]LEIGHLEY J E. Social interaction and contextual influence on political participation[J]. American Politics Quarterly, 1991(18): 459-475.

[71]SCHEUFELE D, HARDY B W, BROSSARD D, et al. Democracy based on difference: Examining the links between structural heterogeneity, heterogeneity of discussion networks, and democratic citizenship[J]. Journal of communication, 2006(56): 728-753.

[72]樊阳程.网络时代高校社会思潮的传播特点及引导对策[J].人民论坛,2014(32):126-128.

[73]李悦.网络传播社会思潮与高校意识形态安全研究[J].思想理论教育导刊,2017(10):95-98.

[74]刘晶晶.公共传播视野下我国网络赋权的传播特征[J].华中师范大学研究生学报,2015,22(2):121-124.

[75]赵丽涛.西方"普世价值"思潮的网络议题与引导策略[J].思想教育研究,2017(8):60-63.

[76]陈伟军.虚拟社区中的社会思潮传播与价值形塑[J].浙江学刊,2013(1):183-193.

[77]陈伟军.社会思潮传播与价值导向调控[J].云南社会科学,2010(3):38-42.

[78]祁小平.新时代"互联网+社会思潮"传播的新特点及应对逻辑转向[J].山东师范大学学报(人文社会科学版),2018,63(1):146-156.

[79]李明德,朱妍.社会思潮的传播特征及引领:以互联网视听平台为对象[J].北京工业大学学报(社会科学版),2019,19(3):1-7.

[80]仰义方.新媒体环境下历史虚无主义的传播特点与应对策略[J].思想政治教育研究,2017,33(1):83-87.

[81]尤达."5W"传播模式变迁视角下网络自制剧的海外发行研究[J].传媒,2018(1):79-82.

[82]高海波.拉斯韦尔5W模式探源[J].国际新闻界,2008(10):37-40.

[83]夏基松.现代西方哲学教程新编[M].北京:高等教育出版社,1998.

[84]邓卓明,姜华.增强引领社会思潮的四个意识[EB/OL].(2016-06-12)[2020-12-20].http://theory.people.com.cn/n1/2016/0612/c49154-28425876.html.

[85]肖前.马克思主义哲学原理(上册)[M].北京:中国人民大学出版社,1994.

[86]马克思恩格斯选集(第4卷)[M].北京:人民出版社,2012.

[87]马克思恩格斯全集(第20卷)[M].北京:人民出版社,1974.

[88]马克思恩格斯全集(第13卷)[M].北京:人民出版社,1998.

[89]李秀林,等.辩证唯物主义与历史唯物主义原理[M].5版.北京:中国人民大学出版社,2004.

[90]肖前,李秀林,汪永祥.历史唯物主义原理[M].北京:人民出版

社,1994.

[91]王雅林.马克思生活方式范畴的“一元本体观”:对《德意志意识形态》的建构性诠解[J].学习与探索,2020(1):1－8.

[92]伊尼斯.传播的偏向[M].何道宽,译.北京:中国人民大学出版社,2003.

[93]马克思恩格斯全集(第1卷)[M].北京:人民出版社,2012.

[94]范红霞.微信中的信息流动与新型社会关系的生产[J].现代传播(中国传媒大学学报),2016,38(10):53－59.

[95]麦克卢汉.理解媒介:论人的延伸[M].何道宽,译.南京:译林出版社,2019.

[96]李明德,赵琛.新媒体时代“四力”的突围与跨越:基于“十三五”时期中国新媒体发展的几个焦点[J].编辑之友,2021(1):12－20.

[97]陈力丹.精神交往论[M].北京:中国人民大学出版社,2016.

[98]胡潇.马克思恩格斯关于意识形态的多视角解释[J].中国社会科学,2010(4):4－20.

[99]中共中央文献研究室,新华通讯社.毛泽东新闻工作文选[M].北京:新华出版社,1998.

[100]邓小平文选(第二卷)[M].北京:人民出版社,1994.

[101]王永贵.中国共产党90年来推进意识形态工作的历史经验[J].当代世界与社会主义,2011(4):124－129.

[102]新华社新闻研究所.邓小平论新闻宣传[M].北京:新华出版社,2014.

[103]江泽民文选(第一卷)[M].北京:人民出版社,2006.

[104]胡锦涛.高举中国特色社会主义伟大旗帜 为夺取全面建设小康社会新胜利而奋斗:在中国共产党第十七次全国代表大会上的报告[M].北京:人民出版社,2007.

[105]十八大以来重要文献选编(中)[M].北京:中央文献出版社,2016.

[106]习近平.论党的宣传思想工作[M].北京:中央文献出版社,2020.

[107]唐宁.人民日报新知新觉:高质量推进县级融媒体中心建设[EB/OL].(2020－09－28)[2021－04－10].http://opinion.people.com.cn/n1/

2020/0928/c1003-31877271.html.

[108]何威.网众与网众传播:关于一种传播理论新视角的探讨[J].新闻与传播研究,2010,19(5):47-54.

[109]何志荣.延伸与回归:传播具身性在媒介技术中的嵌入[J].编辑之友,2019(12):66-70.

[110]谭雪芳.图形化身、数字孪生与具身性在场:身体-技术关系模式下的传播新视野[J].现代传播(中国传媒大学学报),2019,41(8):64-70.

[111]韩红星,赵恒煜.基于裂变式传播的新媒体噪音初探:以微博为例[J].现代传播(中国传媒大学学报),2012,34(7):105-109.

[112]隋岩.群体传播时代:信息生产方式的变革与影响[J].中国社会科学,2018(11):114-134.

[113]彭兰.网络的圈子化:关系、文化、技术维度下的类聚与群分[J].编辑之友,2019(11):5-12.

[114]王宏波.社会工程学导论[M].北京:科学出版社,2020.

[115]范丽丽,林伯海.当前国内网络民粹主义的基本样态及纠治进路[J].思想教育研究,2020(12):83-87.

[116]卢嘉,刘新传,李伯亮.社交媒体公共讨论中理智与情感的传播机制:基于新浪微博的实证研究[J].现代传播(中国传媒大学学报),2017,39(2):73-79.

[117]胡媛媛,王岩.意识形态安全视阈中的"普世价值"思潮批判[J].马克思主义研究,2019(7):143-151.

[118]竟辉.改革开放40年新自由主义思潮的中国嬗变[J].思想教育研究,2018(12):66-71.

[119]霍晓玲.正确认识当代中国文化保守主义思潮[J].探索,2012(5):109-114.

[120]秦在东,靳思远.错误社会思潮对我国主流意识形态安全的威胁及其治理[J].思想教育研究,2019(1):81-86.

[121]丁祥艳.社会思潮的类型和基本特征浅析[J].人民论坛,2013(2):162-163.

[122]喻国明,张珂嘉.论作为关系表达的传播内容范式[J].武汉大学学报(哲学社会科学版),2020,73(4):66-73.

[123]KARAHANNA E,XU S X,XU Y,et al. The needs-affordances-features perspective for the use of social media[J]. MIS Quarterly,2018,42(3):737-756.

[124]彭兰.网络社会的层级化:现实阶层与虚拟层级的交织[J].现代传播(中国传媒大学学报),2020,42(3):9-15.

[125]丁未,田阡.流动的家园:新媒介技术与农民工社会关系个案研究[J].新闻与传播研究,2009,16(1):61-70.

[126]MADIANOU M,MILLER D. Polymedia:Towards a new theory of digital media in interpersonal communication[J]. International Journal of Cultural Studies,2013,16(2):169-187.

[127]喻国明,马慧.互联网时代的新权力范式:“关系赋权”——“连接一切”场景下的社会关系的重组与权力格局的变迁[J].国际新闻界,2016,38(10):6-27.

[128]赵鼎新.社会与政治运动讲义[M].2版.北京:社会科学文献出版社,2014.

[129]张廷.新自由主义思潮传播的新动向及其有效引导研究[J].思想理论教育导刊,2020(1):95-99.

[130]贺碧霄,孙玉峰.从公共性到主体间性:一种对网络媒介传播的探讨[J].河南社会科学,2006(6):130-132.

[131]赵琛,赵炫竹.五四时期马克思主义的传播路径[J].人民论坛,2020(Z2):106-107.

[132]马立诚.最近四十年中国社会思潮[M].北京:东方出版社,2015.

[133]刘小龙.当前中国网络民粹主义思潮的演进态势及其治理[J].探索,2017(4):48-56.

[134]杜骏飞.网络民族主义表达及文化消费景观:美联航事件、《人民的名义》谈诟录[J].编辑之友,2017(7):109-112.

[135]张化冰.延伸的“想象”:网络民族主义的特征及本质[J].现代传播(中

国传媒大学学报),2014,36(12):156-157.
[136]刘海龙.像爱护爱豆一样爱国:新媒体与“粉丝民族主义”的诞生[J].现代传播(中国传媒大学学报),2017,39(4):27-36.
[137]吴风.网络传播学:一种形而上的透视[M].北京:中国广播电视出版社,2004.
[138]田海舰,滑晓军.中国文化保守主义的当代传播及引领[J].青年记者,2018(14):20-21.
[139]王云芳,焦运佳.网络空间中民族民粹主义的逻辑机理与类型比较:基于网络“回音室”效应的视角[J].学术界,2019(4):84-91.
[140]顾超.“后真相”语境下历史虚无主义的传播及应对[J].思想教育研究,2019(1):87-91.
[141]杜志强,支少瑞.网络政治谣言的危害及治理[J].中州学刊,2019(4):161-165.
[142]李彪,喻国明.“后真相”时代网络谣言的话语空间与传播场域研究:基于微信朋友圈4160条谣言的分析[J].新闻大学,2018(2):103-112.
[143]毕红梅,李婉玉.移动互联网时代社会思潮的传播特征及引领路径:基于主流意识形态建设的视角[J].思想教育研究,2016(5):47-51.
[144]陈龙.网络民粹主义的话语垄断策略[J].苏州大学学报(哲学社会科学版),2011,32(6):157-162.
[145]汤景泰.偏向与隐喻:论民粹主义舆论的原型叙事[J].国际新闻界,2015,37(9):23-35.
[146]VAZQUEZ A. Epidemic outbreaks on structured populations[J]. Journal of Theoretical Biology,2007,245(1):125-129.
[147]ZHAO Z,LI Y,WANG Y. An analysis of rumor propafation based on propagation force[J]. Physica A: Statistical Mechanics and Its Applications,2016,443(8):263-271.
[148]ANDERSON R M, MARY R M. Infectious diseases of humans: Dynamics and control[M]. Oxford:Oxford University Press,1991.
[149]徐涵,张庆.复杂网络上传播动力学模型研究综述[J].情报科学,

2020,38(10):159－167.

[150]DALEY D J,KENDALL D G. Epidemics and rumours[J]. Nature, 1964,204(4963):1118－1128.

[151]王雨嘉,侯合银. 小世界网络中基于一种改进模型的谣言传播研究[J]. 情报杂志,2019,38(4):138－147.

[152]LESKOVEC J,MCGLOHON M,FALOUTSOS C,et al. Patterns of cascading behaviour in large blog graphs[C]. Proceedings of the SIAM International Conference on Data Mining,2007.

[153]李鑫,张军. 基于系统动力学的 SIRS 信息传播模型研究[J]. 情报科学,2017,35(11):17－22.

[154]李光正,史定华. 复杂网络上 SIRS 类疾病传播行为分析[J]. 自然科学进展,2006(4):508－512.

[155]丁学君. 基于 SCIR 的微博舆情话题传播模型研究[J]. 计算机工程与应用,2015,51(8):20－26.

[156]崔金栋,郑鹊,孙硕. 基于改良 SEIR 模型的微博话题式信息传播研究[J]. 情报科学,2017,35(12):22－27.

[157]陈业华,张晓倩. 网络突发群体事件网民群体情绪传播模型及仿真研究[J]. 情报科学,2018,36(3):151－156.

[158]赵剑华,万克文. 基于信息传播模型-SIR 传染病模型的社交网络舆情传播动力学模型研究[J]. 情报科学,2017,35(12):34－38.

[159]林晓静,庄亚明,孙莉玲. 具有饱和接触率的 SEIR 网络舆情传播模型研究[J]. 情报杂志,2015,34(3):150－155.

[160]JACOBSON S,MYUNG E,JOHNSON S L. Open media or echo chamber:The use of links in audience discussions on the Facebook pages of partisan news organizations[J]. Information,Communication & Society,2016,19(7):875－891.

[161]陈琳,单宁. 当前国内社会思潮趋势走向[J]. 人民论坛,2018(6):12－15.

[162]桂勇,黄荣贵,丁昳. 网络左翼的三重面相:基于个案观察和大数据的

探索性研究[J]. 社会,2018,38(3):203-239.

[163]张静,王欢. 基于层次分析法的影响微信中社会思潮传播的因素研究[J]. 电子政务,2017(5):75-83.

[164]石立春,罗钧文,刘思旖. 网络民粹主义演绎特征爬梳与概念的探索性检验:基于2009—2014年606个网络民粹事件生成与演绎的扎根理论研究[J]. 电子政务,2018(7):47-59.

[165]吉登斯. 社会学[M]. 4版. 赵旭东,齐心,王兵,等译. 北京:北京大学出版社,2003.

[166]李向阳. 民粹主义的主要影响与防范消解路径[J]. 南开学报(哲学社会科学版),2020(6):29-36.

[167]王戈,王国华,方付建. 网络社会思潮领袖的群体特征:以近年来20件意识形态领域热点事件为例[J]. 情报杂志,2017,36(4):136-140.

[168]柴宝勇. 新自由主义思潮对大学生的影响及其引导[J]. 中国青年社会科学,2017,36(1):115-121.

[169]喻国明. 规则改变、系统协同、构建信任:微博有效传播的三个关键词[J]. 新闻与写作,2013(9):83-85.

[170]鲍常勇. 21世纪以来中国民族主义思潮的新动向及其对中国特色社会主义的影响[J]. 河南社会科学,2009,17(6):184-186.

[171]徐圣龙,胡键. 改革开放以来民族主义的嬗变及其对中国现代化实践的影响[J]. 江西师范大学学报(哲学社会科学版),2018,51(5):24-33.

[172]习近平. 在庆祝中国共产党成立95周年大会上的讲话[M]. 北京:人民出版社,2016.

[173]十八大报告辅导读本[M]. 北京:人民出版社,2012.

[174]邓卓明,税强. 论引领社会思潮的五大路径[J]. 马克思主义研究,2014(5):98-105.

[175]彭庆红,李洁. 社会思潮的研究范式转换与应对策略调整[J]. 思想教育研究,2016(1):27-29.

[176]在践行新发展理念上先行一步 让互联网更好造福国家和人民[EB/OL].

(2016－04－20)[2021－01－22]. http://politics.people.com.cn/n1/2016/0420/c1024－28288855.html.

[177]曹洵，方若琳，杜楠楠.政务新媒体在服务型政府转型中的“边界调适”与“角色冲突”：以广东省政务微信为例[J].电子政务，2018(11)：12－22.

[178]郭泽德.政务微信助力社会治理创新：以“上海发布”为例[J].电子政务，2014(4)：76－83.

[179]张志安，章震.政务机构媒体的兴起动因与社会功能[J].新闻与写作，2018(7)：64－69.

[180]中国互联网络信息中心.第47次中国互联网络发展状况统计报告[EB/OL].(2021－02－03)[2023－03－05]. http://www.gov.cn/xinwen/2021－02/03/content_5584518.htm.

[181]中共中央文献研究室.习近平关于社会主义文化建设论述摘编[M].北京：中央文献出版社，2017.

[182]徐永军.在制度建设中牢牢把握“四个坚持”[EB/OL].(2020－04－09)[2021－04－26]. http://theory.people.com.cn/n1/2020/0409/c40531－31666619.html.

[183]匡长福.新形势下抵御西方敌对思潮对我国社会主义意识形态渗透的思考[J].思想理论教育导刊，2012(7)：65－68.

[184]史献芝.新时代网络意识形态安全治理的现实路径[J].探索，2018(4)：172－178.

后 记

本书是在我博士论文基础上，经过进一步的完善和深化补充完成的。我的本科时就读于西安外国语大学的英语语言文学专业，大学毕业后赴英国利兹大学媒体产业专业攻读文学硕士学位，获学位毕业后回国攻读马克思主义理论专业博士学位。我的博士导师李明德教授是一位将马克思主义理论研究与新闻传播学研究相结合的学者。他长期聚焦新媒体与社会治理情境中的舆论态势及其引导研究，且成果卓著。我在李明德老师的指导下努力学习马克思主义新闻观的基本理论和思维方法，同时联系新闻传播学现象，探求意识形态的传播规律和特点，为主流意识形态建设、批判错误社会思潮、引导社会舆论走向探索方法论路径。我在研究和撰写博士论文期间，跟随李明德老师参与了多项研究课题，有国家级课题，也有省部级课题。通过以上经历，有效训练了我的科研能力，并拓展了我的学术见识，其间我也发表了多篇学术论文。其中一篇是和李明德老师的合作论文《新媒体传播模式及其对舆情治理的新要求》，先行发表于2021年第5期的《西北大学学报（哲学社会科学版）》上，后来被2021年第11期的《新华文摘》全文转载并作封面推介。博士毕业以后我继续从事网络内容生态治理的教学与研究，在我的学术方向上继续耕耘，对于博士论文中的一些研究内容有了更深刻的体会，也以此为基础对博士论文中的一些观点和表述做了进一步的完善和修改，并交付出版社出版。

因此，我首先要感谢我的博士导师李明德教授。这本书的基础是我的博士论文，从选题到写作，从对社会问题的分析到对理论框架的凝练，均受益于导师敏捷的学术思维与精准的问题意识。李老师不仅是我学术研究的引路人，还是我为人的表率。于我而言，李老师严谨踏实的求学态度、正直朴素的个人品质、宽厚包容的处事风格是我治学道路和人生道路上永远的榜样。正是在恩师的言传身教下，我才能成长为一名合格的科研人，也是在恩师对我的鼓励和指点下，我才能在不断的锻炼中慢慢提升独立进行学术研究的能力。在我读博的过程中，我参加了李老师组织的多项科研课题的研究工作，在讨论起草科研项目申报书、检索资料、讨论课题框架、起草和修改申报书的过程中，我的科研思维得到训练，建立起我对问题界定、文献梳理、理论脉络等学术研究中的关键问题和逻辑规范的深层理解，生发出我独立开展学术研究的自信心。在求学过程中，能使我经常回想的经历是对导师研究生团队的管理实践。在我担任师门研究生团队负责人的一年里，我收获了从未有过的归属感，也锻炼了自己处理科研事务、解决实际问题的能力。更使我不能忘怀的是恩师的处世名言。他经常告诫我们，在人生的历练中“永远相信美好的事情正在发生”，“做最好的自己”，去实现事业的进步和人生的进益。他常常教导我们，一定要先有“德为”和“作为”，才有“才位”和“才威”。恩师所给予我的点点滴滴的帮助和潜移默化的影响，是我受用一生的财富，是一直激励我前行的力量，在此衷心祝愿我的恩师李明德教授学术思维永活跃，身体素质永年轻！

我还要感谢我的师姐刘婵君教授。在人生征途和科研进路之中，你的稳步前行向我展现了一个优秀教师的成长路径。无论是学术研究的困惑、教学工作的难题，还是生活中的疑虑，总能得到你的指点和你的经验，让我感受到同行的温暖，也获得了前行的力量，这份感念始终存于心中。

我还要感谢我的博士同门和我的工作伙伴们，你们是我最坚实的学术支持系统和社会支持系统。在论文的写作过程和本书的成稿过程中，我经历了多次身份的转变，从学生步入职场，从单身走向家庭，从女孩成为妈妈，这些都是我人生的里程碑时刻。然而当这些时刻与一个青年研究者螺旋上升，甚至进一步退两步的科研道路交织在一起时，就注定了这是一段充满了自我挑战的上坡路。我曾无数次在暗夜里质疑自我，挣扎于不同社会身份对自己的规训中，是你们于我困顿时抚慰我，在我迷茫时指点我，也与我分享快乐与喜悦。与你们的交谈和相处，让我明白人生就是要不断地突破自我，没有完全准备好的时刻，只有在能承受的压力范围内勇敢迎接所有挑战。感谢你们对我的鼓励和支持。希望我们的学术志业愈发精进，自己的内心堡垒更加坚实，人生道路越走越宽广。

本书的成稿，离不开西安交通大学出版社赵怀瀛编辑的辛苦工作，在此也向编辑老师致以诚挚谢意。赵怀瀛老师始终以严谨态度投入工作：小至标点规范，大到逻辑梳理，皆逐一细致审校；面对修改中的疑问，也总能及时给出清晰建议。这份对文字的敬畏与对细节的较真，不仅让书稿在版式与内容上更趋规范，也让我体会到出版从业者对学术传播的责任。正是这份扎实的工作支撑，让这本专著得以顺利付梓，这份助力值得感念。

最后，感谢我的家人。感谢你们对我的尊重和包容，也感谢你们在我求学和学术研究过程中的生活照料和心理关怀。尤其感谢我的妈妈杨女士。谢谢您身体力行地告诉我，人行于世，不论外界多么纷扰，最重要的是自己要靠得住。这支撑我度过了很多个书稿成型过程中的艰难时刻。

道阻且长，行则将至。这本书稿的完结开启了一个新的学习和探索的征程，我从学生已转型为教师，步入新的人生阶段。但是，在前进的道路上仍需保持激扬的状态，仍需有所坚守、有所创造。保持审慎与谦和、热切与真诚，与人为善，与己为善，这是我确立的为人为己之道。读博期间所收获的坚韧将会成为日后面对未知挑战的素质基础，它将激励我不断前行的意志，在那些未知的挑战面前建构一个坚强而又柔性的心理，去创造和迎接一个灿烂的明天！路漫漫其修远兮，吾将上下而求索！

王含阳

2024 年 12 月 28 日于陕西西安